D1142881

Une

tasse

de

réconfort

Des histoires qui réchauffent le cœur,
remontent le moral et enrichissent votre vie

 Publication sous la direction de
COLLEEN SELL

Traduit de l'américain par
Jo-Ann Dussault

Copyright ©2001 Adams Media Corporation
Titre original anglais : A cup of comfort.
Copyright ©2005 Éditions AdA Inc. pour la traduction française
Cette publication est publiée en accord avec Adams Media Corporation, Avon, MA
Tous droits réservés. Aucune partie de ce livre ne peut être reproduite sous quelle que forme que ce soit sans la permission écrite de l'éditeur sauf dans le cas d'un critique littéraire.

Éditeur : François Doucet
Traduction : Jo-Ann Dussault
Révision linguistique : Véronique Vézina
Révision : Nancy Coulombe
Graphisme : Sébastien Rougeau
Illustration de la couverture : Eulala Conner
ISBN 2-89565-344-5
Première impression : 2005
Dépôt légal : troisième trimestre 2005
Bibliothèque Nationale du Québec
Bibliothèque Nationale du Canada

Éditions AdA Inc.
1385, boul. Lionel-Boulet
Varennes, Québec, Canada, J3X 1P7
Téléphone : 450-929-0296
Télécopieur : 450-929-0220
www.ada-inc.com
info@ada-inc.com

Diffusion
Canada : Éditions AdA Inc.
France : D.G. Diffusion
Rue Max Planck, B. P. 734
31683 Labege Cedex
Téléphone : 05.61.00.09.99
Suisse : Transat - 23.42.77.40
Belgique : D.G. Diffusion - 05.61.00.09.99

Imprimé au Canada

Participation de la SODEC.
Nous reconnaissons l'aide financière du gouvernement du Canada par l'entremise du Programme d'aide au développement de l'industrie de l'édition (PADIÉ) pour nos activités d'édition.
Gouvernement du Québec - Programme de crédit d'impôt pour l'édition de livres - Gestion SODEC.

Catalogage avant publication de Bibliothèque et Archives Canada

Vedette principale au titre :

Une tasse de réconfort : des histoires qui réchauffent le coeur, remontent le moral et enrichissent votre vie
Traduction de : A cup of comfort.
ISBN 2-89565-344-5

1. Morale pratique. I. Sell, Colleen.

BJ1597.C8614 2005   170.44   C2005-940930-4

 # Remerciements

En tant qu'êtres humains, nous avons le privilège de pouvoir créer et raconter des histoires. Il s'agit là d'un don unique en soi.

Je tiens à exprimer toute ma reconnaissance envers le Créateur pour ce miracle.

Un grand merci à mon père et à ma mère pour avoir empli d'histoires ma tête et mon cœur et pour avoir encouragé une petite fille timide et maigrichonne à prendre son courage à deux mains et à raconter ses propres histoires.

J'apprécie au plus haut point ma bonne étoile pour avoir eu le bonheur de grandir auprès de mes frères et de mes sœurs — Juanita, Melinda, Scott, Daniel et Patrick — avec qui j'ai partagé beaucoup d'amour et d'histoires magnifiques.

Bénis soient mes enfants — Jennifer, Christine et Mickey — pour avoir laissé leur mère gagner son pain et le leur en chantant des poèmes durant les périodes de vaches maigres.

Je remercie aussi le ciel pour mes anges gardiens, Brianna et Scott, qui égayent ma vie et stimulent mon imagination.

Gros bisous à l'équipe de Scribe Tribe (un groupe de discussion virtuel) — Rich, Paula, Jeffry, Indy, John, Mardeene, Kells, Babs, Leslie et Dar — pour leurs conseils, leur amitié, leur inspiration et leur grand sens de l'humour.

Merci à toi, TNT, pour ton amour, ton soutien et tes massages dans le cou — et pour m'avoir obligée à aller me distraire à l'extérieur quand je passais trop de temps assise devant l'ordinateur.

Je tiens aussi à remercier du fond du cœur chacun des auteurs qui ont collaboré à ce livre en partageant leurs merveilleuses histoires.

J'aimerais exprimer toute ma reconnaissance envers la maison d'édition Adams Media Corporation pour m'avoir accordé le privilège de concevoir ce livre entourée d'une équipe chevronnée — dirigée par nul autre que Bob Adams, l'éditeur, et Jennifer Lantagne, maître d'œuvre du projet.

Enfin, je tiens surtout à vous remercier, chers lecteurs, de partager avec nous cette *tasse de réconfort*.

Table des matières

Introduction • Colleen Sell   9

La dame en robe bleue • Edie Scher   13
Fais un vœu, maman ! • Susan Farr-Fahncke   23
La chaise des lamentations •
      Mary Marcia Lee Norwood   28
Le baiser d'un ange • Susan A. Duncan   35
La maison de nos rêves • Jenna Glatzer   40
Un courage tranquille • Ed Nickum   46
Nicholas • Susan Farr-Fahncke   53
Ma princesse charmante du sud de la France
      • Trond Sjovoll   59
La différence entre besoin et désir • Bob Welch   66
Un cadeau exceptionnel • Renie Szilak Burghardt   74
Les rencontres du destin • Jamie D'Antoni   80
Écoute ton cœur • Susanmarie Lamagna   89
La confiance d'une fille • David Kirkland   95
Une double ration de générosité à l'Action de
      grâces • Rusty Fischer   99

Dans les bras de la grâce divine
    • Lynda Kudelko Foley   106
Le rosier de Maddie • Ella Magee   112
Jour de bombance aux ides de mars
    • Bluma Schwarz   118
Un soutien de l'au-delà • Lou Killian Zywicki   124
La générosité récompensée • Rusty Fischer   128
Un cœur plus tendre • Kathryn Thompson Presley   135
Un cadeau des anges de Noël • Kimberly Ripley   143
Un étranger dans ma maison • Denise Wahl   152
Le courage pas à pas • LeAnn R. Ralph   157
Les monstres du ciel • Louise Mathewson   163
Souvenirs d'un violon • Theresa Marie Heim   167
Une voix dans la tempête • Dolores Martin   175
La valise de grand-père • Norman Prady   180
Les couleurs des préjugés • M. A. Kosak   186
La robe blanche • Helene LeBlanc   194
La voix d'un ange • Stephanie Barrow   203
Le plus beau cadeau de Noël • Bobbie Christmas   208
Les trésors de Fred • Joy Hewitt Mann   213
Le pois de senteur • Judi Chapman   219
Le retour aux sources • Mary Helen Straker   224
La décapotable rouge • Denise Wahl   231
Les poissons miraculeux • Tery Bayus   239
La lumière de l'innocence • Barbara W. Campbell   245
La « dame » en rose • Lynn M. Huffstetler   249
Le héros de la salle de quilles • Susan Farr-Fahncke   254
Comme un phare dans la nuit
    • Toña Morales-Calkins   259
La débarbouillette bleue • Diane Meredith Vogel   267
Une journée mémorable • Anthony Merlocco   273
La mélodie du cœur • Lynn Ruth Miller   279
Une mère en or • Denise Wahl   281

Le saint du HLM • Jamie Winship   285

Des étrangers au grand cœur • Elaine Slater   292

La reine de la motoneige • Susan Farr-Fahncke   298

Les cloches du paradis • Karen Thorstad   303

Une veille de Noël en solitaire • Judi Chapman   312

Des pissenlits aux allures de dandys
    • Laureeann Porter   319

Les collaborateurs   327

Au sujet de Colleen Sell   339

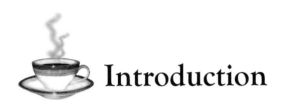 # Introduction

C'est l'histoire… qui empêche nos enfants de se précipiter comme le mendiant aveugle sur les piquants hérissés de la clôture de cactus.

L'histoire est notre escorte ; sans elle, nous sommes aveugles.

— Chinua Achebe
Les termitières de la savane

Voici une histoire qui s'est réellement passée…

Dès que j'entends ces paroles magiques, j'ouvre instinctivement grand les oreilles. Je mets de côté mon incrédulité, attentive aux messages d'humilité, d'humour, de sagesse ou d'inspiration qui me seront transmis.

L'art de raconter des histoires, ce don unique réservé aux êtres humains, nous guide et nous réconforte depuis la nuit des temps. C'est grâce à ce miracle que nos ancêtres ont pu transmettre la sagesse qui leur a permis de se multiplier et d'évoluer. Pendant des siècles, les histoires ont servi à partager les plus grandes vérités de l'humanité et les leçons importantes de l'histoire.

La vérité dépasse non seulement la fiction, elle est aussi plus puissante, car nous trouvons dans chaque fait vécu un élément auquel nous pouvons nous identifier, un lien qui confirme que nous faisons partie de l'espèce humaine. Je ne suis pas seule sur cette terre. Vous faites partie de moi et je fais partie de vous. Nous sommes tous unis dans ce miracle de la vie.

Les histoires entourant certains événements et êtres humains extraordinaires aident à perpétuer les différentes cultures et à garder espoir. Que ce soit autour d'un repas, d'un feu de camp et lors des réunions familiales, nous échangeons sur les bonnes actions réalisées et sur les personnes dotées des mêmes espoirs et blessures que nous. Au fil des générations, nous nous transmettons les histoires de courage, de réussite et d'amour de notre famille. Nous nous servons aussi des histoires pour enseigner, inspirer et réconforter nos enfants.

Les histoires ont d'ailleurs été la bouée de sauvetage d'une petite fille timide qui aimaient les mots et qui s'interrogeait sur les mystères de la vie depuis pratiquement le jour de sa naissance. J'ignore comment j'aurais pu survivre sans elles. J'ai eu la chance de naître dans une famille de conteurs-nés qui m'ont régalée toute ma vie de leurs histoires — la plupart vraies ou presque. Parfois, ces histoires se sont avérées des baumes apaisants ou stimulants pour m'aider à passer à travers une épreuve, une peine d'amour ou me donner un bon coup de pied au derrière, comme la fois où ma grand-mère m'a raconté qu'à l'adolescence, mon père avait escaladé la même « montagne des fous » que je m'apprêtais moi aussi à escalader.

Plus tard, elle m'a de nouveau raconté cette histoire au moment où mon adolescente souhaitait elle aussi escalader cette montagne, à mon grand désarroi. Chaque fois, le récit de ma grand-mère m'a aidée à prendre du recul par rapport à la situation.

J'ai transmis toutes ces merveilleuses histoires à mes enfants et à mes petits-enfants, en y ajoutant aussi celles de mon cru. C'est sûrement le plus précieux héritage que j'ai reçu et donné.

À partir du moment où j'ai appris à lire (soit à quatre ans, mes parents ne se souviennent pas vraiment comment, mais j'imagine que c'est parce que je savais que les livres contenaient des histoires), j'ai dévoré les livres comme la plupart des enfants dévorent les bonbons. Parmi tous les livres que j'ai lus et adorés durant mon enfance, je me souviens surtout des histoires vraies : *Le journal d'Anne Frank*, la biographie d'Anna Pavlova et celle du champion de boxe John L. Sullivan, *L'œil le plus bleu* (*The Bluest Eye*) de Toni Morrison, *Anna Karénine* et l'œuvre entière de Willa Cather.

Dès que j'ai maîtrisé l'écriture, je me suis mise à rédiger des histoires — et je n'ai jamais cessé depuis. Après avoir voulu devenir ballerine, en vain, et tâté le métier de secrétaire et de directrice du marketing — il fallait bien que je nourrisse mes enfants —, j'ai commencé à gagner ma vie en racontant des histoires et en aidant d'autres personnes à faire de même.

Voilà comment j'en suis venue à ce livre — ou plutôt comment ce livre est venu à moi, par l'entremise de Bob Adams, l'éditeur et l'âme du projet *Une tasse de réconfort*. Bob souhaitait rassembler des histoires vraies racontant les expériences extraordinaires de gens ordinaires.

Il voulait que les pages soient emplies d'histoires émouvantes et divertissantes qui sauraient vous faire réfléchir, vous remonter le moral et vous inciter à persévérer — ou plutôt à sauter à pieds joints — dans cette aventure qu'on appelle la vie. Il m'a raconté que son plus grand désir était de permettre aux gens de trouver dans les pages d'un livre une bonne tasse de réconfort et de sagesse.

Je lui ai promis de réaliser son rêve.

Après des mois de recherche, de lecture et un millier d'histoires peaufinées, voici le résultat : un recueil d'histoires vécues, certaines vraiment renversantes, qui relatent les expériences incroyables de gens ordinaires comme vous et moi.

Nous espérons que vous prendrez beaucoup de plaisir à déguster *Une tasse de réconfort*. N'hésitez surtout pas à partager l'expérience avec les gens qui vous sont chers. Et nous vous invitons à savourer prochainement une autre tasse avec nous.

— *Colleen Sell*

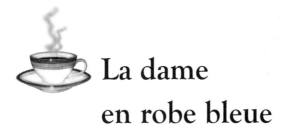 # La dame
en robe bleue

Bridget sentit la bosse sur son sein gauche pendant qu'elle se lavait sous la douche. Elle retira aussitôt sa main comme si elle venait de se brûler. Son pouls s'accéléra et son corps frissonna malgré l'eau chaude et la vapeur qui avait envahi la salle de bains.

« Tu es infirmière », se sermonna-t-elle, sa voix résonnant sur les carreaux de céramique. « Allez, pose ta main sur ton sein et palpe-le. »

Bridget O'Shea ferma alors les yeux et approcha craintivement sa main au-dessus de sa poitrine. Elle la glissa lentement à partir du cou jusqu'à la petite bosse située au-dessus du mamelon gauche. Elle sentit encore une fois la petite boule dure comme une bille de verre sous la peau. « De grâce, Seigneur, épargnez-moi cela ! »

Refusant de céder à la panique, elle sortit précipitamment de la douche. « On dirait un petit pois », s'écria-t-elle à voix haute dans la pièce vide. « C'est exactement ainsi qu'on le décrit dans les dépliants sur le cancer du sein ! Oh, Sainte Mère, aidez-moi ! »

Bridget enfila sa robe de chambre jaune en tissu éponge et se pencha au-dessus du miroir, le regard fixé sur son sein. Elle le palpa de nouveau pour sentir la bosse. Ses cheveux mouillés dégoulinaient sur son visage. Ce n'est qu'au moment de l'essuyer qu'elle s'aperçut qu'il était en fait recouvert de larmes.

Elle songea alors à appeler sa sœur Maureen, puis se ravisa. En tant qu'aînée d'une famille de sept enfants élevés par un père alcoolique et une mère exténuée de fatigue, Bridget avait toujours été celle sur qui ses frères et sœurs pouvaient compter. Elle allait donc devoir affronter seule son épreuve.

Bridget essaya alors de se ressaisir en songeant à sa mère. Durant toute son enfance, elle avait toujours été pour elle une source de réconfort, du moins quand elle n'était pas trop occupée à faire le lavage, à préparer les repas ou à essayer d'éviter les crises de colère de son père quand il avait trop bu. Elle imagina sa mère en train de lui préparer une bonne tasse de thé et lui dire : « Bridget, ne perds pas ton temps à t'inquiéter pour rien. Attends de voir la suite des événements avant de ruiner une si belle journée. » Comme elle aurait souhaité que sa mère soit à ses côtés.

Bridget frissonna en se rappelant le jour où sa mère avait détecté une bosse dans son sein. Il était malheureusement trop tard pour que les médecins puissent faire quoi que ce soit. Le cancer avait déjà envahi le reste de son corps et elle est décédée moins de six mois après le diagnostic.

Les doigts tremblants, Bridget composa le numéro du Dr Sheldon, son gynécologue. Elle avait autrefois été son infirmière, juste après son divorce. Sa fille Molly était alors d'âge préscolaire.

Aujourd'hui, vingt ans plus tard, elle le consultait encore.

En entendant la voix affolée de Bridget, la réceptionniste réagit promptement. « Je vous inscris en haut de la liste d'attente des rendez-vous de cet après-midi. Essayez de ne pas imaginer le pire. Il arrive que ces bosses ne soient que des kystes. »

Bridget savait qu'elle avait raison, mais elle savait aussi que le cancer était courant dans sa famille — sa mère et deux de ses tantes avaient été touchées. Sa tante Theresa avait succombé à un cancer du col de l'utérus après une hystérectomie subie à quarante ans, tandis que sa tante Alice était décédée du cancer des poumons après avoir fumé deux paquets et demi de cigarettes par jour, pendant vingt-six ans.

Préoccupée par ses sombres pensées, Bridget s'habilla. Pendant qu'elle brossait ses épais cheveux blonds, elle entendit de nouveau la voix de sa mère lui dire « n'oublie pas de grignoter un petit quelque chose ». En ouvrant la porte du réfrigérateur, elle fut saisie d'un haut-le-cœur à la vue de la nourriture et eut des sueurs froides dans le dos.

Une fois arrivée chez le médecin, elle s'assit dans la salle d'attente et feuilleta un magazine. Sur la couverture, une belle jeune femme souriait avec assurance, le menton levé. Le magazine avait pour titre : « La vie vous réserve une foule de surprises. » Quelle ironie ! Son cœur se serra à cette pensée.

Dans la salle d'examen, l'infirmière tenta de rassurer Bridget pendant qu'elle enfilait une chemise bleue ouverte à l'avant qui exposait ses seins vulnérables.

Bridget se rappela avoir été assise dans la même pièce avec sa mère, le jour où elles attendaient les résultats de sa mammographie. Pendant qu'elle faisait les cent pas, sa mère était demeurée sagement assise. « Bridget, veux-tu cesser de t'agiter ainsi, tu me donnes la nausée », lui avait-elle finalement lancé. Elles avaient alors toutes les deux éclaté de rire devant le ridicule de la scène. Aujourd'hui, par contre, il n'y avait personne avec qui elle pouvait rire ou pleurer.

Le Dr Sheldon gratta doucement à la porte avant d'entrer dans la salle d'examen. « Bridget, ma chère, qu'est-ce que c'est que cette histoire de bosse ? » Elle pouvait apercevoir son regard bienveillant au-dessus de ses lunettes de lecture.

« Je l'ai sentie ce matin sous la douche, sur mon sein gauche. »

Le médecin palpa le sein avec ses doigts, puis examina avec soin les deux seins, les aisselles et la région située sous les clavicules. Durant l'examen, Bridget évita de regarder, les yeux fixés sur une affiche qui traitait de l'importance pour une femme enceinte de bien se nourrir durant la grossesse.

Quand elle était enceinte de Molly, sa mère lui faisait avaler des litres de potage aux poireaux. Il faut dire que, durant le premier trimestre, c'était le seul aliment qu'elle parvenait à avaler sans vomir. Le mariage de Bridget battait déjà de l'aile et elle avait fait part à sa mère de son inquiétude face à l'arrivée du bébé qui risquait d'ajouter encore davantage de tension dans le couple. Sa mère lui avait alors ordonné de chasser cette idée de sa tête.

« Cet enfant est une bénédiction et il est venu dans ta vie pour une raison, Bridget. Sur le coup, on ne comprend pas toujours pourquoi les choses se produisent, mais, avec le temps, on sait que c'était la providence. »

Maman avait raison, se dit Bridget. Que serais-je sans ma merveilleuse Molly ? Elle frissonna. Et que deviendra Molly sans moi ?

« C'est beau, vous pouvez vous rasseoir. » Le Dr Sheldon l'aida à se relever en la soulevant par le coude.

Bridget regarda le médecin droit dans les yeux. « L'avez-vous sentie ? »

« Il y a effectivement quelque chose. Nous allons procéder à une mammographie. Mais avant, puisque vous êtes là, j'aimerais essayer d'aspirer ce nodule. »

Elle savait que cela l'aiderait à déterminer s'il s'agissait d'une tumeur ou simplement d'un kyste. Après avoir procédé rapidement à l'aspiration, le médecin lui confirma ses craintes.

« La bosse est ferme et semble fixée aux tissus voisins. De plus, j'ai été incapable d'aspirer du liquide du nodule, alors nous savons que ce n'est pas un kyste. Vous savez ce que cela signifie : la grosseur au sein pourrait être maligne. Et il faut aussi tenir compte du cas de votre mère. »

Le Dr Sheldon prit alors les mains de Bridget dans les siennes et secoua la tête. « Je sais que cela ne sera pas facile, Bridget, mais il faut agir rapidement. Nous pourrions prendre rendez-vous pour une mammographie dès cet après-midi. Le Dr Brunner pourra ainsi examiner la radiographie et m'appeler aussitôt.

J'espère bien qu'on aura droit à une autre version de l'histoire. »

« Raconte-nous une autre histoire, maman », suppliaient les frères et sœurs de Bridget après le repas du soir. Ils aimaient l'entendre parler des gnomes du vieux continent. À la fin des histoires, sa mère faisait toujours un clin d'œil à Bridget : « Il n'y a rien de mal à inventer des histoires. »

Pas cette fois-ci, maman. Ce n'est pas le moment de nous raconter des histoires. Une heure plus tard, Bridget passait une mammographie.

Elle reçut un appel du Dr Sheldon peu de temps après son retour à la maison. « C'est bien ce que nous croyions. Il faut faire une biopsie le plus tôt possible. »

Bridget savait que si la biopsie révélait des cellules cancéreuses ou suspectes, le médecin risquait fort de devoir non seulement enlever la bosse, mais également le sein. Si le cancer s'était répandu, il devrait aussi enlever les ganglions lymphatiques et peut-être encore davantage de tissu.

« Qu'entendez-vous par le plus tôt possible ? » demanda-t-elle. « Plus l'attente sera longue et plus je vais me tourmenter. »

« Que diriez-vous d'après-demain ? » Avant même de laisser Bridget se plaindre, le médecin poursuivit. « Je vous laisse le temps de vous préparer, d'expliquer la situation à Molly et de régler certaines choses. »

« Le dire à Molly ? C'est mon devoir de m'inquiéter pour elle et non l'inverse », dit Bridget à la blague.

Ce soir-là, après s'être efforcée d'avaler un maigre repas, Bridget appela sa fille. En répondant au téléphone, Molly, qui était habituellement exubérante, paru légèrement inquiète.

« Dis donc, maman, on est mardi et non dimanche. Que me vaut l'honneur de ton appel ? »

« Une mère a bien le droit d'appeler sa fille n'importe quel jour de la semaine, non ? » railla Bridget. Tout en essayant de garder un ton détendu et optimiste, elle dut tout de même se résoudre à avouer ce qui lui arrivait.

La réaction de Molly fut rapide. « J'arrive dans quelques heures. »

« Molly, c'est beaucoup trop dangereux de parcourir 150 km la nuit après avoir reçu une mauvaise nouvelle. D'ailleurs, tu as sûrement une permission spéciale à demander à ton patron pour avoir droit à un congé, non ? »

« Ça, c'est mon problème. Je veux être à tes côtés pour la biopsie. Allume la lumière du balcon. » Puis, Molly ajouta : « Maman… je t'aime. Je t'envoie des gros bisous. »

Bridget laissa alors s'écouler les larmes qu'elle avait retenues toute la journée. Je t'envoie des gros bisous — exactement ce que maman nous disait quand nous l'appelions. Et j'en ai grand besoin, se dit Bridget en reniflant.

Le lendemain matin, Bridget fut admise à l'hôpital. Après avoir subi les tests préopératoires, elle passa le reste de la journée à attendre. Heureusement, Molly lui tint compagnie durant tout ce temps. À l'heure du souper, une préposée apporta à Bridget son plateau-repas. En soulevant le couvercle, Molly eut un mouvement de dégoût.

« Pouah ! Il faut vraiment être malade pour avaler ça ! » Bridget éclata de rire et repoussa le plateau.

« Tu peux m'en débarrasser, Molly, mais ne jette pas le Jell-O. Comment pourraient-ils avoir raté cela ? J'aurai peut-être envie d'en manger plus tard. »

Bridget tapota ensuite la joue de sa fille : « En attendant, je crois que je vais me reposer, ma chérie. Je me sens très fatiguée. J'imagine que je suis un peu dépassée par les événements. »

Molly se pencha et serra très fort sa mère dans ses bras. « Nous allons passer à travers, Maman. Ne t'inquiète pas. Nous sommes fortes. » Bridget s'agrippa à sa fille et l'embrassa une dernière fois avant de lui dire au revoir.

En sortant, Molly s'arrêta pour bavarder un peu avec la compagne de chambre de Bridget, une jeune femme à qui l'on avait retiré la veille une tumeur au rein. « Surveillez-bien ma mère », lui dit-elle en lui faisant un clin d'œil. « Ne la laissez pas s'enfuir sans payer. »

Bridget et la jeune femme éclatèrent de rire tout en lui montrant la porte. Malgré sa fatigue, Bridget ne réussit pas à apaiser son esprit. Elle n'arrêta pas de se tourner et se retourner dans son lit, incapable de dormir.

Elle réussit finalement à fermer les yeux quelques secondes. Lorsqu'elle les rouvrit, elle crut apercevoir sa mère près du lit. Le plus drôle est qu'elle portait la jolie robe en dentelle bleue qu'elle mettait toujours lors des mariages. De fait, elle aimait tellement cette robe qu'elle avait demandé à être enterrée vêtue de cette dernière. Bridget sentit la main de sa mère lui remon-

ter une mèche de cheveux derrière l'oreille et lui murmurer : « Bridget, ma fille, je ne veux pas que tu
subisses les mêmes épreuves que moi. » Elle sentit les
lèvres de sa mère sur sa joue. Puis, elle se recroquevilla
sous la mince couverture et s'endormit d'un sommeil
profond.

Le lendemain matin, Bridget se réveilla dans la
salle de réveil. Encore sous l'effet de l'anesthésie, elle
souleva une main pour sentir son sein gauche. Il s'y
trouvait toujours. Dieu merci ! La bosse était bénigne.
À moins que la tumeur ait été trop avancée ? Se pour-
rait-il que le Dr Sheldon n'ait eu qu'à y jeter un coup
d'œil pour constater l'ampleur du cancer et juger qu'il
était trop tard ? Son soulagement fut vite remplacé par
la panique. Elle appela l'infirmière.

Il y avait beaucoup d'agitation autour d'elle. Puis,
le Dr Sheldon entra à grands pas dans la salle avec un
air soucieux.

« Bridget, commença-t-il à dire d'une voix hésitan-
te, je ne sais trop quoi dire... C'est vraiment étrange...
J'avais l'intention de retirer le nodule, mais je n'ai rien
trouvé. J'ai examiné de nouveau la mammographie
pour m'assurer que je n'étais pas en train d'opérer le
mauvais sein et le nodule y était bel et bien visible. »

Il prit une grande inspiration. « Il n'y a aucune
trace de tumeur — rien du tout — dans les tissus de
ton sein. C'est comme si nous nous étions trompés de
patiente sur la table d'opération. »

Bridget palpa son sein à la recherche de la bosse.
Elle ne sentit rien.

Elle bombarda alors le médecin de questions :
« Mais où est-elle passée ? Est-ce une erreur ? Est-ce
que cela s'est déjà produit avant ? »

Le Dr Sheldon souleva les mains en signe d'impuissance. « Je n'ai pas de réponses. J'ignore vraiment comment expliquer le phénomène. Personne dans la salle d'opération — infirmières, internes et anesthésiste compris — n'en croyait ses yeux. Nous allons effectuer une autre mammographie, mais, pour l'instant, réjouissons-nous de ce petit miracle. »

Molly pénétra à ce moment-là dans la chambre de Bridget avec un bouquet de jonquilles. Voyant le lit vide, elle se tourna vers la voisine de chambre de sa mère. « Elle n'est pas encore revenue de la salle d'opération ? »

« Non, répondit la jeune femme, mais ne vous inquiétez pas. Moi aussi, je suis demeurée longtemps dans la salle de réveil. Parfois, il manque du personnel et il n'y a personne pour vous ramener immédiatement dans votre chambre en fauteuil roulant. »

« Je vais l'attendre. Je veux être ici au moment où on va la ramener. » Molly déposa les fleurs sur le rebord de la fenêtre. « Au fait, est-ce que ma mère a reçu de la visite aujourd'hui ? » Même si ses parents étaient divorcés, Molly avait tout de même informé son père en espérant qu'il viendrait.

La jeune femme se souleva sur un coude en réfléchissant longuement. « Non, personne n'est venu aujourd'hui. Quelqu'un est cependant venu visiter votre mère hier soir, après votre départ. J'ignore qui c'était, mais elle portait une magnifique robe en dentelle bleue. »

— *Edie Scher*

 # Fais un vœu, maman !

C'était mon vingt-huitième anniversaire et j'étais profondément déprimée.

Tout me paraissait sombre et incertain, qu'il s'agisse de ma vie ou de mon avenir. Je venais de divorcer et j'avais la garde de mes deux jeunes enfants. Nicholas, mon fils de six ans, allait à la maternelle, tandis que je poursuivais mes études supérieures à l'université. J'avais cependant interrompu mes études durant ce trimestre pour prendre soin de Maya, ma fille de cinq mois, qui avait été très malade.

La plupart du temps seule à la maison avec deux jeunes enfants, je n'ai presque pas eu de vie sociale cet hiver-là. Même la température semblait vouloir faire des siennes. J'habitais depuis peu dans l'Utah et je ne m'étais pas encore habituée au froid et à la neige. Il faut dire aussi que nous connaissions alors un mois de janvier des plus rudes. Nous avions de la neige jusqu'aux cuisses, ce qui rendait les sorties quotidiennes plus que périlleuses et m'isolait encore davantage. J'ai donc vécu durant cet hiver-là une période difficile empreinte de solitude, de difficultés et de désespoir.

J'avais pris l'habitude de m'apitoyer sur mon sort, comme si ma dépression était devenue une seconde nature. Je ne me souvenais plus de la femme heureuse que j'avais été autrefois — ni de la dernière fois que j'avais ri de bon cœur.

La veille de mon anniversaire, j'étais d'humeur maussade. Les amis que j'avais dû abandonner et avec qui j'avais toujours célébré ma fête me manquaient terriblement. Cette année, il n'y aurait pas de célébration, ni de cadeaux, ni de gâteau — pas même un appel téléphonique pour me souhaiter bon anniversaire. Je n'avais pas le téléphone, faute d'argent.

Ce soir-là, en allant border les enfants, j'étais au bord du désespoir. Mon petit Nick serra ses bras autour de mon cou et me dit : « Demain, c'est ta fête, maman ! J'ai tellement hâte ! » Ses yeux bleus brillaient d'anticipation.

Incapable de répondre à son enthousiasme, je déposai un baiser sur ses deux joues roses. J'espérais qu'il ne s'attendait pas à ce qu'une fête soit organisée par magie, comme ce fut le cas à son anniversaire. La vie est si simple à six ans.

Le lendemain matin, je me suis réveillée avant les enfants. Pendant que je préparais le petit déjeuner, j'entendis des bruits en provenance de notre minuscule salon. Je me dis que Nick était debout et j'attendis qu'il vienne me rejoindre pour manger. Puis, je l'entendis s'adresser à Maya en lui disant d'un ton autoritaire de « faire sourire maman aujourd'hui ».

Je figeai sur place en entendant ces paroles, puis je réalisai que j'avais été tellement absorbée par ma propre peine que je n'avais pas remarqué combien cela affectait mes enfants.

Sentant que j'étais malheureuse, mon petit garçon faisait tout en son pouvoir pour m'aider. Il était si attentionné et moi, si égoïste. Mes yeux s'emplirent de larmes. Je m'agenouillai dans notre petite cuisine et priai pour avoir la force de retrouver la joie de vivre. Je demandai à Dieu de me faire voir ce qui était beau dans ma vie, de m'aider à voir, vraiment voir — bref de vraiment *sentir* combien j'étais comblée par la vie.

J'accrochai un sourire à mon visage et je me dirigeai ensuite vers le salon pour aller serrer mes enfants dans mes bras, mais je fus encore une fois arrêtée dans mon élan. Nick était assis sur le plancher et Maya reposait à côté de lui sur sa couverture. Devant eux se trouvait une pile de cadeaux. Il allait donc y avoir une fête pour trois.

La bouche et les yeux grand ouverts, je jetai un regard sur les cadeaux puis sur mon fils. « Joyeux anniversaire ! » lança-t-il avec son grand sourire édenté. Son visage rayonnait de joie de me voir ainsi sous le choc. « Je t'ai surprise, n'est-ce pas ? »

Complètement abasourdie, je m'agenouillai devant lui et lui demandai comment il s'y était pris pour trouver tous ces cadeaux. Il m'a rappelé notre petite escapade au magasin d'articles à un dollar et je me suis alors souvenue qu'il m'avait dit qu'il avait l'intention de dépenser tout son argent de poche qu'il épargnait depuis longtemps. J'avais ri en voyant ses poches bourrées qui alourdissaient son pantalon et lui donnaient la démarche de John Wayne. Je l'avais presque grondé de vouloir dépenser toutes ses économies, mais je m'étais ravisée et je l'avais laissé faire ses achats tandis que je faisais les miens de mon côté.

Je me suis aussi souvenue de son regard jubilant et de ses gloussements tandis qu'il tenait son sac serré sur sa poitrine. J'avais alors présumé qu'il s'était acheté un jouet amusant. Je n'aurais jamais cru que les surprises contenues dans son sac m'étaient destinées.

Devant tous ces cadeaux étalés devant moi, je n'arrivais pas à en croire mes yeux : mon adorable garçon avait vidé sa banque en forme de crayon pour moi.

Voilà. J'entendis la voix dans mon cœur. *Vois comme tu es comblée par la vie. Comment as-tu pu seulement en douter ?*

Mes prières avaient été exaucées. Je vis soudainement combien ma vie était belle. La tristesse dans mon cœur fut vite remplacée par un sentiment de gratitude envers les nombreux cadeaux que m'avait offerts la vie.

Je serrai très fort mon garçon et ma fille dans mes bras en leur disant combien je me considérais chanceuse de les avoir dans ma vie. Puis, Nick me pressa d'ouvrir chacun des présents. Il y avait un bracelet, un collier, un autre bracelet, du verni à ongles, un autre bracelet, mes tablettes de chocolat préférées et, finalement, un autre bracelet. Je n'avais jamais reçu de cadeaux aussi attentionnés. Dire qu'ils avaient été achetés avec l'argent de poche d'un gamin de six ans. Chacun était enveloppé dans du papier de soie et glissé dans un sac-cadeau. Le dernier cadeau était le préféré de Nick : un gâteau d'anniversaire en cire sur lequel était inscrit « Je t'aime » avec un faux glaçage.

« Il fallait absolument que tu aies un gâteau d'anniversaire, maman », m'informa mon sage petit bonhomme.

« C'est le plus beau gâteau de toute ma vie », lui ai-je répondu en retenant mes larmes. Et ça l'était vraiment.

Puis, il me chanta « Joyeux anniversaire » de sa jolie voix douce.

« Fais un vœu, maman », insista-t-il.

Je plongeai mon regard dans les yeux bleus et lumineux de mon petit garçon, incapable de songer à quoi que ce soit. Puis, je lui murmurai :

« Mon vœu a déjà été exaucé. C'est toi. »

— *Susan Farr-Fahncke*

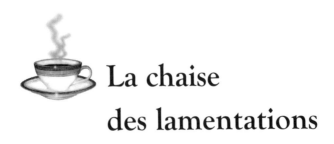

La chaise des lamentations

Durant mon enfance, chaque membre de la famille s'était attribué une place autour de la table. Nous, les enfants, avions fait notre choix en fonction de l'ordre des naissances — premier né, premier assis —, en commençant par moi (l'aînée), puis ma sœur Gloria et mes deux frères Bret et Terry.

J'avais choisi la chaise située en face de mon père. Tout le monde savait que c'était la « chaise de Marcia ». Il m'arrivait par contre de céder ma place aux invités et ma chaise était alors désignée sous un autre nom : la chaise des lamentations. C'est sur elle que les membres de la famille, les amis et les voisins prenaient place quand ils avaient besoin de pleurer ou de se soulager de leurs malheurs.

Il faut dire que dans notre famille, nous avons la larme facile de génération en génération. En effet, mes parents, Natalie et Jewell Bush, ont transmis ce don inné à leurs quatre enfants, maintenant devenus parents eux-mêmes de petits pleurnicheurs.

Non pas que nous ayons eu à subir des épreuves terribles ou que nos cœurs soient emplis de chagrin, mais simplement parce que pleurer réconforte notre âme.

Maman avait dit qu'il était dans l'ordre des choses que la « chaise de Marcia » devienne officiellement la « chaise des lamentations » étant donné que j'étais la plus sensible de la famille. Il faut dire que je m'y suis souvent réfugiée au cours de ma vie. C'est sur ce trône que j'ai pleuré quand notre chienne Millie est morte, quand mon père a été blessé dans un terrible accident d'automobile et quand il a fredonné une chanson au sujet d'une petite fille handicapée, quand j'ai vu à l'écran de notre téléviseur noir et blanc Superman prendre son envol en transportant dans ses bras un garçon handicapé et quand mon frère Terry, alors âgé de deux ans, a sauté de la gigantesque glissoire de notre voisin en se prenant pour Superman. Je me suis assise sur la chaise des lamentations lors de mes ruptures amoureuses, autant quand c'était moi qui rompais que mes copains.

Et pourtant, je n'étais pas une enfant malheureuse, bien au contraire. La chaise des lamentations représentait pour moi un endroit où je pouvais me débarrasser de mon bagage émotionnel afin de pouvoir passer à autre chose.

Il m'est aussi arrivé à plusieurs reprises de m'asseoir sur la chaise des lamentations pour verser des larmes de joie, par exemple, chaque fois que ma sœur Gloria et moi étions sélectionnées dans l'équipe des meneuses de claque, quand j'ai été élue présidente de classe, puis, plus tard, reine de l'école, quand je suis partie au collège, quand je suis revenue à la maison après mes études collégiales, quand je me suis fiancée et quand je suis tombée enceinte de chacun de mes enfants.

Bien entendu, je cédais toujours gracieusement la « chaise de Marcia » quand quelqu'un en avait besoin. Fran et Bob, par exemple, nos voisins d'en face qui venaient souvent prendre un café et échanger autour de la table, y prenaient place quand l'un ou l'autre avait besoin de pleurer. Même aujourd'hui, des gens continuent d'utiliser la chaise des lamentations qui se trouve encore dans la maison de mes parents. Fran et Bob n'habitent plus dans le quartier, mais Fran est tout de même revenue s'y réfugier au décès de Bob.

La chaise des lamentations a tellement été utile au fil des ans que je décidai un jour d'utiliser le concept dans ma classe, à l'école chrétienne privée où j'ai enseigné la maternelle durant sept ans. L'idée m'est venue pour tenter de consoler un de mes élèves qui pleurait chaque matin de manière incontrôlable à son arrivée à l'école et plusieurs fois durant la journée. Les parents du petit bonhomme se partageaient la garde de leur enfant et il ne savait jamais qui allait l'amener à l'école ou le prendre en fin de journée.

C'est donc en grande pompe que je procédai avec mes élèves à l'inauguration de la chaise des lamentations. Il s'agissait d'une chaise ordinaire que j'avais installée dans un coin retiré, avec une boîte de papiers-mouchoirs à portée de la main. Les enfants m'écoutèrent proclamer les règlements de la chaise les yeux grand ouverts. Ils m'en suggérèrent même quelques-uns.

Règlements de la chaise des lamentations

1. Enseignant :   La chaise des lamentations ne représente *pas* une punition ou une pause.

    Élèves :   Nous ne nous ferons pas gronder.

2. Enseignant :   Levez la main et expliquez pour quelle raison vous avez besoin d'emprunter la chaise des lamentations. La permission vous sera accordée.

    Élèves :   Nous devons d'abord demander à l'enseignant.

3. Enseignant :   Les élèves qui utilisent la chaise des lamentations doivent éviter d'être trop bruyants afin de ne pas déranger les autres élèves ou d'attirer l'attention sur eux.

    Élèves :   Il faut éviter de crier.

4. Enseignant :   La durée d'utilisation de la chaise des lamentations est variable selon l'individu. Nous suggérons une période de cinq minutes, mais celle-ci peut se prolonger si c'est nécessaire.

Élèves :	Nous devons apprendre à surmonter notre peine.

5. Enseignant : La chaise des lamentations peut servir autant aux élèves qu'aux enseignants.

Élèves : Quoi ? Les enseignants pleurent eux aussi ?

6. Enseignant : Les autres élèves n'ont pas le droit de harceler ou de rire de la personne assise sur la chaise des lamentations.

Élèves : Il n'y a pas de honte à pleurer. Inutile de déclencher une bataille.

7. Enseignant : Les autres élèves sont invités à prier pour la personne assise sur la chaise des lamentations et à lui témoigner leur affection.

Élèves : Nous devons être gentils et aimables. Et prier.

Les élèves vénéraient cette chaise. Quand le petit garçon aux pleurs incontrôlables s'y assoyait, il se cachait la tête entre les mains pour sangloter. Cela me fendait le cœur de le voir ainsi, mais je me réjouissais vite en voyant les autres élèves pencher la tête pour prier pour leur compagnon de classe. Certains demandaient la permission d'aller consoler le petit garçon en lui donnant une tape dans le dos — ou en le serrant dans leurs bras. Il arrivait aussi qu'un élève dépose silencieusement un bonbon sur la table située à côté de la chaise des lamentations.

Au bout de quelques minutes, le gamin s'essuyait les yeux et demandait la permission de boire de l'eau et d'aller aux toilettes avant de revenir prendre sa place dans la classe. Personne ne se moquait de lui. Avec le temps, ses moments de pause sur la chaise se sont espacés à mesure que sa vie a retrouvé un semblant d'équilibre.

J'ai utilisé une chaise des lamentations dans ma classe durant deux ans et elle a obtenu un tel succès que j'aurais souhaité y avoir recouru durant les cinq années précédentes. Elle aurait été fort utile chaque année, à la fin des classes, au moment où les élèves et les enseignants ne pouvaient s'empêcher de verser quelques larmes.

Beaucoup d'élèves se sont assis sur la chaise des lamentations pour diverses raisons. Parfois, elle leur servait de refuge pour déverser leur peine face aux tribulations quotidiennes de la vie d'un enfant : les éraflures aux genoux après avoir chuté sur le terrain de jeu, la gêne occasionnée pour avoir renversé un contenant de jus, la frustration et la panique éprouvées après avoir perdu la fiche d'excursion, la vexation ressentie après s'être fait traités de différents noms ou la honte éprouvée pour avoir fait des injures à un autre élève. Parfois, l'événement qui leur tirait des larmes était beaucoup plus traumatisant, comme la perte d'un animal, d'un grand-père ou d'une grand-mère. Ainsi, elle a servi de refuge et de réconfort à trois enfants abandonnés par leur mère qui étaient élevés par

d'autres membres de la famille. Un élève perfection-
niste qui voulait tellement bien former ses lettres qu'il
en tremblait de tout son corps y trouvait tout le
réconfort dont il avait besoin pour se donner le
courage de recommencer. Après avoir été battu par un
voisin, un enfant s'y est assis et a pleuré à fendre l'âme.

Une journée particulièrement éprouvante, alors
que je me sentais dépassée par toutes mes tâches d'enseignante, de mère et d'épouse, j'annonçai à la classe
que j'avais besoin de passer un moment sur la chaise
des lamentations.

J'éclatai en sanglots, la tête aux creux des mains.
Tandis que les larmes coulaient à grands flots sur mes
joues, je sentis plusieurs petites mains me tapoter doucement le dos.

L'enseignante reçut alors une leçon de compassion
de ses élèves.

Les élèves apprirent qu'une enseignante peut avoir
de la peine comme eux et pleurer tout comme eux.

Ils apprirent tous à s'aimer les uns les autres.

— *Mary Marcia Lee Norwood*

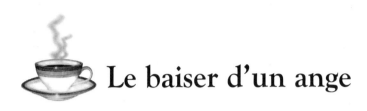 # Le baiser d'un ange

Le premier Noël passé sans maman allait être éprouvant. C'était l'âme de la famille et sa mort soudaine un peu plus tôt dans l'année avait anéanti tous ceux qui l'aimaient — surtout mon père. Lui qui était si fort avant n'était plus que l'ombre de lui-même. Ma mère adorait Noël et s'efforçait toujours d'en faire une fête mémorable. Durant mon enfance, la maison était chaque année magnifiquement décorée ; on pouvait aussi y sentir l'arôme des plats traditionnels et entendre ma mère fredonner gaiement les chants de Noël. Elle retrouvait chaque année son cœur d'enfant. Sa très grande générosité était particulièrement manifeste durant le temps des fêtes.

Le vide laissé par le décès de notre cher ange blond, qui voyait toujours le bon côté de chaque être humain et dont le caractère chaleureux attirait les gens comme des aimants, serait encore plus pénible à Noël.

À l'approche des fêtes, je m'efforçai de retrouver l'esprit de Noël de ma mère dans l'espoir d'atténuer le chagrin de ma famille en perpétuant sa tradition. Il était de mon devoir de rester forte pour mes enfants et mon père dévasté. Je me suis donc tenue occupée pour oublier ma peine. Mais plus Noël approchait, plus il m'était difficile de contenir mon chagrin.

Le trajet de quarante minutes que je devais parcourir chaque matin pour me rendre au travail m'était particulièrement pénible, car j'avais alors trop de temps pour penser. J'imaginais ma mère en train de faire cuire des biscuits en forme de père Noël, d'enfiler du maïs soufflé sur une ficelle pour décorer le sapin ou de pouffer de rire à l'idée d'avoir su trouver le cadeau idéal pour l'un d'entre nous. Ces pensées me brisaient le cœur. J'avais beau essayer de chasser ces souvenirs tendres, ils me revenaient sans cesse à l'esprit. La radio ne m'était d'aucune aide : j'éclatais en sanglots dès que j'entendais les premières mesures d'un chant de Noël.

Je revoyais des scènes du temps des fêtes, à une époque plus festive de mon enfance. Je me rappelais les célébrations empreintes d'amour et de chaleur passées chez mes parents ou chez ma grand-mère à l'époque où nous formions encore une grande famille. Ma grand-mère habitait dans une maison centenaire et cossue de Woodhaven, dans le Queens, à une heure de route de chez nous.

Le lieu pittoresque où habitait ma grand-mère m'avait toujours fait penser à un village de Dickens durant la période de Noël. Les cloches de l'église St. Thomas the Apostle que fréquentait ma grand-mère résonnaient sur un même ton — Bong ! Bong !

Bong ! —, puis sur une octave plus haut — Bong ! Bong ! Bong ! Grand-mère plaçait toujours un sapin blanc miniature à la fenêtre de la pièce qui donnait sur la rue. Il était décoré de lumières en forme de chandelles emplies d'un liquide de différentes couleurs qui faisait des bulles lorsque le sapin était allumé — à la grande joie des petits-enfants. Dans le salon, situé juste à côté de la pièce avant, on pouvait entendre jouer les vieux 78 tours de grand-maman sur le Victrola, dont *J'ai vu maman embrasser le père Noël*, de Jimmy Boyd et *Noël blanc* de Bing Crosby.

Bombardée de ces souvenirs, je sentis monter le désespoir. « Oh ! maman. Oh ! grand-maman », pleurai-je en silence. « Vous me manquez tellement toutes les deux. Si seulement vous étiez ici près de moi. »

J'aperçus au même moment une dame âgée qui attendait à côté d'un panneau d'arrêt. Elle me faisait des grands signes. Je m'immobilisai donc près d'elle et, à mon grand étonnement, elle ouvrit la portière du passager et pris place à côté de moi. Elle m'expliqua que son autobus était en retard et qu'elle avait froid. Je constatai que cette femme avait quelque chose de vaguement familier. Elle me demanda de la conduire à l'église du quartier.

Encore troublée, je sentis toutefois qu'elle ne présentait aucun danger et j'acceptai de la prendre avec moi. Je lui demandai en chemin d'où elle venait.

« Je viens originellement de Woodhaven », répondit-elle.

C'était donc cela qui m'était familier ! Elle avait le même ton de voix chaleureux et l'accent inimitable du Queens de ma grand-mère.

Arrêtées à un feu rouge, je me retournai pour voir le visage de la femme et j'eus alors l'impression de plonger mon regard dans les yeux de ma mère. Ils avaient la même couleur noisette et reflétaient la même bonté. C'était dans ces yeux que j'avais trouvé du réconfort quand j'étais contrariée. Ils avaient brillé de joie durant mes moments de bonheur et m'avaient réchauffée de leur amour durant toute ma vie. Secouée et confuse, je me garai sur le côté pour rassembler mes esprits.

Puis, je m'effondrai en larmes. Je lui fis part de mon deuil et des souvenirs qui me hantaient. La vieille dame essaya de me réconforter au moyen de petites tapes dans le dos et de paroles rassurantes. La situation était complètement surréaliste. Au bout d'un moment, je repris mon sang-froid et m'excusa auprès de la pauvre femme qui, j'en étais assurée, devait sûrement regretter d'être montée à bord de ma voiture. Mais elle semblait imperturbable devant ce déferlement de larmes. À la voir aussi calme, je me dis que ce n'était sûrement pas la première fois qu'une personne s'épanchait ainsi sur son épaule. Encore secouée quoique plus calme, je réussis à reprendre la route pour la conduire à destination, quelques rues plus loin.

Arrivées devant l'église, nous restâmes quelques minutes à bavarder et à nous rappeler les fêtes de Noël à Woodhaven. La dame savait exactement où habitait ma grand-mère avant son décès et se souvenait qu'elle fréquentait elle aussi l'église St. Thomas. Comme moi, elle trouvait aussi que Woodhaven prenait les allures d'un village de Dickens durant la période des fêtes. Nous avons ensuite délaissé le passé pour nous tourner vers le présent et elle m'a parlé de son mari décédé, de ses enfants et de ses petits-enfants, et de la difficulté de s'habituer à vivre en banlieue. Puis, vint le moment de nous séparer — trop tôt à mon goût.

En posant la main sur la poignée de porte, la femme suspendit son geste pour me dire qu'elle allait prier pour moi et ma famille. Puis, elle déposa un baiser sur ma joue.

Au moment où elle posait les pieds sur le trottoir, je réalisai que j'ignorais son nom. Je m'empressai de le lui demander. Elle se retourna en souriant doucement et me répondit « Dorothy ».

Je demeurai figée sur place tandis qu'elle s'éloignait en direction de l'église pour ensuite disparaître derrière les portes en forme de voûte.

Dorothy. C'était le nom de ma mère et de ma grand-mère.

En reprenant la route pour aller au travail, je me sentais légère, comme si on m'avait enlevé un énorme poids sur les épaules. J'éprouvai un profond sentiment de paix et de réconfort durant toute cette période des fêtes et durant toutes celles qui ont suivi.

En ce premier Noël sans ma mère, j'avais eu le bonheur de recevoir un message d'espoir et d'amour éternel. Mes anges de Noël s'étaient ainsi manifestés à travers le cœur généreux d'une parfaite étrangère.

— *Susan A. Duncan*

# La maison
de nos rêves

Mon fiancé Anthony et moi étions très excités à l'idée d'acheter notre première maison. Nous avions appelé tous les agents immobiliers de la ville, consulté les journaux et les sites Internet et sillonné les rues à la recherche des pancartes « à vendre » dans les quartiers qui nous plaisaient. Nous avions cependant fait peu de découvertes et aucune des maisons qui correspondaient à la valeur recherchée ne nous attirait vraiment.

Une des agentes insista beaucoup pour nous faire visiter une maison en particulier. D'après la description qu'elle en faisait, elle semblait fabuleuse, mais son coût était beaucoup trop élevé. Nous dûmes donc refuser. Elle nous rappela en nous suggérant de la visiter avant de nous faire une idée. Nous refusâmes encore une fois. Elle continua d'appeler en nous incitant à au moins passer devant.

C'est ce que nous fîmes finalement et ce fut un véritable coup de foudre.

C'était « notre » maison, celle dont nous rêvions chaque fois que nous décrivions la « maison de nos rêves ». Petite et charmante, elle était située au bord d'un lac limpide, au milieu duquel se trouvaient des îles minuscules où poussaient des saules pleureurs. L'aménagement paysager était magnifique et il y avait même une serre dans la cour arrière. Nous devions absolument la visiter.

Nous appelâmes immédiatement l'agente immobilière pour prendre rendez-vous. Durant la visite, mon fiancé et moi circulâmes dans chaque pièce en nous tenant la main. Nous sentions tous les deux l'amour qui était imprégné dans les murs. Cette maison avait une histoire. Chaque détail de cette demeure douillette et bien rangée reflétait la chaleur et la personnalité du couple qui avait de toute évidence vécu heureux à cet endroit. Les étagères croulaient sous les plantes et les objets d'art, et deux foyers complétaient le charme romantique des lieux. Les propriétaires furent très gentils avec nous. Il s'agissait d'un couple d'horticulteurs et ils prirent plaisir à nous voir nous extasier devant leurs jardins et leur aménagement paysager. La visite qui devait être brève se prolongea et nous restâmes des heures à parler de leur maison et de nos plans.

Nous revînmes le lendemain avec nos parents pour qu'ils la voient. Juste avant de partir, le propriétaire me raconta que sa femme et lui avaient emménagé dans la maison trente-quatre ans plus tôt, juste avant leur mariage. Puis, il me sourit en disant : « J'espère bien que vous allez acheter cette maison, ma chère petite dame. »

« Je l'espère moi aussi », lui ai-je répondu, incapable de cacher mon désir.

Aussi parfaite qu'elle fût, cette maison demeurait au-dessus de nos moyens. Nous avons donc poursuivi nos recherches. Mais nous ne parvenions pas à chasser de notre esprit la petite maison au bord du lac. Chaque jour, Anthony et moi nous rendions de l'autre côté du lac, sur une petite colline gazonnée, où nous nous assoyions pour regarder la propriété et rêver à la vie que nous aurions si nous l'habitions. Enlacés, nous parlions de tous les souvenirs que nous allions y créer. Nous faisions comme si c'était notre maison, nos jardins, notre lac. Un jour, nous avons même pris des photos de nous assis au bord du lac, avec la maison à l'arrière-plan. Même si nous ne pourrions jamais nous offrir une telle maison, nous souhaitions conserver ces photos pour nous en inspirer et nous rappeler à quoi ressemblait la maison de nos rêves.

Nous décidâmes finalement de faire une offre — de loin inférieure au prix demandé. Nous savions qu'il serait étonnant que les propriétaires l'acceptent ou même la prennent en considération, mais nous nous en serions voulu toute notre vie de ne pas avoir essayé. À notre grande surprise, ils ne se sont pas moqués de nous. Ils ont plutôt fait une contre-offre. Bien entendu, elle demeurait au-dessus de nos moyens, mais était de loin inférieure au prix demandé à l'origine.

Nous avons donc informé l'agente que nous allions y réfléchir jusqu'au lendemain. Pendant ce temps, nous avons élaboré un plan. Avec l'aide de la famille et de nos amis, et en travaillant davantage, nous parviendrions sûrement à rassembler l'argent qui nous manquait. Le lendemain, nous appelâmes l'agente pour faire une autre offre, légèrement supérieure à notre première, mais encore bien en dessous de la contre-offre des propriétaires.

D'après l'agente, ils allaient sûrement l'accepter. Elle nous dit qu'elle nous rappellerait plus tard dans la journée avec une réponse. Nous décidâmes d'aller célébrer l'événement au restaurant. Nous flottions sur un nuage et trébuchions sur nos phrases tellement nous étions excités à l'idée de créer un « club des riverains du lac », des légumes que nous allions faire pousser et du petit pont que nous ferions construire pour pouvoir aller sur l'île où poussait notre saule pleureur préféré.

À notre retour à l'appartement, nous avions un message de l'agente sur le répondeur. Elle semblait être dans tous ses états : quelqu'un avait fait une offre supérieure à la nôtre — et de loin supérieure ! Elle nous appelait pour nous donner la chance de faire une offre équivalente avant qu'elle ne communique de nouveau avec les propriétaires.

La tête me tourna. Ce n'est pas ainsi que les choses devaient se passer ! Nous étions si prêts de réaliser un rêve et voilà que tout chavirait. J'avais de la difficulté à respirer. Nous n'avions pas les moyens d'égaler l'offre. Mon père offrit de nous aider en fournissant la somme qui nous manquait. Moi, je n'avais qu'une envie, me recroqueviller dans un coin et oublier toute cette histoire, mais papa et Anthony n'étaient pas prêts à baisser les bras.

« Allons rencontrer les propriétaires pour discuter directement avec eux avant que l'agente ne les informe de la nouvelle offre », suggéra Anthony.

Je tremblais de la tête aux pieds, mais j'acceptai que l'on essaie encore une fois de faire tout notre possible pour habiter dans la maison qui nous était destinée. Arrivés sur les lieux, nous vîmes l'agente immobilière debout dans le salon, déjà en train de soumettre l'offre de l'autre acheteur.

Nous décidâmes d'agir tout de même selon notre plan. Nous fîmes une offre finale, qui était encore inférieure de plusieurs milliers de dollars par rapport à celle de l'autre acheteur. Nous le savions, mais nous savions aussi que nous n'avions rien à perdre à essayer.

« Vendu ! » dit le propriétaire en se retournant. « Affaire conclue. Vous pouvez retirer la maison du marché. »

Nous restâmes bouche bée. Il nous regarda la larme à l'œil et nous expliqua sa décision.

Il savait que nous étions venus nous asseoir à de nombreuses reprises au bord du lac. Nous ignorions qu'il pouvait nous voir, mais il nous avait observés de sa fenêtre. Des voisins avaient même appelé, croyant que nous espionnions sa maison. Il savait que nous adorions l'endroit et que nous saurions apprécier les années d'effort que sa femme et lui avaient mis à enjoliver leur demeure. Il était conscient qu'il perdait de l'argent en nous la vendant, mais cela valait la peine. Nous étions les personnes qu'ils souhaitaient voir vivre à cet endroit. Il nous demanda de considérer la différence de prix comme « un premier cadeau de mariage ».

J'avais moi aussi les yeux pleins de larmes et je le serrai dans mes bras, touchée par la générosité de ces gens qui acceptaient de se priver de milliers de dollars pour aider un jeune couple à réaliser ses rêves.

C'est ainsi que nous avons trouvé notre maison et avons appris une merveilleuse leçon de vie : les gens qui font preuve de gentillesse avec nous ne sont pas des étrangers. Seulement des amis que nous n'avons pas encore eu la chance de rencontrer.

— *Jenna Glatzer*

# Un courage tranquille

Mon père, un homme de la classe moyenne, a travaillé fort toute sa vie. Il a servi son pays durant la Deuxième Guerre mondiale et a toujours respecté les valeurs morales acquises durant cette période difficile. D'après mon souvenir, il n'a manqué que deux journées de travail durant toute mon enfance. C'était tout à son honneur. Son éthique professionnelle et son assurance tranquille sont aussi à l'origine de l'un de ses défauts — son incapacité d'exprimer ses sentiments ou son amour pour sa famille. Je n'oublierai jamais la fois où il a fait exception à cette règle.

Un dimanche, ma sœur, un de mes frères, ma femme et moi étions réunis chez nos parents pour partager la bonne cuisine de maman. Durant la conversation autour de la table, je remarquai que mon père articulait mal ses mots ici et là. Personne n'en fit la remarque, mais je crus bon d'en discuter avec ma mère après le repas, pendant que nous sirotions un café, seuls dans la cuisine.

« Il dit que son dentier ne lui fait plus, m'expliqua ma mère. Cela fait des semaines que je lui dis de prendre un rendez-vous chez le dentiste, mais il remet toujours cela au lendemain. »

« Ses dents ne sont pas en cause, maman. J'ignore ce qui ne va pas, mais il doit voir son médecin, pas son dentiste. Je sais qu'il déteste consulter et je peux t'aider à le traîner de force s'il le faut. Je suis vraiment inquiet. »

Après des années de mariage passées auprès d'un homme entêté, ma mère savait à quoi s'en tenir et concocta un plan pour amener son mari chez le médecin sans qu'il ne résiste. Elle prit rendez-vous chez le dentiste, puis appela le médecin pour expliquer la situation. Celui-ci, bien conscient que mon père avait de la difficulté à se présenter à un rendez-vous, accepta le plan de ma mère. Sans tenir compte des règles habituelles concernant l'heure précise des rendez-vous, il accepta de recevoir mon père immédiatement après sa visite chez le dentiste. Quant au dentiste, également mis au fait de nos manigances, il fit semblant d'ajuster le dentier de mon père, puis le renvoya chez lui.

Maman prit alors la route « panoramique » et, avant même de comprendre ce qui se passait, papa se retrouva dans le stationnement du centre médical. Après avoir protesté selon son habitude, il suivit silencieusement ma mère jusque dans le cabinet du médecin.

Elle m'appela deux jours plus tard.

« J'aimerais que tu viennes à la maison ce soir. Il faut que nous parlions », m'annonça-t-elle la voix brisée. Sa voix si claire et forte habituellement laissait présager de mauvaises nouvelles.

Je me précipitai chez mes parents après le travail. Papa se prélassait dans son fauteuil préféré en regardant les nouvelles et en sirotant un verre de bière. Il semblait de bonne humeur et me demanda si j'allais bien. Ma mère m'entraîna dans la cuisine. Elle s'adressa à moi à voix basse pour ne pas qu'il entende. Ce qu'elle m'annonça eut l'effet d'une bombe.

« Ils ont trouvé une tumeur au cerveau. Elle est trop grande pour qu'ils puissent l'opérer. Ils vont essayer de la réduire au moyen de la radiothérapie et de la chimiothérapie, puis ils verront s'ils peuvent faire quelque chose. » Elle s'arrêta pour essuyer ses larmes. « Il a cependant peu de chances de s'en sortir. »

« Papa est un battant, lui dis-je pour la rassurer. « Il a survécu à un accident cérébrovasculaire, à un infarctus et à un cancer du poumon. Il réussira peut-être à s'en tirer encore une fois. »

Même si je parlais d'espoir, j'avais l'estomac noué. Ma peur devait être visible, car ma mère me serra alors très fort dans ses bras.

Mon père commença peu de temps après à recevoir une série de traitements. Il perdit presque tous ses épais cheveux noirs en raison des effets secondaires. Un événement heureux vint cependant alléger son supplice : ma femme Michele donna naissance à notre premier enfant et nous avons tous éclaté de rire en découvrant ce qu'il était advenu des cheveux de papa. Chelsey était née avec.

L'état de mon père s'aggrava et les médecins nous annoncèrent finalement qu'il était en phase terminale. Durant l'un de ses longs séjours à l'hôpital, nous allâmes le visiter avec Chelsey. À ce moment-là, son élocution s'était détériorée au point qu'il était presque impossible de comprendre ce qu'il disait. Étendu sur le lit, il souleva la tête et essaya de communiquer avec moi au moyen de gestes et de grognements. J'ai finalement compris qu'il voulait que je dépose Chelsey sur son ventre pour qu'il puisse lui faire des grimaces.

Bien assise sur son grand-père qui la retenait par la taille avec ses deux mains, Chelsey et lui se mirent à bavarder et à tenir des propos insensés. Le vocabulaire de Chelsey était limité par son jeune âge et celui de mon père par la terrible maladie qui lui grugeait chaque jour une grande partie du cerveau.

Papa était cependant encore capable de rire. Et il ne s'en priva pas ce jour-là. Tandis qu'il babillait et gazouillait le sourire aux lèvres, Chelsey, la bouche pleine de bave, lui répondait par des gargouillements et des onomatopées. Puis, ils éclataient tous les deux de rire. Le lien qui grandit alors entre le grand-père et sa petite-fille n'eut jamais besoin d'un langage officiel. Papa s'était trouvé une partenaire qui lui voua un amour total et inconditionnel. Comme tous les enfants, Chelsey savait reconnaître la tendresse de son grand-père dans ses caresses. Ils pouvaient se passer du langage, mais pas des marques d'amour.

Après que papa soit revenu dans le confort de son foyer, le petit numéro entre Chelsey et son grand-père reprit de plus belle lors de nos visites. Les deux protagonistes le trouvaient hilarant. Ils riaient aux éclats chaque fois qu'ils s'y adonnaient, chacun essayant de surpasser l'autre, les yeux brillant d'amour.

De les observer ainsi, à la fois en tant que père et que fils, je m'apercevais bien que je vivais là un moment privilégié que je n'oublierais jamais. J'étais envahi d'un sentiment de joie et de tristesse, car je savais que cette relation particulière serait de courte durée. Heureux de les voir partager ces moments de bonheur, je ne pouvais m'empêcher d'entendre le tic-tac d'une horloge résonner au loin. Dieu leur avait fait cadeau de cette admiration mutuelle qui les unissait, mais le cancer avait transformé toutes ces années dont ils auraient normalement dû profiter en quelques précieuses semaines.

Lors d'une visite chez mes parents, alors que nous savions que le décès de mon père était imminent, ma mère enleva Chelsey de mes bras pour m'annoncer : « Ton père voudrait te voir seul quelques minutes. »

Je pénétrai donc seul dans la chambre. Mon père était couché sur un lit d'hôpital de location et semblait encore plus faible que la veille.

« Comment ça va, papa ? » lui ai-je demandé. « Maman a dit que tu voulais me voir. As-tu quelque chose à me demander ? »

Il essaya de parler, mais fut incapable de prononcer une parole intelligible.

« Je suis désolé, mais je ne te comprends pas », lui ai-je répondu, en sentant une boule remonter dans ma gorge. « Veux-tu ton calepin et ton crayon ? »

Ignorant mon offre (il détestait avoir recours au calepin et au crayon) et les commandes permettant de soulever la tête du lit, il tenta péniblement de se redresser dans le lit. La concentration exigée pour parvenir à faire cet effort transparaissait sur son visage.

Touché de le voir ainsi lutter à essayer de parler, je pris sa main dans la mienne. Nos regards se croisèrent et nous fûmes confrontés à la dure réalité : après toutes ces années vécues ensemble — où je suis passé de l'enfance à l'âge adulte pour devenir père à mon tour —, nous assistions maintenant à ce dernier moment de complicité entre un père et son fils, un moment précieux arraché aux affres du cancer grâce à la détermination de mon père.

Mon père avait les larmes aux yeux. Il secoua la tête en souriant comme pour me dire : « C'est bête, non ? » Puis, il prit une grande inspiration et gagna une dernière bataille contre la maladie qui allait bientôt l'emporter.

Il prononça doucement d'une voix claire ces quelques mots : « Je t'aime. »

Ce ne sont pas les héros des bulletins de nouvelles qui nous enseignent le courage. Nous apprenons ce qu'est le véritable courage en observant les gens ordinaires se sortir des situations désespérées et surmonter les obstacles avec une force qu'ils ne croyaient pas posséder.

Ces événements m'ont permis de voir le courage de ma mère qui a choisi de se battre pour permettre à son mari de demeurer à la maison jusqu'à la fin, comme c'était son droit. L'amour dont nos amis, nos voisins et les membres de la famille nous ont entourés durant les derniers jours de mon père m'a également donné du courage. Mais la plus grande leçon de courage me vient de mon père qui a simplement refusé de quitter ce monde sans avoir d'abord surmonté son plus grand obstacle : ouvrir son cœur à son fils.

— *Ed Nickum*

 # Nicholas

Mon fils Nicholas a toujours eu un grand cœur. C'est d'ailleurs ce que je préfère chez lui. À treize ans, il est maintenant partagé entre le rôle de « macho » véhiculé par la société et son âme sensible qui voudrait encore héberger et nourrir tous les sans-abri et secourir tous les chats errants. Je suis heureuse et fière d'annoncer que sa compassion et sa gentillesse l'emportent toujours, malgré les inévitables changements et influences propres à l'adolescence. Sa bonté inhérente a d'ailleurs ressurgi au cours de la dernière fête de Noël.

Cela s'est produit plus tôt, en fait, quand mon fils s'est porté secrètement à la défense de deux frères démunis qui fréquentent son école. L'école secondaire est un passage difficile pour tous, mais pour Chad et Derek Williams, c'est un cauchemar quotidien. Il s'agit des élèves les plus petits et les plus pauvres de l'école de Nick.

Ils se font continuellement harceler par les autres enfants et portent chaque jour les mêmes vêtements usés, démodés et de seconde main. Ils habitent seuls avec leur mère dans une petite maison délabrée quoique bien rangée. Même si elle travaille fort, leur mère a rarement suffisamment d'argent pour leur payer des chaussures, des vêtements et des coupes de cheveux — et encore moins pour les « petits extras » que la plupart des adolescents tiennent pour acquis, comme la pizza ou une sortie au cinéma avec des amis.

Nicholas a toujours été sensible au malheur des autres. Il est conscient des injustices et des blessures émotionnelles que la plupart des adolescents et même les adultes ne remarquent pas. Nick a immédiatement compris la douleur et l'embarras que Chad et Derek ressentaient quotidiennement. Ils sont vite devenus l'objet de ses préoccupations et de ses prières. Et il a décidé de devenir leur protecteur anonyme.

Chaque année, à Noël, notre famille se transforme en « père Noël anonyme » pour une famille défavorisée. L'an dernier, nous avons tenu, selon notre habitude, un conseil de famille pour identifier qui pourraient être les candidats de notre mission secrète, puis nous avons voté. La majorité d'entre nous a choisi une amie handicapée, une autre mère seule avec deux adolescents. Mais pas Nicholas. Il a plutôt voté pour la famille de Chad et de Derek. On pouvait lire dans ses yeux gris-bleu sa grande détermination et sa véritable préoccupation. Nous avons donc discuté des besoins de chacune des familles. Puis, nous avons voté de nouveau. C'est encore une fois l'autre famille qui a remporté le vote. Mais Nick s'accrochait à son idée. Il tenait absolument à aider les garçons Williams.

J'avais le cœur déchiré. Je ne voulais pas briser l'élan de mon fils dans son désir de faire une différence dans la vie des gens et je savais combien cette famille comptait pour lui. J'estimais aussi que nous n'avions pas les moyens de combler deux familles. Mon mari et moi avons donc discuté en privé et pris cette décision : nous aiderions secrètement les deux familles.

Le visage de Nicholas s'éclaira et son immense sourire fit bondir mon cœur de joie. J'ignorais comment nous y parviendrions, mais je savais que c'était la bonne décision et que je ferais tout en mon pouvoir pour aider Nick à réaliser son souhait désintéressé.

Comme le veut notre tradition, nous faisons don à la famille de notre choix de tous les aliments nécessaires à la préparation d'un repas de Noël ainsi que de cadeaux sélectionnés avec soin. Nick nous informa qu'il fallait absolument acheter des vêtements aux deux garçons. Et pas n'importe lesquels. Des vêtements « cool ». Vouloir être à la mode peut paraître superficiel aux yeux de bon nombre d'adultes, mais à l'adolescence, c'est d'une importance capitale. Nick était déterminé à donner à Chad et à Derek des vêtements qui mettraient fin aux railleries des autres élèves et les aideraient à se sentir bien dans leur peau. Sans vraiment le savoir, Nick voulait leur donner une bonne estime de soi, une chance de s'intégrer au groupe.

Pendant que nous allions de boutique en boutique à la recherche des vêtements appropriés pour les garçons, je songeai à leur mère. Ayant déjà été moi-même seule à élever mes enfants, je pouvais imaginer tout ce qu'elle devait sacrifier pour faire vivre sa famille.

Je me rappelais combien chaque somme d'argent « en extra » servait à combler les besoins de mes enfants. La pauvre femme ne s'était sans doute pas offert une petite gâterie depuis des lustres. Pendant que mes enfants poursuivaient leurs recherches dans le rayon des vêtements pour garçons, je bifurquai vers le rayon des produits pour le bain. J'y trouvai un panier empli à ras bord de bains moussants, de savons, de lotions et de toutes sortes de produits de détente susceptibles de plaire à n'importe quelle mère. J'anticipais déjà avec joie le plaisir qu'elle aurait à la vue des cadeaux choisis expressément pour elle. Après avoir fait le tour des vêtements, des produits de maquillage, des bijoux et des eaux de Cologne, j'arrê-tai mon choix sur un livre d'histoires réconfortantes pour les mères et une boîte de truffes. J'étais ravie de mes achats et j'avais hâte de les montrer à ma famille.

En rejoignant mes enfants, je constatai qu'ils avaient finalement arrêté leur choix sur quelques vête-ments jugés « à la mode » par mon fils. Le plus difficile était d'évaluer la taille des deux garçons, mais nous fîmes de notre mieux. Puis, Nick se rappela soudaine-ment qu'ils ne portaient que des vieux manteaux, sans gants ni bonnets de laine sur la tête, pour se rendre à l'école. Avec la neige et le froid glacial des hivers dans l'Utah, il était plus que nécessaire de porter une bonne paire de gants. Nous avons donc choisi les gants les plus épais, les plus chauds et les plus « cool » du magasin sans qu'il me vienne l'idée de jeter un coup d'œil aux étiquettes ! Nous avions le sourire aux lèvres à la simple joie de donner.

Nous ajoutâmes dans le panier un bon film familial et deux livres intéressants. Puis, nous achetâmes de quoi confectionner un succulent repas de Noël : une grosse dinde, les accompagnements habituels, du dessert, des fruits frais et des bonbons pour les garçons.

Nous avions tellement hâte d'aller porter nos paquets ! Nous imaginions la surprise et la joie sur le visage de Derek et de Chad au moment de déballer leurs cadeaux. J'espérais au fond de moi que leur mère aurait autant de plaisir à ouvrir ses cadeaux que j'en avais eu à les sélectionner.

Notre panier débordant de marchandises, nous nous dirigeâmes vers la caisse. Au début de notre séance de magasinage, j'avais peur de trop dépenser ; maintenant, j'éprouvais plutôt un sentiment de paix et d'exultation. Nous étions une famille privilégiée et je savais que mon mari approuverait ce geste de générosité. Pendant que nous attendions en ligne, je songeai encore à l'argent, mais cette fois-ci concernant la famille Williams. Je me dis alors qu'un cadeau sous forme d'argent serait sûrement apprécié. Ils avaient peut-être besoin d'une chose à laquelle nous n'avions pas songé. Près du comptoir de la caisse, il y avait justement un présentoir de certificats-cadeaux. Je vérifiai les différents montants tout en faisant une courte prière pour être inspirée. Je tendis d'abord la main vers le certificat de 50 $, puis pris celui de 100 $. Je sentais que c'était le bon choix. Je déposai donc le certificat sur la pile de cadeaux, puis appelai mon mari pour valider ma décision. Il me donna sa bénédiction.

J'éclatai de rire en voyant Nicholas tomber sous le choc à la vue du certificat-cadeau. « C'est pour eux ? » J'acquiesçai et il m'entoura de ses bras pour me remercier, comme si le certificat était pour lui.

Ce soir-là, nous enveloppâmes les cadeaux pour ensuite aller déposer l'immense boîte sur le perron de la famille Williams. Nick sonna à la porte et nous nous enfuîmes en riant dans la rue. Le sentiment de joie que nous éprouvions alors perdura jusque tard dans la nuit et réapparut après les vacances de Noël, à la rentrée des classes. Nick revint à la maison en courant pour me dire que Derek et Chad portaient leurs nouveaux vêtements à l'école. Ils leur allaient à merveille et les deux garçons avaient vraiment l'air « cool » !

Vous savez ce qui est également super ? Toute notre famille s'entend pour dire que notre plus beau cadeau de Noël a été la joie que nous avons éprouvée à jouer au père Noël anonyme. Et cela m'a permis de voir un aspect de mon fils qui m'a fait pleurer de fierté et d'amour. N'écoutez pas ceux qui disent qu'il n'existe pas d'« anges adolescents ». Je sais que c'est faux. J'habite avec un de ces anges et son nom est Nicholas.

— *Susan Farr-Fahncke*

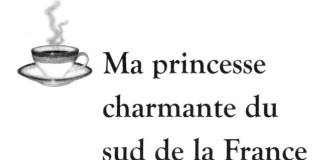 # Ma princesse charmante du sud de la France

À l'âge de onze ans, l'intérêt de Trond pour les filles est passé du simple désir de les ennuyer à un véritable engouement. Il a vite su à quoi devait ressembler sa « princesse charmante ». Elle serait plus forte et plus intelligente que les autres. Elle n'agirait pas de manière imbécile ou prétentieuse comme la plupart des autres filles de son âge. En plus d'être dotée d'un esprit indépendant, elle serait gentille et adorerait la nature et les animaux. Elle préférerait les balades à bicyclette et le camping aux potins et au magasinage, ainsi que la musique et le clair de lune au maquillage et à l'argent. Trond rêvait de randonnées pédestres dans les Alpes et de promenades à cheval dans les fjords en compagnie de sa princesse charmante. Il n'avait qu'à fermer les yeux pour la voir avec ses longs cheveux noirs et brillants, son regard foncé pénétrant, son sourire charmant, son joli visage à nul autre pareil et son corps mince, musclé et ravissant.

À quatorze ans, Trond et quelques-uns de ses amis mirent la main sur un jeu de Ouija. Ils demandèrent l'un après l'autre : « Qui vais-je épouser ? » À ce moment-là, Trond avait le béguin pour une fille de son école qui l'ignorait complètement. Il déposa ses doigts sur la planche de Ouija dans l'espoir de voir épeler son nom : Katrina. Mais sans succès. Le jeu forma plutôt un mot bizarre qui, selon lui, ne ressemblait même pas à un nom : Rasha.

Puis, il demanda au jeu où il allait rencontrer sa future épouse. Le jeu épela : USA. « Ha ! » Cette réponse le fit rire tout en le laissant encore plus perplexe. Trond était norvégien et il était destiné à passer sa vie dans ce petit village situé sur la côte de la Norvège, à l'autre bout du monde. Il abandonna donc le jeu de Ouija et retourna soupirer en vain pour la belle Katrina.

À l'école secondaire, Trond connut peu de succès auprès des filles. À dix-neuf ans, après quelques relations amoureuses décevantes autant pour les jeunes filles que pour lui, il s'était résigné au fait qu'il ne trouverait sans doute jamais l'amour de sa vie. Il chassa donc de sa tête ses rêves de jeunesse, d'amour idéal et de princesse charmante. Il se dit qu'il finirait un jour par épouser une femme qui lui plairait et à qui il plairait, et avec qui il aurait peut-être des intérêts communs ou peut-être pas. Ils se marieraient, auraient 2,5 enfants et seraient aussi heureux que possible. C'est ainsi que Trond quitta l'adolescence, désillusionné par la vie en général et par les femmes en particulier.

À vingt ans, Trond étouffait dans sa famille, son village et son pays natal, devenu trop petit pour lui. Il quitta donc la Norvège pour aller étudier un an dans une école d'immersion, à Aix-en-Provence, en France. Il y passa la majeure partie de son temps assis à la terrasse d'un café à observer la vie.

Peu de temps après son arrivée à Aix, il rencontra une Américaine lors d'une fête. Même si ce ne fut pas le coup de foudre, ils se plurent mutuellement et planifièrent une sortie le week-end suivant pour aller voir jouer Bjorn Borg à un tournoi de tennis. Quelques jours après, Trond croisa la jeune femme dans la rue ; elle fit comme s'ils ne s'étaient jamais rencontrés. Il assista donc seul au match de tennis.

Aix-en-Provence était une ville universitaire fréquentée par des étudiants des quatre coins du monde. Il y avait trois restaurants sur le campus qui servaient trois repas par jour à environ cinq mille étudiants. Les étudiants devaient faire la file pour présenter leur coupon-repas à un gardien, puis ils étaient dirigés vers de longues tables où ils disposaient de vingt minutes pour avaler leur repas avant que l'équipe d'aides-serveurs vienne débarrasser la table pour le groupe suivant. La plupart des étudiants aimaient fréquenter ces endroits. Ils étaient jeunes, les repas étaient économiques et savoureux (sauf les jours où on servait du boudin ou du calmar accompagné de couscous) et ils avaient ainsi l'occasion de rencontrer des étudiants qu'ils n'auraient sans doute jamais connus autrement.

Beaucoup d'étudiants venaient manger en petits groupes. Le gardien devait s'assurer à chaque vague d'étudiants que tous les sièges des tables soient occupés. Dès qu'il apercevait une chaise libre, il criait : « Qui est seul ? ». Les personnes seules s'avançaient alors en tête de file et étaient dirigées vers les tables pour combler les vides parmi les groupes d'étudiants en train de manger.

Un jour, Trond vint manger seul et le gardien le dirigea vers une table occupée par un petit groupe d'Américains. En s'assoyant, Trond aperçut devant lui la plus belle femme de sa vie. Sa beauté rayonnante lui coupa le souffle. C'était une déesse. Elle avait de longs cheveux noirs et soyeux qui lui tombaient sur les hanches. Sa peau était satinée et bronzée. Ses yeux, qu'elle gardait baissés la plupart du temps, lui donnaient un regard profond et mystérieux dans lequel se reflétait la lumière. Trond trouva qu'elle ressemblait à la fille d'un grand chef indien.

Puis, soudainement, il la reconnut : c'était sa princesse charmante. Ce n'était pas une apparition : c'était *vraiment* la femme à laquelle il avait rêvé étant jeune garçon.

Trond se dit qu'il n'avait aucune chance de séduire une pareille beauté. De toute manière, elle avait l'air arrogante à force de fixer sa nourriture comme si elle n'avait qu'un seul désir, être ailleurs, et de détourner les yeux dès qu'il essayait de croiser son regard.

Elle existait donc réellement, mais son manque flagrant d'intérêt envers lui le rendit amer. Jusqu'à ce jour, il avait réussi à la chasser de ses rêves. Et maintenant, elle était là, assise devant lui, dans le sud de la France, mais aussi hors d'atteinte que si elle avait été sur la lune.

Trond ressentit alors de la haine envers elle pour être ainsi apparue dans sa vie. Il la détestait parce que dorénavant, il lui serait impossible d'être pleinement heureux en sachant que sa princesse charmante existait réellement.

Trond engloutit son repas pour quitter la salle le plus rapidement possible. Pendant ce temps, les autres étudiants continuaient de bavarder entre eux ; parfois, un ami de la femme de ses rêves l'interrogeait sur ses études ou ses origines. En l'entendant répondre qu'il venait de la Norvège, la princesse charmante leva les yeux et dit : « Mes grands-parents viennent de Norvège. »

« Ah oui ? » marmonna-t-il. Puis, il avala sa dernière bouchée, se leva en s'excusant et quitta la salle. Il ignorait le nom de la jeune femme.

Les semaines suivantes, Trond l'aperçut à plusieurs reprises sur le campus universitaire. Elle était toujours entourée de ses amis Américains, dont plusieurs garçons. À trois occasions différentes, elle lui avait demandé de se joindre à eux pour le repas lorsqu'ils se croisaient à l'extérieur du restaurant.

Chaque fois il lui avait répondu : « Non, merci. J'attends quelqu'un. » Il était hors de question qu'il se mette à se pâmer d'admiration pour elle comme les autres garçons.

Un vendredi soir, Trond pénétra dans le restaurant sans son ami, celui-ci ne s'étant pas présenté. Il était de toute évidence « seul » et ne pouvait donc pas prétendre qu'il attendait quelqu'un. Comme il n'aimait pas manger seul, il demanda à contre-cœur à se joindre à la table des Américains. Cette fois-ci, sa princesse charmante le regarda droit dans les yeux et ils échangèrent quelques propos. En fait, ils se parlèrent durant tout le repas.

Ils quittèrent ensuite le restaurant pour aller s'asseoir sur un banc afin de poursuivre leur conversation. Trond s'aperçut qu'il avait jugé trop vite sa princesse charmante. Elle lui expliqua que le jour de leur rencontre, elle avait été si troublée par sa présence qu'elle n'avait pas pu se résoudre à le regarder. Elle lui révéla que chaque fois qu'elle avait croisé son regard, elle avait eu l'impression d'y voir sa propre âme et cela l'avait effrayée. Elle avait su dès ce moment qu'elle devait *absolument* le revoir, même si elle avait déjà un petit ami là où elle habitait. Mais elle n'avait pas pu le chasser de sa tête, lui, Trond, l'inconnu de Norvège qui s'attendait à épouser quelqu'un qui serait plus ou moins amoureux de lui. Elle lui raconta combien elle avait dû se forcer pour l'inviter à trois reprises à se joindre à eux au restaurant.

Ils poursuivirent leur conversation dans les rues d'Aix. Ils marchèrent et parlèrent durant des heures. Peut-être avaient-ils peur de s'arrêter — peur de se réveiller, après s'être quittés au lever du jour, pour découvrir que tout cela n'était qu'un rêve.

À une heure du matin, ils allèrent dans une pâtisserie qui ouvrait chaque nuit pour servir des croissants chauds au chocolat. Après la fermeture de la pâtisserie, Trond et sa princesse charmante continuèrent de marcher et de parler. Ils errèrent ainsi dans les rues jusqu'au petit matin. Au lever du jour, Trond connaissait tout sur sa famille et sa vie aux États-Unis, tandis qu'elle en savait davantage sur le pays natal de ses grands-parents. Puis, ils passèrent la journée suivante ensemble. Trond enseigna à sa « princesse » quelques mots norvégiens et lui joua de la guitare. Ils se rendirent ensuite au marché. Le soir, ils retournèrent manger au restaurant du campus où ils partagèrent le repas avec des étudiants sénégalais ; ils allèrent plus tard à la pâtisserie déguster un dessert. Ils prirent plaisir à s'arroser au pied des fontaines d'eau chaude du cours Mirabeau et observèrent silencieusement, main dans la main, les familles du quartier arabe se préparer pour la nuit. Ils parcoururent encore une fois les rues d'Aix durant toute la nuit.

Le dimanche matin, ils allèrent à l'église. Ils passèrent encore toute la journée ensemble à marcher et à parler sous le chaud soleil d'automne, puis sous la pleine lune.

C'est ainsi qu'ils passèrent soixante-douze heures — deux jours et trois nuits — à se raconter leur vie et à apprendre à se connaître.

Ils se quittèrent finalement le lundi matin — pour la simple raison qu'ils devaient tous les deux assister à leurs cours. Épuisés par le manque de sommeil, ils s'endormirent en pleine classe.

À partir de ce moment, ils se revirent chaque jour. Deux semaines plus tard, durant l'une de leurs nombreuses conversations, la princesse de Trond parla encore une fois de son « ex » petit ami aux États-Unis.

« J'avais sérieusement l'intention de l'épouser », lui avoua-t-elle.

« Pourquoi ne pas songer sérieusement à m'épouser, moi ? » répliqua-t-il.

Et c'est ainsi que le 7 janvier 2001, Rasha et Trond ont célébré leur vingt-deuxième anniversaire de mariage.

— *Trond Sjovoll*

# La différence entre besoin et désir

En 1967, à l'âge de treize ans, je commençai à fréquenter une poignée de jeunes qui se trouvaient dans une classe d'un niveau supérieur au mien. C'est cette année-là que j'appris à fumer et à jurer, et que je décidai de quitter l'équipe de baseball. L'année précédente, j'avais été accepté comme recrue dans l'équipe d'étoiles des 12-13 ans. En 1967, devenu vétéran, je fus refusé dans l'équipe d'étoiles sans que cela ne me dérange le moindrement.

Le courant révolutionnaire des années 1960 battait son plein. J'étais attiré par cette soif de liberté, de faire des expériences et de briser les chaînes de l'autorité pour oser faire ce que bon nous semble. Je m'apprêtais à passer un été à flâner et à paresser, heureux de n'avoir aucune responsabilité. C'était du moins mon intention jusqu'à ce que j'apprenne que ma mère, toujours aussi sage et prévoyante, avait fait en sorte que je passe l'été avec son père — c'est-à-dire mon grand-père, un ancien officier de l'armée — à tondre le gazon d'une confrérie d'étudiants.

Le premier jour de travail, il me dit en regardant mes chaussures de sport trouées : « Eh bien, Bob, je crois que tu as vraiment besoin d'une bonne paire de bottes de travail. »

Dans ma tête, je me dis que ce dont j'avais vraiment besoin, c'était de retrouver mon lit et de ne pas avoir à tondre une pelouse aussi grande que le cimetière national d'Arlington, à 32 °C et sous le regard du « sergent Perfection ».

Je réalisais que je n'allais pas pouvoir me débarrasser de ce boulot en quelques heures. Il s'agissait d'un travail à temps plein. Je devais me présenter chaque jour à huit heures précises pour accomplir toutes les tâches que mon grand-père avait inscrites la veille sur une fiche en carton : tondre, tailler les bordures, arroser, désherber, fertiliser, balayer, émonder, planter, tailler les haies, peindre, poncer, gratter, poser du ruban, écailler et couper.

Pour tout ce travail, j'avais droit à un dollar cinquante de l'heure.

Des bottes ? J'avais envie de dire au vieil homme : « Non, mais, ça va pas ? ». Déjà que je devais passer mon premier été d'adolescent à essayer d'enlever la mauvaise herbe des fentes des trottoirs, est-ce que je devais en plus porter une chaîne et un boulet au pied ? Je trouvais les bottes encombrantes et bruyantes. Pire, du moins aux yeux d'un jeune garçon de treize ans des années hippies, elles avaient l'air ridicules.

Dès le départ, il était évident que deux générations nous séparaient, mon grand-père et moi — ou plutôt deux univers.

Nous avions une vision du monde et du travail complètement différente. Et nous n'avions pas la même idée de ce que nous devions porter au travail. Il se présentait chaque matin vêtu d'un uniforme dont le style rappelait à la fois l'armée américaine et un jardinier du magazine *Home & Garden* : des pantalons à revers beiges bien pressés, une chemise à manches longues, habituellement boutonnée jusqu'au cou, une casquette de l'équipe de baseball de l'université d'Oregon et, bien entendu, des bottes. Bien cirées.

Âgé de soixante-huit ans et retraité, Benjamin Franklin Schumacher était chargé d'entretenir le terrain de la sacro-sainte confrérie d'étudiants Sigma Alpha Epsilon (SAE) de l'université de l'Oregon où il occupait les fonctions de trésorier et de gardien des terres (titre qu'il s'était lui-même attribué). Pour lui, ce n'était pas simplement une confrérie : c'était un immense temple à paliers de la largeur d'un pâté de maison. Près d'un demi-siècle auparavant, il avait été membre de la SAE qui s'appelait alors le collège agricole de l'Oregon. Après ses études, il avait continué d'œuvrer pour la confrérie où il avait reçu le surnom affectueux de « Schu of '22 ». Après la Deuxième Guerre mondiale, mon père et mon oncle avaient également été membres de la SAE de l'université d'Oregon.

Mon grand-père ne considérait donc pas le terrain de la confrérie comme un simple amas d'herbes, d'arbustes et de paillis d'écorce. C'était plutôt un terrain sacré, où il régnait en roi de l'émondage et de la tourbe, tandis que j'étais son humble vassal — quoiqu'un vassal en jeans coupés et en baskets noires trouées.

« Bob, dis à ma fille qu'elle aurait avantage à investir dans une bonne paire de bottes pour toi. », disait-il.

« Dis-lui d'acheter celles avec des embouts d'acier. Elles protégeront mieux tes pieds. »

Puis, il éclatait de rire. Son rire gloussant ressemblait au bruit d'une tondeuse à gazon dont le moteur s'étouffe mais qui refuse de s'éteindre même si vous avez appuyé sur l'interrupteur.

Ouais, ouais, ouais.

La confrérie se trouvait à la jonction de deux rues assez achalandées de la ville universitaire de Corvallis, une raison de plus pour le général Schumacher de vouloir maintenir la pelouse aussi lisse que le tapis d'une table de billard, les trottoirs bien balayés, les bordures bien taillées et les fruits de ses chers pommiers sans trace de vers. Inutile de dire qu'il a été plus que mécontent le jour où j'ai trop fertilisé le quadrilatère de la rue Harrison et que l'herbe a pris une couleur de bœuf stroganoff, ou la fois où, revenant d'un weekend en camping, je me suis rendu compte que j'avais laissé fonctionner le système d'arrosage durant trois jours consécutifs. Mais après des jours et des semaines de travail, je me suis rendu compte d'une chose à propos de mon grand-père : il ne s'est jamais emporté contre moi.

« Crois-moi, Bob, personne n'est parfait », m'a-t-il dit après l'incident des arroseurs. Au lieu de me réprimander quand je faisais une gaffe, il prenait l'outil en

question et me montrait comment m'en servir correctement. Il parlait peu : j'ai appris en l'observant.

« Quand tu accomplis une tâche, disait-il, fais de
ton mieux même si personne ne t'observe. Quand tu
essaies de réparer quelque chose et que tu ignores
comment procéder, improvise ; sers-toi de ton imagination. Quand tu enlèves une mauvaise herbe, enlève
toute la racine, sinon l'ennemi va repousser au bout de
quelques semaines. »

(Il parlait toujours des mauvaises herbes comme si
c'était des êtres humains qui faisaient partie d'une opération militaire ultra-secrète, comme si les pissenlits
possédaient des unités et des capitaines et que la mauvaise herbe tramait des plans complexes d'invasion et
de capture.)

Il menait le bal : je suivais. Pendant que j'effectuais
mes tâches, il effectuait les siennes — sauf qu'il le
faisait avec plus d'enthousiasme que moi, comme si
son travail avait un sens beaucoup plus profond que le
simple fait de tondre, désherber et tailler les bordures.
Plus la journée devenait chaude, plus il suait comme
un vieux vétéran : il sortait parfois son mouchoir de sa
poche pour s'essuyer le front et le cou, sans jamais se
plaindre.

« Le travail avant le plaisir », disait-il. « Le travail
avant le plaisir. »

Un jour, alors que je changeais les arroseurs de la
partie sud-est du terrain, un automobiliste qui venait
d'emprunter la rue Harrison baissa sa fenêtre et me
dit : « C'est vraiment beau ! »

Après son passage, je jetai un coup d'œil à l'aménagement paysager et me rendis compte qu'il avait

raison. C'était vraiment beau. Ainsi, les gens remarquaient bel et bien le travail que nous accomplissions. Je pris alors conscience du haut de mes treize ans que je faisais partie de quelque chose. De quelque chose de positif.

Je commençai donc graduellement à me soucier de l'apparence du terrain de la SAE, et ce presque autant que mon grand-père. J'appris à soulever les roues de la tondeuse lorsque le terrain était raboteux pour éviter que la lame ne laisse des marques sur le gazon. Lorsque le levier de réglage se détacha de la tête d'un des arroseurs rotatifs, j'appris à improviser en le réparant avec un trombone. Quant aux mauvaises herbes, je pourchassai non seulement les racines individuelles, je détruisis des pelotons entiers.

Durant trois étés, j'ai aidé mon grand-père à prendre soin du terrain de la SAE au point d'en venir à croire qu'il n'y avait nulle part dans Corvallis — et peut-être même dans le monde entier — une confrérie mieux entretenue que la nôtre. Durant cette expérience, je n'ai pas seulement appris à garder une pelouse verte, à balayer les trottoirs et à tailler les bordures, j'ai appris que le travail est bénéfique et honorable. Que l'apparence extérieure en dit long sur ce qui se passe à l'intérieur. Et qu'il y a une bonne et une mauvaise façon de faire les choses.

J'ai aussi appris l'avantage qu'il y avait à vieillir, à se soucier des choses et à jurer le moins possible. Ce cher Schu avait vu juste : tout comme les pommiers de Gravenstein longeant la 30ᵉ Rue avaient besoin d'être émondés pour donner de meilleurs fruits, j'avais également besoin d'être formé. Et il avait bien raison.

Finalement, je changeai de job d'été. Je reçus une promotion pour aller travailler dans une conserverie. Mon travail consistait à cueillir des fèves et à emballer des fraises au salaire alléchant de deux dollars cinquante de l'heure.

Je jouissais aussi d'avantages sociaux concurrentiels : l'accès à une distributrice de boissons gazeuses et les odeurs alléchantes d'un restaurant chinois situé tout près.

Un jour de février, pendant le cours d'anglais de Mme Shaw, en deuxième année du secondaire, un commis m'apporta un message sur lequel était inscrit : « Votre grand-père vous attend au bureau du directeur. » Je me précipitai dans le couloir le cœur battant, en imaginant toutes sortes de scénarios : la mort de mon père ; la mort de ma mère. Finalement, personne n'était décédé.

« Salut Bob ! » me dit mon grand-père en m'accueillant. « J'ai reçu la permission de t'amener faire une petite balade. »

Je lui demandai pourquoi.

« Disons que c'est une surprise pour ton anniversaire », répondit-il avec son rire habituel.

Nous sommes donc montés à bord de sa Oldsmobile couleur or, qui était presque aussi grosse qu'un porte-avions *USS Teddy Roosevelt*, et nous nous sommes dirigés vers le grand magasin situé sur la rue Buchanan, à un peu plus d'un kilomètre de l'école. Je m'étais recroquevillé sur mon siège pour que personne ne me voie. Je ne comprenais pas ce qui se passait, alors je l'ai simplement suivi dans le magasin jusque dans le rayon des articles de sport.

Certains jeunes reçoivent une automobile pour leur seizième anniversaire ; d'autres se voient offrir une chaîne stéréo, un vélo à dix vitesses, des skis ou une planche à roulettes. Mais en 1970, l'année de mes seize ans, mon grand-père m'aimait beaucoup trop pour m'offrir ce que je désirais. Il m'a plutôt offert quelque chose dont j'avais besoin.

« À toi de choisir, Bob ! » dit-il en me désignant la section des bottes de travail, celles avec des embouts d'acier.

— Bob Welch

Un cadeau exceptionnel

Le jour de notre arrivée au camp des réfugiés, en cette sombre et froide journée de novembre 1947, j'allais avoir onze ans dans une semaine. Mes grands-parents et moi avions survécu aux dévastations de la Deuxième Guerre mondiale, puis de l'occupation soviétique dans notre pays, la Hongrie. Le nouveau régime soviétique recourait alors à des tactiques terroristes contre les personnes qui avaient résisté au gouvernement et, comme mon grand-père faisait partie de la résistance, nous avions dû nous enfuir avec pour seuls objets les vêtements que nous portions sur le dos. Nous étions en route vers notre nouvelle demeure : le « camp des personnes déplacées », à Spittal, en Autriche.

Pour des réfugiés aux prises avec la peur, le froid et la faim, ce camp était une bénédiction. On nous assigna une petite baraque en carton, puis on nous servit un bol réconfortant de soupe aux choux. On nous donna aussi des vêtements chauds provenant de généreux donateurs d'autres pays comme les États-Unis d'Amérique.

Dieu nous avait aidés à traverser des moments bien difficiles. Nous pouvions nous compter chanceux. Même si nous avions dû laisser derrière nous notre maison, nos amis, notre pays et toutes nos possessions, nous étions en vie, en sécurité et toujours unis. Nous nous étions enfuis au milieu de la nuit avec très peu d'argent. Mon grand-père avait réussi à glisser quelques *pengos* (la monnaie hongroise) dans sa poche, mais cela n'était d'aucune utilité en Autriche. Étant donné les circonstances, je savais que je pouvais dire adieu aux cadeaux d'anniversaire.

J'adorais de tout mon cœur ma grand-mère — la seule mère, en fait, que j'aie connue dans ma vie. Malgré tout, il m'arrivait de songer avec regret à ma vraie mère, morte subitement des suites d'une pneumonie alors que je n'étais âgée que de quelques semaines et que mon jeune père se trouvait à la guerre. Grand-maman s'est alors chargée de m'élever et mon grand-père et elle sont devenus mes parents.

Grand-maman était une petite bonne femme un peu rondelette. Elle avait des yeux bleus exceptionnels. Grand-papa disait qu'ils lui rappelaient la couleur des bleuets et qu'il en était tombé amoureux dès le premier regard. Il avait toujours souhaité que mes yeux soient de la même couleur. Comme elle n'était âgée que de trente-six ans à ma naissance, ma grand-mère pouvait facilement passer pour ma mère naturelle. La guerre, cependant, l'avait beaucoup affectée. À son arrivée en Autriche, à quarante-sept ans, ses beaux cheveux châtains autrefois si soyeux, qu'elle portait en chignon sur la nuque, étaient maintenant grisonnants.

Avant que la guerre ne s'intensifie, j'avais toujours célébré mes anniversaires entourée de nombreux cousins et de cadeaux aussi variés que des jouets, des livres et des vêtements. Grand-mère me faisait toujours un *dobos torta*, un énorme gâteau composé d'une douzaine d'œufs et de crème au beurre, et garni de sucre caramélisé. Ce gâteau, que je désignais sous le nom de « petit tambour » à cause de sa forme, était riche, crémeux et savoureux à souhait. J'en ai l'eau à la bouche juste d'y penser.

J'ai reçu mon dernier cadeau « acheté » à mon huitième anniversaire, en 1944. À ce moment-là, la guerre faisait rage en Hongrie. Les temps étaient difficiles et l'argent se faisait rare. Notre priorité était de survivre. Et pourtant, mes grands-parents étaient parvenus — sans doute en déposant un objet en gage — à m'acheter un livre. Et c'était un livre magnifique, plein d'aventures drôles pour une fille de mon âge. Je l'adorais. En fait, *Cilike's Adventures* m'a aidée à fuir la dure réalité qui m'entourait, où le vrombissement des avions dans le ciel et le sifflement des bombes pouvaient nous surprendre à tout moment. Ce livre me transportait dans un monde imaginaire à la fois drôle et divertissant. Je me souviens que j'apportais mon livre partout avec moi, même dans les abris antiaériens.

Après 1944, j'ai surtout reçu en cadeau des articles crochetés ou tricotés, sortis tout droit des doigts agiles de ma grand-mère. Au moins, j'avais toujours un présent.

La veille de mon onzième anniversaire, me sentant un peu perdue dans le camp de réfugiés, je m'étais résignée à affronter la réalité : cette année, il n'y aurait ni fête, ni gâteau dobos, ni cadeau.

Le jour de mon anniversaire, je me réveillai tôt dans notre baraque en carton. Je pouvais apercevoir le ciel gris par la petite fenêtre située en haut du mur de ciment. Couchée sur mon lit de camp, sous une couverture de crin rugueuse, je songeai à ce que signifiait avoir onze ans. Je me demandais ce que ma mère aurait pensé de moi. J'étais presque une adulte et je décidai qu'il serait préférable d'agir comme tel au réveil de mes grands-parents. Je ne voulais pas qu'ils se sentent mal de ne pas pouvoir m'offrir un cadeau. Je m'habillai donc rapidement et sortit doucement sur la pointe des pieds.

Je traversai en courant le chemin de terre, en laissant des traces de pas sur la neige fraîche, jusqu'aux baraques où étaient situées la toilette et les douches des femmes. Même s'il faisait froid, je pris mon temps pour me laver les cheveux et les coiffer. Dans le miroir terne fixé au-dessus du lavabo en ciment, je m'observai longuement pour voir si quelque chose en moi avait changé maintenant que j'avais onze ans. Mais tout ce que je vis, c'est une jeune fille au visage maigre, aux longs cheveux brun pâle et aux grands yeux bleus (mais pas aussi bleus que ceux de ma grand-mère, comme j'aurais bien aimé) — bref, rien n'avait changé depuis la veille. Je me résolus donc à retourner dans nos quartiers. J'avais hâte que la journée soit terminée.

« Bonjour ! » C'est ainsi que mon grand-père m'accueillit de sa voix tonitruante dès que je pénétrai dans la baraque. « Joyeux anniversaire, mon trésor. »

« Merci, mais je crois qu'il n'est plus nécessaire de souligner mes anniversaires dorénavant », répliquai-je, en tentant de me dégager de son étreinte chaleureuse. « Après tout, je suis presque une adulte maintenant. »

« Attends d'avoir mon âge pour dire adieu aux anniversaires », répondit ma grand-mère en s'avançant vers moi pour me prendre dans ses bras. « Tu es encore beaucoup trop jeune et puis, à qui donnerais-je ce cadeau si on ne souligne plus ton anniversaire ? »

« Un cadeau ? »

Étonnée, je la vis se pencher pour atteindre un objet dissimulé sous le lit de camp, dans un sac en papier.

« Joyeux anniversaire, mon ange », me dit-elle les yeux humides en me tendant le cadeau. « Ce n'est pas vraiment un cadeau, mais je me suis dis que tu aimerais sûrement retrouver un vieil ami pour ton onzième anniversaire. »

Je croyais rêver : je tenais dans ma main mon livre adoré.

« Mon *Cilike's Adventures* ! Je croyais qu'on l'avait laissé là-bas avec toutes nos autres possessions », dis-je en serrant très fort mon livre contre ma poitrine.

« Effectivement, il a failli y rester, mais je savais combien tu l'aimais, alors je n'ai pas pu supporter l'idée de l'abandonner. Je l'ai donc saisi avec mon livre de prières et je l'ai enfoui dans les poches de mon manteau avant de partir », m'expliqua-t-elle. « Encore une fois, joyeux anniversaire, Edesem. Je suis désolée de ne pas pouvoir t'offrir un livre neuf. J'espère que tu es contente de le ravoir. »

« Oh ! Merci grand-maman ! Merci ! Je suis tellement heureuse de ravoir mon livre préféré », dis-je en la serrant encore une fois dans mes bras, le visage couvert de larmes. « C'est le plus beau cadeau d'anniversaire de ma vie ! »

Et ça l'était vraiment. Car c'est à mon onzième anniversaire que j'ai vraiment pris conscience de la chance que j'avais d'avoir une « maman-grand-mère » aussi merveilleuse, qui m'entourait d'amour et sur laquelle je pourrais toujours compter. Et je savais que la mère que je n'avais jamais connue nous souriait de là-haut, au paradis.

— *Renie Szilak Burghardt*

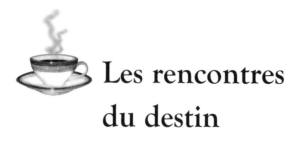

Les rencontres du destin

Elle jeta un coup d'œil à l'horloge : il était minuit. Encore quinze minutes et elle pourrait rentrer chez elle.

Cynthia Adams était infirmière depuis six ans au service des urgences du Branson Memorial Hospital. Elle faisait habituellement partie de l'équipe de nuit. Même si elle préférait ce quart de travail, elle ne s'y était jamais vraiment habituée. Il faut dire que, la nuit, le service des urgences se transforme parfois en un véritable film d'horreur. Cynthia avait travaillé presque toute sa vie dans les salles d'urgence, soit pendant plus de vingt ans. Elle se répétait constamment qu'elle avait besoin de changement, qu'elle devrait peut-être quitter les urgences pour soigner les patients dans les chambres, mais elle ne s'était jamais résolue à poser sa candidature pour un tel poste.

Ce soir-là, Cynthia avait échangé de quart de travail avec l'une des infirmières de jour afin de pouvoir assister à un atelier offert tôt le lendemain. Au premier coup de minuit, la radio derrière elle émit un grésillement accompagné d'une série de sons graves.

Ruby, l'infirmière préposée à l'accueil, prit le microphone pour répondre à l'appel et Cynthia tendit l'oreille vers le haut-parleur.

« Il y a eu une collision avec trois blessés », rapporta l'ambulancier paramédical. « Deux sont en route chez vous. »

Ruby nota ensuite sur la fiche d'admission les signes vitaux des patients fournis par l'ambulancier. Cynthia effectua instinctivement une évaluation sommaire des blessures de chaque patient.

« Temps de transport ? » demanda Ruby.

« Dix minutes, max », répondit l'ambulancier. « Personne n'est dans un état critique. »

Cynthia attendit l'arrivée des ambulances pendant que Ruby finissait de remplir les fiches des patients. Elle aimait et respectait Ruby, mais elle savait qu'il lui arrivait de paniquer sous la pression. En voyant ses épaules agitées, Cynthia se dit qu'elle risquait de craquer ce soir-là. Elle jeta encore une fois un coup d'œil à l'horloge : minuit cinq, encore dix minutes à attendre. Elle soupira. Sa décision était prise.

« Je m'en occupe, Ru », dit Cynthia en saisissant une paire de gants de caoutchouc.

« Tu es sûre ? » demanda Ruby d'un air déjà reconnaissant.

« Ouais. Mais après cela, je file à la maison. »

Ruby renvoya les ambulanciers et remit à Cynthia la fiche des signes vitaux pour qu'elle puisse commencer à rédiger les dossiers.

Comme elle s'y attendait, l'une des victimes était en très mauvais état. Même si le transport à l'hôpital n'avait duré que six minutes, l'homme avait perdu beaucoup de sang. La première équipe d'urgence se précipita donc à l'extérieur pour ramener la victime sur une civière et commencer les soins.

Pendant que Cynthia attendait patiemment la deuxième victime, elle s'informa auprès des policiers qui avaient été appelés sur les lieux de l'accident. Deux adolescents en état d'ébriété avaient brûlé un feu rouge et étaient entrés en collision avec l'automobile d'un couple âgé. Joshua Banks, le mari âgé de quatre-vingt-trois ans, souffrait d'une blessure grave à la tête et, de toute apparence, de blessures internes et externes massives. Durant son transport jusqu'à la salle d'urgence, on pouvait apercevoir au sol une trace de sang de soixante centimètres de large.

La deuxième ambulance arriva avec à son bord, Mme Anita Banks, âgée de soixante-dix-neuf ans. Elle avait un bras fracturé, mais aucune blessure grave. Quand les portes de l'ambulance s'ouvrirent, Cynthia vit immédiatement son inquiétude.

« Où est Joshua ? » demanda Mme Banks pendant que les ambulanciers sortaient la civière roulante du véhicule. « Il faut que je voie Joshua. »

« Les médecins s'en occupent », répondit Cynthia. « Maintenant, nous allons prendre soin de vous. »

« Je vais bien. Je veux être auprès de mon mari. »

« Je comprends votre inquiétude, Mme Banks », répliqua Cynthia avec douceur mais fermeté. « Laissez-moi prendre votre pouls et votre tension artérielle, puis j'irai m'informer au sujet de votre époux. »

Mme Banks regarda Cynthia droit dans les yeux puis tendit son bras non fracturé.

« Je me sens vraiment bien », insista-t-elle.

Cynthia observa la femme tout en lui prenant sa tension artérielle, son pouls et sa température. Elle semblait être en bonne santé et avait une apparence soignée. Malgré son regard sombre, Cynthia pouvait voir à la douceur de ses yeux et de sa bouche qu'elle avait bon cœur.

« Quel est votre prénom ? » demanda Cynthia en guise de distraction.

« Anita, mais mes amis m'appellent Nita. »

« Comment préférez-vous que je vous appelle ? »

Anita Banks sembla surprise quoique ravie. Ses épaules et son visage se détendirent un peu.

« Appelez-moi Nita, s'il vous plaît. »

« D'accord Nita », répondit Cynthia. « Votre tension artérielle est un peu élevée. Je suis certaine que l'inquiétude que vous éprouvez au sujet de votre mari n'aide pas. Il est vraiment entre bonnes mains. »

« Vous avez sans doute raison », dit Nita d'un air douteux. « Mais je tiens absolument à voir mon mari. C'est notre anniversaire et… je ne sais pas comment je ferais pour vivre sans lui. »

Cynthia tenta doucement de la rassurer avec des petites tapes sur l'épaule.

« Voulez-vous rester avec moi un moment ? » demanda doucement Nita.

Cynthia s'interrogea. Il était minuit dix-sept. Son quart de travail était terminé depuis deux minutes. Elle devait se rendre à l'atelier à sept heures le lendemain matin et avait vraiment besoin de repos. Elle plongea de nouveau son regard dans celui de Nita.

« Bien entendu. Je vais d'abord aller me renseigner sur l'état de M. Banks pendant que le médecin soigne votre bras. »

« De grâce, appelez-le Joshua. Il déteste se faire appeler M. Banks. »

Cynthia sourit. « Je vais aller m'informer au sujet de Joshua, puis je reviens près de vous. »

En voyant Cynthia arriver à l'accueil, Ruby jeta un coup d'œil à l'horloge. « Tu devrais être partie à cette heure-ci. »

« Je sais, mais Mme Banks m'a demandé de rester un moment avec elle. Elle est si inquiète pour son mari et c'est leur anniversaire de mariage. »

Ruby hocha la tête.

« Comment se porte son mari ? » demanda Cynthia en tendant la main vers son dossier.

« Pas très bien. »

Cynthia parcourut les notes inscrites dans le dossier, puis le déposa sur le bureau. M. Banks souffrait de blessures internes massives. Les médecins essayaient encore de le stabiliser.

« Pourrais-tu m'appeler dès que tu auras des nouvelles ? » demanda-t-elle.

« Bien sûr. »

En voyant Cynthia revenir dans la chambre, le visage de Nita s'éclaira de soulagement.

Cynthia approcha une chaise du lit et s'assit dessus.

« Depuis combien d'années êtes-vous mariés ? » demanda-t-elle à Mme Banks.

Nita se détendit un peu dans son lit.

« Quarante-huit ans », dit-elle doucement.

Cynthia s'était souvent demandé ce que cela aurait été de grandir entourée de deux parents qui s'aiment. Ses parents adoptifs se querellaient constamment et avaient divorcé lorsqu'elle avait dix ans.

« Vous l'aimez beaucoup, n'est-ce pas ? »

« Oui, je l'aime », répondit Nita. Son regard s'empreint alors de nostalgie, comme si elle était plongée dans ses souvenirs, puis elle sourit et poursuivit.

« J'ai rencontré Joshua dans un petit café, tout près du lieu où j'ai grandi. J'y étais en compagnie de ma meilleure amie et de ma sœur. Joshua est entré avec un ami et les deux garçons ont pris place sur la banquette d'en face. »

Nita fit une pause, les yeux brillants au souvenir de cette soirée mémorable qui s'était déroulée des années auparavant.

« Nous étions muettes depuis dix bonnes minutes quand il s'est raclé la gorge. J'ai alors levé les yeux et il m'a souri. Je suis tombée amoureuse de lui dès ce premier sourire. Et j'ai immédiatement su que j'épouserais cet homme. Et vous savez quoi ? Je crois qu'il l'a su lui aussi à ce moment-là. »

Cynthia hocha la tête, les yeux au bord des larmes. Elle revoyait son enfance et les nombreuses scènes de confrontation entre sa mère et les différents hommes de sa vie.

« Cela vous arrivera un jour », ajouta Nita.

« Je ne crois pas. »

Nita prit la main de Cynthia dans la sienne et la serra dans un geste de compassion et de réconfort.

C'était une sensation nouvelle pour Cynthia. Elle n'avait pas reçu beaucoup d'affection de sa mère distante et amère.

« J'ai déjà eu une fille », poursuivit Nita d'une voix lointaine.

« Ah oui ? Que lui est-il arrivé ? »

« Nous étions jeunes et Joshua était parti à la guerre. Ma mère m'avait conseillée de donner le bébé, mais j'étais déterminée à le garder. Puis, j'ai reçu un message me disant que Joshua avait été tué au combat et j'ai décidé de donner ma fille en adoption. J'ai appris trop tard qu'il était encore vivant. Toute ma vie, j'ai souhaité que les choses se soient passées différemment. »

« J'ai été adoptée », mentionna Cynthia. « Et toute ma vie, j'ai souhaité avoir connu ma mère naturelle. »

Nita s'apprêtait à dire quelque chose quand la porte s'ouvrit et le médecin pénétra dans la chambre.

« Mme Banks ? Je suis le Dr Telis. Votre mari est maintenant dans un état stable. »

Nita et Cynthia soupirèrent de soulagement et s'étreignirent chaudement.

« Il a une fracture du crâne et quelques blessures internes, alors nous allons le garder sous observation. Mais, n'ayez crainte, il va s'en sortir. » Le médecin quitta la chambre et Cynthia se tourna vers Nita.

« Eh bien, je crois que je peux partir maintenant », dit Cynthia.

« Merci d'être restée auprès de moi », répondit Nita.

« C'est moi qui vous remercie. Ce fut un réel plaisir de faire votre connaissance. »

« Il y a toujours une raison aux rencontres du destin », ajouta Nita. « On ne sait jamais ce qui résultera d'une conversation avec un étranger. »

Cynthia se rendit ensuite au poste d'accueil pour compléter ses dossiers.

« Où sont les effets personnels de M. et Mme Banks ? » demanda-t-elle à Ruby.

Ruby pointa en direction d'un panier situé sur le comptoir derrière elles. Cynthia s'assit et renversa le contenu du panier sur le comptoir. Comme Ruby était de garde, c'était à elle de trier, étiqueter et noter les effets personnels des patients, mais pour une raison inconnue, Cynthia éprouva un besoin irrésistible de le faire elle-même.

Elle étiqueta d'abord les effets de Nita : un petit sac à main avec son contenu habituel, entre autres du rouge à lèvres, du fard à joues et un portefeuille. Elle ouvrit le portefeuille pour compter l'argent qui s'y trouvait — conformément aux règlements de l'hôpital — et inscrivit 11,38 $ sur la liste. Elle s'apprêtait à remettre le portefeuille dans le sac quand elle aperçut une photographie : une vieille photo de Nita et de Joshua. Une autre photo tomba au moment où elle replaçait la première et tentait de glisser le portefeuille dans le sac. Elle la ramassa pour la remettre dans le portefeuille, mais l'écriture au dos de la photo attira son attention : « Taby, ma fille. »

Cynthia retourna la photo et son cœur s'arrêta. Elle se pencha pour prendre son propre sac à main, prit son portefeuille et l'ouvrit à la section des photos. En haut de la pile, il y avait une photo de Cynthia à sa naissance. Sa mère lui avait dit qu'elle lui avait été remise par sa mère naturelle. La photo était identique à celle de Nita.

Sous le choc, Cynthia retourna à la chambre 298, avec en main les deux photos. Nita était assise sur son lit et regardait dehors par la fenêtre.

« Maman ? » dit Cynthia, des sanglots dans la voix.

Nita se retourna et lui sourit. Il était une heure du matin.

— *Jamie D'Antoni*

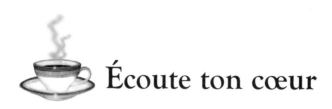 # Écoute ton cœur

J'enseigne dans une classe maternelle bilingue, à Oakland, en Californie. Un lundi matin, alors que je parlais aux enfants du calendrier et des anniversaires à venir, je remarquai que celui de deux de mes élèves, Juan et Cynthia, tombait le même jour, soit le vendredi suivant. J'ai donc suggéré aux mères de ces enfants d'apporter des petits gâteaux pour célébrer leur anniversaire à l'école.

J'essaie toujours de souligner l'anniversaire de chacun de mes élèves. En plus de fournir aux enfants des renseignements d'une importance vitale — comme la date et leur lieu de naissance ainsi que leur âge actuel —, cela les aide à acquérir une meilleure estime de soi. Le mercredi, en fin de journée, je n'avais toujours pas eu de nouvelles des parents de Juan ou de Cynthia et je me demandais s'ils avaient l'intention d'apporter des petites gâteries aux enfants.

Le jeudi, je m'informai à ce sujet auprès de Juan et de Cynthia, mais ils ignoraient si leurs parents avaient prévu célébrer leur anniversaire à l'école. Ils étaient cependant très excités à l'idée d'être fêtés le lendemain par leurs petits camarades.

Comme j'avais plusieurs courses à faire après l'école, je décidai d'acheter tout ce qui est nécessaire à la confection de petits gâteaux pour la fête de Juan et de Cynthia. Ce n'est qu'une fois arrivée à la maison et prête à cuisiner que je me rendis compte que j'avais oublié d'acheter du mélange à gâteau et du glaçage. Épuisée, comme il est normal de l'être après avoir passé la journée à tenir une classe de vingt enfants, je décidai de m'étendre un peu sur le canapé avant d'aller au supermarché et de revenir préparer les gâteaux. Je ne me suis réveillée en sursaut que quelques heures plus tard ! Comme il était trop tard pour aller à l'épicerie, je me dirigeai tout droit vers mon lit.

Le lendemain matin, réveillée avant la sonnerie du réveil, je décidai de partir plus tôt à l'école pour rattraper du travail en retard. Puis, les petits gâteaux me sont revenus en tête. J'ai d'abord pensé : « J'imagine qu'une des mères en a préparé. » Mais j'ai vite entendu une voix plus forte qui me disait : « Non, c'était à toi d'en faire. » Je dois avouer sincèrement que j'étais un peu fâchée. Je ne voulais pas me sentir obligée de devoir préparer des petits gâteaux à chaque mois ou pour chaque enfant. Mais j'étais surtout fâchée contre moi d'avoir oublié d'en faire cuire. Jusqu'à présent, la plupart des parents avaient offert ou accepté ma suggestion d'apporter une gâterie pour célébrer l'anniversaire de leur enfant avec leurs copains de classe.

Cette fois-ci, ma suggestion était restée sans réponse. Tandis que j'approchais de la pâtisserie mexicaine, sur le chemin de l'école, je songeai que ce silence était très révélateur.

Je savais qu'il fallait commander d'avance les gâteaux d'anniversaire. De plus, je n'avais que cinq dollars dans mon sac à main et je ne recevrais pas d'argent avant le prochain jour de paye. Je ne voulais pas le dépenser pour un *pan dulce*, c'est-à-dire un pain sucré mexicain. Disons que ce n'est pas vraiment le genre de gâteau d'anniversaire que des enfants de cinq ans ont en tête. Et si je consacrais mon argent au gâteau, je n'aurais rien à manger à l'heure du dîner, car j'avais oublié mon sac à la maison. Et pourtant, je me sentis obligée d'arrêter à la pâtisserie en me disant intérieurement : « Mais pourquoi est-ce que j'arrête ici ? Je ne vais tout de même pas dépenser mon dernier billet de cinq dollars pour un gâteau. D'ailleurs, ils ne vendent même pas de gâteaux. » Mais quelque chose en moi me criait : « Vas-y ! »

Sans même savoir comment, je me suis retrouvée dans la pâtisserie à la recherche d'un gâteau même si je savais qu'ils n'en vendaient pas. J'aperçus alors quatre gros morceaux de gâteau vendus un dollar chacun. J'achetai donc les quatre, ce qui ne me laissait que un dollar pour mon repas du midi. Une fois dans l'automobile, je déposai le sac blanc sur le siège du passager et je poursuivis lentement ma route jusqu'à l'école, trois rues plus loin. Après avoir garé la voiture dans la rue, je sortis pour aller prendre de l'autre côté le gâteau et mon sac d'école. En ouvrant la portière, j'aperçus à mes pieds un billet de cinq dollars plié en deux.

Je ramassai donc le billet détrempé en songeant que quelqu'un l'avait sans doute échappé la veille. « Super ! » me dis-je alors. Les enfants auraient donc droit à leur gâteau et moi, je pourrais manger ce midi.

Une fois dans la classe, je déposai les quatre morceaux côte à côte et je partis à la recherche de chandelles. Je trouvai une boîte qui contenait exactement cinq chandelles roses et cinq chandelles bleues : une fois décoré, le gâteau avait fière allure. J'enseigne la maternelle l'avant-midi ; les enfants arrivent à huit heures puis prennent leur petit déjeuner à la cafétéria. Ils n'ont donc pas de collation, mais je garde toujours en réserve des assiettes en carton, des serviettes en papier et des cuillères en plastique pour les occasions spéciales, comme les jours fériés et les anniversaires. Inquiète de ne trouver qu'une petite pile d'assiettes dans l'armoire, j'étais certaine d'en manquer mais il y en avait exactement vingt. Puis je comptai les cuillères en plastique : il n'y en avait que dix-neuf. Je fouillai dans l'armoire et trouvai une boîte qui en contenait une. Il ne me restait plus qu'à trouver des serviettes et, à mon grand soulagement, je m'aperçus que nous en avions encore beaucoup.

Mes élèves arrivèrent ensuite en classe. Après avoir enlevé leur sac à dos et leur manteau, ils déposèrent leur devoir dans la boîte réservée à cet effet. Tout se déroula bien durant l'avant-midi. Après leur avoir lu une histoire, je pris le calendrier pour leur expliquer : « Aujourd'hui, nous allons célébrer deux anniversaires : celui de Juan et de Cynthia. »

Après avoir apporté le gâteau et allumé les chandelles, nous avons chanté « Joyeux anniversaire » aux deux enfants.

Cynthia et Juan rayonnaient de joie, le visage encore plus illuminé que les chandelles. Le gamin et la fillette soufflèrent avec enthousiasme sur leurs chandelles et les enfants attendirent patiemment que je tranche chaque morceau en cinq parts. J'avais juste assez de gâteau : mes vingt élèves s'étaient présentés en classe ce jour-là.

Une fois que les élèves eurent fini de manger leur collation, je demeurai près de la poubelle pour m'assurer qu'ils jettent tous leur assiette, leur serviette et leur cuillère. Juan avait encore le sourire aux lèvres lorsqu'il lança son assiette dans la poubelle en disant : « Madame, c'était la première fois que j'avais une fête pour mon anniversaire ! »

Mes yeux s'emplirent de larmes en le voyant s'éloigner, le sourire fendu jusqu'aux oreilles et le pas sautillant. Quand Cynthia s'approcha peu de temps après, je lui demandai si elle avait déjà été fêtée.

« Non », me répondit-elle. Puis elle ajouta en affichant son plus beau sourire : « Mais j'ai bien aimé mon anniversaire aujourd'hui ! Merci, madame. »

J'ai plus tard appris, après avoir parlé à leurs parents, que c'était effectivement la première fois que Cynthia et Juan célébraient leur anniversaire.

Ainsi, une force invisible m'avait dirigée vers une pâtisserie qui ne vendait normalement que des gâteaux commandés d'avance et m'avait incitée à dépenser mon dernier billet de cinq dollars pour quatre morceaux de gâteau que se partageraient vingt enfants de cinq ans.

Si je ne m'étais fiée qu'à ma raison, Juan et Cynthia seraient sans doute encore en train d'espérer être fêtés pour leur anniversaire — et moi, je n'aurais pas appris la plus précieuse leçon dans ma classe de maternelle : écouter mon cœur.

— *Susanmarie Lamagna*

# La confiance
d'une fille

C'était le jour de l'éclipse solaire, le dernier jour de nos magnifiques vacances et ma fille de neuf ans et moi étions enlisés dans des sables mouvants. Nous marchions sur la plage quand, au moment de la renverse de la marée, nous avons commencé à nous enfoncer. Larissa me regarda alors complètement terrifiée, se remémorant sans doute des scènes de films où des gens disparaissaient dans des sables mouvants.

Ce séjour au Costa Rica était en fait une rare occasion pour un père et sa fille de partir seuls ensemble à l'aventure. Je voulais lui faire découvrir un autre monde et un environnement unique dans son état naturel. J'avais choisi un hôtel dans une région peu fréquentée de la côte du Pacifique et avais montré à ma fille des lieux et des choses que la plupart des touristes ne voient jamais.

Notre hôtel, quoique assez chic, n'avait rien des centres touristiques situés habituellement en bordure de plage. Il se trouvait plutôt dans une région retirée qui ne comprenait que quelques boutiques et attractions touristiques.

Notre dernier avion avait même dû survoler la piste abandonnée pour chasser les chèvres avant que nous puissions atterrir. Nous avions visité San José, la capitale, et étions monté à bord du train de montagne pour ensuite rejoindre la côte. Nous nous étions promenés dans les forêts montagneuses humides ainsi que dans les plantations de bananes situées près de l'océan. L'éclipse serait le moment le plus marquant de notre voyage — du moins, c'est ce que je croyais.

Le matin de notre dernière journée complète au Costa Rica, nous nous sommes réveillés frais et dispos. Je priais pour que le ciel soit dégagé, car, de cet endroit, si près de l'équateur, l'éclipse serait alors bien visible. Comme le soleil ne devait pas disparaître avant deux heures cinq de l'après-midi, nous avons décidé de faire une dernière promenade sur la plage.

Même la plage avait un côté primitif. Au lieu des longues étendues de sable fin comme on en voit souvent dans les centres de villégiature, elle était plutôt composée d'immenses étendues rocailleuses parsemées de bassins de marée et de formations de corail. Cela la rendait beaucoup plus intéressante, quoique douloureuse pour nos pieds de citadins : le moindre espace sablonneux était donc très apprécié. Nous nous étions arrêtés à un endroit semblable pour examiner la vie qui grouillait dans un bassin de marée quand la marée s'est soudainement renversée. L'effet fut rapide et grandement amplifié par la forme de la baie ; l'océan commença alors à déferler jusqu'au littoral.

Au même moment, nous commençâmes à nous enfoncer dans le sable. Je cessai d'examiner les crabes et les petits poissons pour jeter un coup d'œil à Larissa.

Lorsqu'elle leva les yeux vers moi, elle avait déjà du sable jusqu'aux chevilles.

« Papa, dit-elle la voix inquiète, est-ce que nous sommes dans des sables mouvants ? »

« Effectivement, ma chérie. », répondis-je en hochant la tête et en souriant.

Elle examina mon visage. Je regardai au loin, comme si le fait de nous enfoncer dans des sables mouvants était l'aventure la plus extraordinaire qui soit, tout en prenant soin de l'observer du coin de l'œil. D'abord intriguée, elle semblait maintenant prendre en considération la situation dans laquelle nous nous trouvions. Son visage s'éclaira vite d'un immense sourire. Puis, elle me posa une question que je n'oublierai jamais.

« Eh bien, papa, demanda-t-elle gaiement, pourquoi est-ce que nous ne sommes pas inquiets ? »

Pas « Pourquoi est-ce que *tu* n'es pas inquiet ? » mais « Pourquoi est-ce que *nous* ne sommes pas inquiets ? ».

En entendant sa question et en voyant sa curiosité — plutôt que son inquiétude — face aux sables mouvants dans lesquels s'enfonçaient nos jambes, j'ai su tout ce que j'avais besoin de savoir.

Alors, je lui ai répondu.

Je lui ai expliqué que les poches de sables mouvants dues à la marée sont rarement profondes. Même si nous nous enfoncions dans le sable, il suffisait de nous pencher vers l'arrière à la hauteur des genoux pour répartir notre poids sur une plus grande surface afin de parvenir à nous extraire avec nos bras. À moins d'être assez fous pour demeurer debout jusqu'à ce que les sables nous aient complètement engloutis, nous pourrions facilement flotter dans le mélange de sable et d'eau tout en nous servant de nos bras pour nous libérer.

Comme je m'y attendais, les sables mouvants dans lesquels nous nous trouvions étaient peu profonds et nous avons cessé de nous enfoncer avant même que ma fille ait du sable jusqu'aux genoux. À ce moment-là, malgré les efforts que nous avons dû déployer pour nous libérer, nous n'avons pas été obligés de nager sur le dos.

L'éclipse s'avéra spectaculaire et, en prime, nous eûmes aussi droit à un ciel parsemé d'étoiles avant que le soleil ne réapparaisse derrière la lune. Mais même si le souvenir de cette éclipse observée sur une plage du Costa Rica, avec ma fille sur mes épaules, restera à jamais gravé dans ma mémoire, il n'est rien à côté du cadeau que m'a offert Larissa avec sa simple question : la preuve de la confiance inébranlable d'une fille envers son père.

— *David Kirkland*

 # Une double ration de générosité à l'Action de grâces

Ce n'était vraiment pas une bonne serveuse. Elle prenait mal les commandes et remettait des additions truffées d'erreurs au point que les clients finissaient toujours par aller se plaindre au gérant. Son uniforme rose bonbon était couvert de taches et elle avait toujours des mailles qui filaient dans ses bas. Avec ses cheveux orange fluo en laine d'acier et son nez épaté planté au milieu du visage, elle ressemblait à l'ours Fozzie, cet adorable personnage du *Muppet Show*.

Un soir de l'Action de grâces, alors que personne ne voulait travailler, nous nous sommes retrouvés seuls, Fozzie et moi, à servir des tranches de dinde pressée et des boules de purée de pommes de terre aux groupes de personnes âgées qui s'étaient engouffrés dans le restaurant par cette froide journée de novembre. Nous nous parlions rarement Fozzie et moi et ce soir-là ne fit pas exception.

Dans le restaurant, les haut-parleurs crachaient des airs de Noël en guise de musique de fond et Fozzie avait fredonné toute la soirée en faussant de bon cœur. J'eus beau essayer de partager son enthousiasme, j'étais trop préoccupée pour être vraiment enjouée.

Je devais payer mes frais de scolarité et j'étais à court d'argent. L'entreprise de mon père allait si mal qu'il songeait à déclarer faillite. Après le divorce de mes parents, ma mère avait emménagé dans une copropriété située au bord de la mer. Comme elle était bien au-dessus de ses moyens, elle avait dû la mettre en vente, mais même après un an sur le marché, elle n'avait reçu aucune offre d'achat. Ma vie était un véritable chaos et je n'avais personne pour m'aider. Étant donné leurs difficultés financières, il était hors de question de rappeler à mes parents qu'ils m'avaient déjà offert de m'aider à payer mes études.

Je trimais donc dans ce snack-bar depuis presque un an à essayer d'économiser suffisamment d'argent pour mon premier semestre à l'université et j'avais enfin atteint mon but. Et puis, ce matin-là, mon auto avait refusé de démarrer. Le garagiste m'avait expliqué qu'il devait remplacer tout le système électrique et que les réparations coûteraient plus de 500 $.

« Cinq cents dollars ? » entendis-je prononcer près de moi. Je clignai des yeux et fixai le visage de Fozzie, devenu soudainement grave.

« Et dire que tu étais si près de commencer tes études à l'université. Décidément, cette fête de l'Action de grâces ne sera pas très joyeuse, n'est-ce pas ? »

Est-ce que je venais d'admettre tout haut dans quel pétrin je me trouvais ? Est-ce que Fozzie était en fait attentive à ce que je disais ?

Aussi invraisemblable que cela puisse paraître, nous nous retrouvâmes assis devant deux tasses de café — ou plutôt de jus de chaussette —, à tuer le temps pendant que les derniers clients repartaient dans le froid sans se presser.

« Merci », dis-je humblement, en sentant une boule remonter dans ma gorge du fait d'avoir jugé Fozzie négativement. « Je ne pensais pas avoir parlé tout haut. Merci de m'avoir écouté. »

« Eh bien », dit-elle en soupirant, « on dirait que tu as très peu d'écoute ces temps-ci du côté de ta famille. Chacun semble plutôt préoccupé par ses propres ennuis. Parfois, on a besoin d'une oreille amicale pour nous aider à voir les choses différemment. »

Elle avait raison. Je me sentais beaucoup mieux, comme après une bonne nuit de sommeil, du simple fait de m'être ainsi épanché, d'avoir raconté des faits que même mes meilleurs amis ignoraient.

« Écoute », me dit-elle plus tard au moment de quitter le restaurant. « J'essaie de vendre ma vieille auto depuis des semaines. Elle est en bonne condition. Bien sûr, ce n'est pas un modèle du tonnerre, mais je ne la vends que trois cents dollars. C'est moins que le coût des réparations de ton auto. L'argent que tu économiserais ainsi te permettrait peut-être de payer tes frais de scolarité. »

« Ça, c'est certain », lui répondis-je le souffle coupé, en sautant avec joie sur l'occasion.

En route vers son appartement, nous demeurâmes silencieux dans l'autobus. Nous étions les seuls passagers, tout le monde étant occupé à célébrer en famille et entre amis. Je songeai à ma mère, qui assistait à la célébration annuelle de l'Action de grâces du club sportif, malgré le fait qu'elle avait dû emprunter l'argent à ma grand-mère pour payer son billet.

Je songeai à mon père, qui devait faire des heures supplémentaires pour essayer de sauver son entreprise. Ni l'un ni l'autre n'avait pris la peine de me demander ce que j'avais l'intention de faire durant le congé.

L'auto de Fozzie était une vieille Honda de huit ans légèrement rouillée mais équipée de pneus presque neufs. La peinture était terne et l'intérieur usé, mais le moteur avait démarré en un tournemain et ronronnait comme un chaton. Elle avait plus de 150 000 km au compteur, mais était en meilleure condition que l'auto que je voulais faire réparer. J'avais vraiment de la chance.

« Les documents sont chez moi, dit Fozzie. Ce ne sera pas long ; je suis certaine que tu as d'autres plans pour ce soir. »

Tu parles !

Je regardai tristement Fozzie avancer lentement devant moi avec sa démarche de canard. Je remarquai pour la première fois qu'elle s'appuyait davantage sur une jambe et que les semelles de ses chaussures bon marché étaient usées. Les corridors de son immeuble étaient sombres et silencieux et, d'après ce que je voyais, l'appartement de Fozzie ne devait sûrement pas être plus gai.

Fozzie ouvrit la porte de son appartement et son sourire rayonna jusque dans le corridor tandis qu'elle m'accueillait à l'intérieur. Pendant qu'elle fouillait dans un bureau pour retrouver les documents de l'automobile, je pris place sur un canapé au tissu élimé et parcourus du regard son modeste appartement d'une pièce. Il était propre et chaleureux, et la table était dressée avec une nappe en papier aux motifs de dindes et de pèlerins du Massachusetts.

Des chandelles en forme de dindes et des salières en forme de pèlerins complétaient la décoration.

« Oh ! je suis désolé », m'exclamai-je en voyant que la table était dressée pour deux personnes. « J'ignorais que tu attendais quelqu'un. »

Fozzie sourit tristement devant ses vains efforts pour donner à son appartement un air festif.

« Non, non, ce n'est qu'une habitude. Depuis la mort de mon mari, il y a six ans, je ne supporte pas de voir une table dressée avec un seul couvert. Je mets toujours deux assiettes pour éviter que les gens aient pitié de moi. D'ailleurs, j'ignore ce qui m'a pris de dresser ainsi la table cette année », m'expliqua-t-elle.

Pendant que Fozzie signait le titre de propriété, je jetai un coup d'œil sur ses meubles délabrés et ses rideaux faits à la main. Les murs étaient décorés de plusieurs photos de jeunes hommes et de jeunes femmes prises lors de célébrations : remises de diplômes, promotions, anniversaires. Des versions plus jeunes de Fozzie souriant fièrement. Je me demandais où étaient ses enfants en ce soir de fête.

Puis, j'entendis mon estomac gargouiller. Trop pré-occupé pour avaler quoi que ce soit durant la soirée, je me sentis soudainement affamé.

« Écoute », lui dis-je en sortant de ma poche la pile de un et de cinq dollars que j'avais gagnés ce soir-là. « La soirée a été bonne. On pourrait commander quelque chose et manger à la table que tu t'es donné la peine de dresser. Je t'invite. Après tout, c'est la moindre des choses après l'offre que tu m'as faite. »

Fozzie se jeta sur le téléphone. « Est-ce que tu aimes les mets chinois ? »

Plus tard, Fozzie me montra l'intérieur de la voiture et ses caractéristiques impressionnantes, qui ne fonctionnaient plus pour la plupart, et je remarquai les taches sur son uniforme usé. Cela me fendit le cœur. Grâce à sa gentillesse et à sa générosité, je pourrais commencer à temps mes études universitaires. Les cours allaient bientôt débuter et je devrais déménager de la maison. Une fois établi là-bas, je me trouverais un boulot pépère sur le campus. J'aurais aussi droit à de l'aide financière et aux prêts étudiants. Les longues et pénibles soirées consacrées à servir des carottes au beurre et des épinards à la crème seraient bientôt chose du passé. Je me demandai pendant combien d'années Fozzie allait encore devoir s'échiner à travailler avant de pouvoir prendre sa retraite.

En roulant dans ma nouvelle vieille voiture vers un avenir plus radieux, rendu possible grâce à la générosité d'une femme qui m'était presque étrangère, une des roues heurta une bosse et la secousse fit ouvrir la boîte à gants. J'aperçus une mince enveloppe que j'ouvris et lus à un arrêt, à la lueur du lampadaire. À la fin de ma lecture, je dus me garer sur le côté le temps de sécher mes larmes et de voir de nouveau devant moi.

« Merci de m'avoir permis de célébrer l'Action de grâces pour la première fois en six ans », disait le message gribouillé rapidement sur un bout de papier. « Voici les pourboires que j'ai reçus ce soir. C'est peu, mais ils te permettront peut-être d'acheter un de tes premiers manuels. Encore une fois, un gros merci. Mavis. »

« Mavis », songeai-je en reprenant la route. C'était donc cela son nom.

Après toutes ces soirées passées ensemble, j'aurais pu l'apprendre si seulement j'avais pris la peine de jeter un coup d'œil au nom épinglé sur son uniforme : Mavis.

Je comptai l'argent qui se trouvait dans l'enveloppe. Il y en avait suffisamment pour acheter non pas un mais deux manuels. Et il y en avait assez pour acheter un nouvel uniforme à Mavis. Dieu que j'avais hâte de le lui donner.

— *Rusty Fischer*

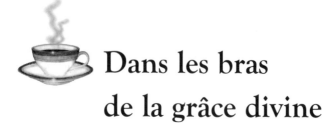

Dans les bras
de la grâce divine

Le 17 janvier 1994, un puissant tremblement de terre frappa notre maison aux petites heures du matin. Réveillés par la secousse, nous sommes presque tombés en bas du lit, mon mari et moi. Notre premier réflexe fut de courir chercher nos deux fils, Dustin, sept ans, et Jonathan, quatre ans, qui dormaient dans la même chambre dans deux lits jumeaux, à l'autre extrémité de la maison. Une tâche presque impossible, car nous étions constamment projetés sur le plancher de notre chambre située à l'étage.

Tout le quartier fut immédiatement privé d'électricité et nous nous retrouvâmes dans l'obscurité, éclairés seulement par la lumière produite par l'explosion des transformateurs au sommet des collines situées à proximité. Mon mari gémit de douleur lorsqu'une grande bibliothèque en bois se renversa sur sa jambe droite.

« N'arrête pas, va chercher les gars », hurla-t-il en serrant les dents.

Je l'entendis soulever la bibliothèque pour dégager sa jambe. Partout dans la maison retentissait le fracas de vitres brisées. Surprise par une onde de choc, je tombai à genoux avant de pouvoir atteindre la chambre des garçons. Je sentis alors un goût de métal dans ma bouche et compris que je m'étais mordu la langue.

Puis, les secousses cessèrent et tout redevint tranquille. Je pénétrai dans la chambre de mes fils. Mes yeux s'étant habitués à l'obscurité, je vis que leurs trois bibliothèques s'étaient renversées au milieu de la pièce, manquant de peu leurs lits. Comme le lit de mon fils aîné se trouvait plus près de la porte, c'est lui que je saisis d'abord après avoir rampé par-dessus les débris. Dustin tremblait de peur, mais il était en sûreté, bien pelotonné sous ses couvertures.

« C'est un tremblement de terre », lui expliquai-je doucement. « Reste sous tes couvertures jusqu'à ce que j'atteigne Jonathan, puis nous descendrons tous les trois ensemble. »

Je figeai sur place en me tournant vers le lit de mon plus jeune fils. Au même moment, j'entendis mon mari étouffer un cri derrière moi, dans l'entrée de la porte. Deux secondes plus tard, il était à mes côtés. Il faut dire que la scène avait de quoi terrifier. L'immense commode s'était renversée sur le lit de mon fils. Nous pouvions apercevoir son oreiller qui dépassait en dessous. Et pour comble du malheur, les deux grandes girafes en plâtre qu'il avait reçues en cadeau d'un ami de la famille s'étaient fracassées en deux sous la force de l'impact au milieu du lit de Jonathan. Elles pesaient onze kilos chacune.

Effrayés par ce que nous risquions de trouver sous la commode et les girafes en miettes, mon mari et moi poussâmes rapidement la commode sur le côté. Juste avant de me retourner vers le lit, je fermai les yeux et prononçai une courte prière :

« Seigneur, je vous ai toujours prié pour vous remercier, jamais pour demander de l'aide. Maintenant, je vous en supplie, mon Dieu, faites un miracle. »

J'ouvris les yeux et vis un oreiller écrasé mais vide. Après avoir enlevé les girafes, nous tâtâmes les draps. Aucune trace de Jonathan. Mes yeux s'emplirent de larmes et je serrai mon mari dans mes bras en disant : « Il est ici quelque part et il va bien. Je le sais. »

Une autre onde de choc puissante secoua la maison. Nous devions absolument trouver Jonathan et déguerpir au plus vite tous ensemble. Comme mon mari n'avait pas ses lunettes, je lui dis d'amener Dustin à l'extérieur pendant que je continuerais de chercher Jonathan. Puis, nous entendîmes un drôle de bruit qui semblait provenir du lit de Jonathan. Nous rampâmes donc jusqu'au lit, puis nous entendîmes de nouveau un toussotement émis de l'intérieur de la tête de lit, c'est-à-dire du petit compartiment où Jonathan rangeait ses jouets et ses livres favoris.

Jonathan s'était recroquevillé dans ce minuscule espace. Il était fatigué mais n'avait subi aucune blessure. Mon mari le saisit dans ses bras et je fis de même avec Dustin.

Nous dévalâmes tous les quatre l'escalier pendant que la maison continuait de s'effondrer autour de nous. En bas, je me rappelai de saisir dans l'armoire le sac d'urgence que j'avais préparé en prévision d'un tremblement de terre. Sitôt à l'extérieur, une odeur de fumée nous titilla les narines. Au loin, au nord, nous aperçûmes une lueur qui était en fait causée, comme nous l'avons appris plus tard, par des explosions de gaz.

Après être montés à bord de ma voiture familiale qui était garée au coin de la rue, nous reprîmes notre souffle durant quelques minutes. Nous enfilâmes des survêtements aux enfants, puis leur donnâmes de l'eau et de quoi grignoter. Une fois notre famille en sécurité et bien au chaud, nous décidâmes d'aller voir ce qu'il était advenu de nos voisins.

Je retournai d'abord dans la maison pour aller chercher les lunettes de mon mari et du ravitaillement. Après nous être assurés que nos voisins étaient sains et saufs, nous nous demandâmes si Los Angeles existait toujours. C'était là notre plus grande préoccupation. Nous espérions être près de l'épicentre du tremblement de terre afin que les pires dommages soient limités à ce que nous apercevions autour de nous. Nous avons appris plus tard que nous ne nous trouvions qu'à un kilomètre et demi de l'épicentre du tremblement de Northridge.

Une fois le jour levé, mon mari et moi jetâmes un coup d'œil à notre maison. Elle était entièrement détruite. Les deux cheminées s'étaient effondrées, les fenêtres étaient fracassées et le rez-de-chaussée était inondé d'eau en raison de la rupture d'une conduite. Nous ne l'avions habitée que durant quatre mois et avions investi tout notre argent dans son achat et sa décoration. Et maintenant, nous n'étions entourés que de ruines.

Notre foi en Dieu demeura cependant inébranlable. Nous fûmes profondément reconnaissants d'être encore en vie tous les quatre.

Durant l'année qui suivit, la banque saisit notre maison et un autre immeuble locatif que nous possédions parce que nous n'étions pas assurés contre les tremblements de terre. Heureusement, nos amis et notre famille nous hébergèrent, habillèrent et nourrirent, sans jamais nous donner l'impression d'être des intrus, au contraire. Mon mari et moi avons appris à moins nous préoccuper de l'argent et des biens matériels et à apprécier le fait de pouvoir passer plus de temps ensemble avec les enfants.

Aujourd'hui, nous habitons dans une autre jolie maison de Northridge et nos garçons fréquentent d'excellentes écoles. Chaque jour, nous essayons de rendre service ou simplement de faire preuve de gentillesse envers les membres de la famille, les amis ou les étrangers. Nous savons que nous sommes bénis de Dieu et n'hésitons pas à demander et à accepter en toute humilité son aide.

Lorsqu'il a été possible de parler du tremblement de terre avec Jonathan sans le traumatiser davantage, nous lui avons demandé pourquoi il s'était caché dans sa tête de lit.

Après avoir réfléchi un moment, voici ce qu'il nous a répondu : « Ce n'est pas moi, c'est la jolie dame qui m'a caché dedans. »

Nous restâmes sans voix.

« La jolie dame ? » demandai-je.

« Ouais. Elle sentait bon. Comme toi, maman. Et elle avait des rides partout. »

Nous n'en saurions jamais plus sur l'expérience de Jonathan.

Jusqu'à ce jour, nous n'avons jamais douté que la survie de notre fils était due à un miracle.

Il m'arrive de temps à autre de prier pour cette jolie dame mystérieuse, qui qu'elle soit — une création sortie tout droit de l'imagination d'un petit garçon ou un messager spécial que d'aucuns appelleraient un ange. Par son entremise, Dieu a protégé notre fils du danger et nous a aidés à mieux comprendre le but de notre vie sur terre. Qu'elle existe ou non, elle a changé nos vies et nous croyons en elle.

— *Lynda Kudelko Foley*

Le rosier
de Maddie

Qu'est-ce donc qu'une mauvaise herbe ?
Une plante dont on n'a pas encore découvert les vertus.

— Ralph Waldo Emerson

La première maison que nous avons achetée, mon mari et moi, était une maison en série de style colonial située dans l'un des nombreux comtés du nord de la Virginie.

Bien que la Virginie soit surtout un État agricole, les villes-dortoirs toutes semblables les unes aux autres que les promoteurs immobiliers avaient fait pousser comme des champignons à proximité de la capitale nationale avaient grugé une grande partie de ses espaces naturels. Il leur arrivait de construire quatre maisons ou plus sur un demi-hectare, peu importe si les fenêtres d'une maison donnaient directement sur celles d'une autre.

Et pourtant, c'est dans l'une de ces boîtes carrées que j'ai connu une croissance spirituelle que je n'aurais jamais cru possible.

Il faut dire que nous avons mis beaucoup de temps à trouver notre maison. Je rejetais chaque demeure visitée parce qu'elle reflétait trop la personnalité d'une autre personne, au grand désarroi de notre agent immobilier qui a dû rêver au bout d'un certain temps de me pendre au bout de l'embrasse d'un rideau Laura Ashley. Mais j'étais résolue à attendre. Je savais que mon instinct me dirait quelle serait « la maison idéale » dès que je la verrais. Et c'est ce qui s'est produit.

Dès que j'ai franchi le seuil de notre future demeure, j'ai eu l'impression d'être accueillie par les doux rayons du soleil hivernal qui pénétraient par les immenses fenêtres de la devanture, dans la pièce dominée par un plafond cathédrale. Les couleurs de celle-ci se limitaient au blanc et au doré, ce qui permettait un décor simple et épuré. La grande pièce ouverte m'apaisait et je savais qu'ici je pourrais vraiment exprimer ma personnalité.

Nous achetâmes donc la maison. À l'arrivée du printemps, j'avais hâte de planter mon premier jardin. Je semai des digitales et des ancolies dans des pots placés sur la table de la salle à manger. Il s'agissait de graines que j'avais recueillies lors de notre lune de miel en Angleterre. Dieu que j'avais des bonnes idées !

Ce printemps-là, Dame Nature ne fut pas la seule à participer au miracle de la vie. J'étais enceinte de notre premier enfant et je crois qu'aucun bébé n'a été autant désiré que celui qui gigotait vigoureusement dans mon ventre.

Comme je n'avais plus de nausées et que le soleil s'attardait chaque jour un peu plus dans le ciel, je profitai de ces heures supplémentaires pour m'attaquer au sol d'argile rouge de la Virginie. Je me suis donc affairée dans la cour à essayer de faire pousser quelque chose dans ce sol aride. Comme il n'y avait aucun ver dans mon jardin, je me rendis chez ma mère, en Caroline du Nord, pour aller chercher des quantités de pots emplis de ces petites créatures. Je finis même par m'identifier à mon jardin. J'avais les ongles cassés et tachés d'argile rouge, et mes rêves étaient emplis de paillis, de tourbe et d'arroseurs rotatifs.

À notre arrivée dans le quartier, le lot situé derrière notre maison était vacant, une omission que les industrieux constructeurs corrigèrent éventuellement. À la vue de ce petit rectangle en friche, on pouvait deviner ce qui poussait avant sur le terrain : des buissons épineux, des jeunes arbres et une quantité phénoménale d'herbe à poux. Les voisins soupirèrent de soulagement lorsque la pelle rétrocaveuse vint retirer ce fléau de la face civilisée de la communauté. Quant à moi, je pleurai la perte de ce petit coin sauvage qui faisait un pied de nez aux pelouses de gazon tondues avec soin et aux rangées d'annuelles provenant des serres de la région.

Il fallut peu de temps à la pelle rétrocaveuse pour tout défricher. Seul un petit coin survécut au carnage. Attirée par ce bout de terrain sur le point d'être détruit, je m'assis au milieu des buissons épineux et des jeunes arbres en songeant à mon enfance à la campagne que je retrouvais dans ce coin de nature sauvage situé au cœur de la banlieue.

Je me rappelai le plaisir que j'avais chaque jour à faire des découvertes, à m'érafler les mains au milieu des épines pour cueillir des framboises et à trouver des nids de souriceaux camouflés dans l'herbe haute. C'est en observant les branches enchevêtrées autour de moi que je remarquai les roses à trois et à cinq pétales dentelés parmi les feuilles vert tendre. Surprise, je courus jusqu'au garage pour aller chercher une pelle.

La tâche ne fut pas facile comme le témoignaient les écorchures que j'avais aux mains. Le rosier résistait à mes efforts de vouloir le sauver et ses épines déchiraient les gants de cuir que je portais. Et puis ploc ! Les racines cédèrent finalement et je tombai à la renverse. Une voisine m'envoya la main de sa terrasse en songeant sans doute que, les hormones aidant, j'étais aux prises avec une lubie de femme enceinte. Tout en la saluant en retour, je saisis mon trophée et courus jusque devant la maison où un gros trou m'attendait. Je savais que je devais faire vite pour empêcher les racines si tenaces et pourtant si fragiles de sécher.

Pendant ce temps-là, des voisins qui rentraient du travail circulaient devant chez moi pour voir ce que je faisais, une pratique courante dans notre rue en impasse. Ils pensaient tous la même chose : j'avais été trop longtemps au soleil. Mon mari devrait insister pour que je rentre à l'intérieur et que j'aille me rafraîchir avec une serviette mouillée sur le front et un verre de thé glacé.

J'eus beau expliquer que ma touffe de ronces était vraiment un rosier sauvage, je n'eus droit qu'à des regards sceptiques et à des rires sarcastiques. Ils craignaient sans doute que je sois devenue folle et que j'aie d'autres comportements bizarres — comme planter des flamants roses sur mon gazon, ce qui ferait diminuer la valeur de leurs maisons entretenues à la perfection.

Les jours suivants, le rosier commença à se faner, ses feuilles et ses tiges étant devenues molles en raison du choc subi par la transplantation, mais je refusai de m'avouer vaincue. J'en pris soin comme d'un enfant malade en l'arrosant matin et soir. Même mon mari, qui tolérait pourtant bien mes lubies, douta de la survie de mon rosier. Mais comme les humains le font souvent, il avait sous-estimé la force de Dame Nature. Les tiges reprirent de leur vigueur et les feuilles redevinrent d'un vert si riche qu'elles semblaient teintées de noir.

Après avoir grimpé dans le treillis que, par optimisme, j'avais placé derrière lui, le rosier recouvrit ensuite de ses tiges lustrées le mur de briques rouges de la maison. Je disposai les tiges de manière à ce qu'elles contournent les fenêtres, en prenant soin d'éviter les épines qui m'avaient déjà suffisamment éraflé les mains. Chaque jour, je soignais mon rosier sauvage, soucieuse de sa provenance et déterminée à préserver sa beauté rustique. Il fut vite recouvert d'une quantité de petits boutons verts fermés serrés et presque camouflés sous le feuillage épanoui.

J'attendis avec impatience que les bourgeons s'ouvrent, guettant chaque jour le moindre signe qui viendrait récompenser mes soins diligents.

Finalement, c'est par un bel après-midi ensoleillé de mai que je me rendis à l'hôpital pour donner naissance à notre enfant. En plongeant pour la première fois mon regard dans les yeux bleus de mon petit trésor, j'éprouvai un sentiment de pure extase, puis de paix. Nous l'appelâmes Madeleine.

Une agréable surprise m'attendait à notre retour à la maison : mon rosier sauvage était enfin en floraison — il croulait littéralement sous les fleurs rose pâle, presque blanches. Ses petites fleurs étaient si abondantes qu'elles cachaient en grande partie le feuillage. Mon rosier était d'une beauté absolue et intacte ; il avait la pureté d'un nouveau-né.

Je ne vis plus en Virginie, mais le rosier de Maddie continue de fleurir dans mon cœur — avec son enchevêtrement de tiges toujours aussi sauvages et magnifiques.

— *Ella Magee*

 Jour de bombance
aux ides de mars

En ce quinzième jour de mars 1939, j'étais le plus vieux passager à bord du train. J'avais dix-sept ans. Un groupe d'enfants réfugiés s'apprêtait à quitter Vienne en direction de la Hollande et de l'Angleterre grâce à un programme parrainé par un organisme juif de Londres. C'est ainsi que je me retrouvai en compagnie d'enfants âgés entre sept et douze ans. À part mon âge, nous étions différents du fait que j'allais devoir séjourner en Angleterre par mes propres moyens. Ce qui nous unissait, par contre, c'est la raison pour laquelle nous nous trouvions dans ce train : fuir l'Holocauste. C'était avant la « solution finale » de Hitler qui allait entraîner l'extermination de tant de gens, dont mon grand-père maternel et trois de mes tantes.

J'étais donc un jeune homme de dix-sept, insouciant et rêveur. Comme j'étais petit et maigre, j'avais l'air plus jeune que mon âge si bien que je ne détonais pas parmi les autres. Je portais une grande valise brune dans une main et un livre dans l'autre.

La poche de mon manteau ne contenait qu'un bout de papier sur lequel étaient inscrits un nom et une adresse.

Nous fûmes environ vingt-cinq à monter à bord du train en Autriche. Au moment du départ, nous avions tous le visage collé aux fenêtres pour faire un dernier signe d'adieu à notre famille. Ma mère, petite mais déterminée, essayait de se frayer un chemin dans la foule, en tendant le cou et en me faisant des signes. Je connaissais bien son langage gestuel : elle me disait de ne pas oublier de porter mon écharpe. Son petit visage tourné vers le ciel reflétait son angoisse. Quand me verrait-elle de nouveau ? Quelque part dans la foule, je pouvais apercevoir mon jeune frère, Paul. Aurions-nous encore l'occasion de lire ensemble des aventures sur l'Ouest américain, étendus l'un près de l'autre dans le lit ?

Mon père était aussi quelque part dans la foule. À peine deux mois plus tôt, il était revenu du camp de Dachau où il avait été emprisonné durant six semaines. Il avait été libéré après avoir signé une déclaration sous serment stipulant qu'il devait quitter l'Autriche le plus tôt possible. Le frère de mon père, qui vivait en Amérique, avait entrepris les démarches pour obtenir les affidavits qui allaient nous sauver la vie.

Je fus donc le premier à partir, pas pour les États-Unis mais pour l'Angleterre, où une parente éloignée de la famille connaissait quelqu'un qui pourrait me trouver du travail. Durant cette période, les familles étaient divisées comme un territoire occupé.

L'important n'était pas d'être ensemble mais bien de survivre.

Lorsque le train se mit en branle et que nous fûmes arrachés à nos proches, les plus jeunes enfants se mirent à pleurer.

Ils finirent cependant par s'endormir au bout d'un moment, bercés par le roulement des wagons. D'autres fouillèrent dans leur sac à dos à la recherche d'une tablette de chocolat ou d'un sandwich au salami ou au fromage. Un garçon sortit un jeu de cartes de sa poche et entama une partie de rummy. Une petite fille d'environ sept ans, au visage rond et pâle et au front recouvert d'une frange foncée, était assise devant moi. Elle s'appelait Liesel et pleurait silencieusement dans un mouchoir délicatement brodé. Elle a d'ailleurs pleuré durant tout le trajet jusqu'en Hollande.

Je n'entrepris aucune conversation avec les autres. Je me sentais étranger parmi eux. Les enfants portaient tous leur nom épinglé sur le revers de leur manteau. Chacun était attendu par quelqu'un qui avait sûrement hâte de l'accueillir, de le loger et de lui enseigner la langue locale. Je ne portais aucune identification et personne ne viendrait m'accueillir à la gare. Tout ce qui m'attendait, c'était la possibilité d'un emploi dans un pays étranger dont je ne parlais pas la langue.

Je ne me souviens pas de tous les détails du trajet. Je me souviens par contre qu'il m'a paru interminable, que j'ai lu un livre, regardé par la fenêtre et dormi un peu. Au moment où nous avons traversé la frontière allemande, deux ou trois garçons ont remonté la fenêtre, tourné la tête vers l'arrière du train et craché par terre. Je me souviens du sentiment de solitude et de peur qui m'habitait. J'avais faim. Ma mère m'avait préparé un goûter mais je l'avais mangé quelques heures plus tôt.

Quelques enfants descendirent du train en Hollande. Liesel en faisait partie.

Je jetai un coup d'œil par la fenêtre pour voir si tout allait bien. Une dame âgée, le visage souriant, était penchée sur elle et lui prenait la main. Sur le quai, des adultes, photographies en main, scrutaient les visages, les bras tendus. Au début, les enfants hésitaient, puis avançaient prudemment vers leur nouvelle famille.

Lorsque le train se remit en marche, tout le monde resta silencieux, chacun plongé dans ses pensées. Impossible d'imaginer la vie qui nous attendait. Nous nous demandions si nous retrouverions un jour la famille que nous avions quittée. Dans mon cas, j'irais rejoindre une année et demie plus tard mes parents et mon frère aux États-Unis ; d'autres allaient perdre leurs parents et leurs frères et sœurs, tous morts dans les chambres à gaz ou au bout d'un fusil.

Enfin, nous arrivâmes à la gare Victoria et je descendis du train. Londres m'apparut une ville froide, grise et étrange. Les rues étaient bondées d'hommes qui portaient un pantalon rayé et un chapeau melon, avec un parapluie à la main et un journal plié sous le bras. Je n'aperçus aucune culotte courte verte en feutre ou en cuir, ni de chapeau tyrolien à plume. Je marchai dans les rues sans savoir où aller, ma lourde valise à la main. Les gens semblaient plus grands qu'en Autriche ; certains avaient une couleur de peau que je n'avais vue que dans les livres et dans les films. Les gens semblaient réservés ; chacun se mêlait de ses affaires.

J'étais couvert de poussière et crasseux. J'avais besoin d'un bain. J'avais aussi besoin qu'on m'indique où se trouvait la rue où j'étais supposé trouver la femme qui était une parente éloignée de mon père.

Mais surtout, j'avais besoin de manger. Je ne vis aucun café ni aucune pâtisserie où on vendait des gâteaux autrichiens comme la *Linzer torte*, la *Sacher torte* et le gâteau moka fourré à la crème.

Je pénétrai dans un restaurant enfumé et bondé de clients. Je n'en avais jamais vu de ce genre. Il s'agissait d'un pub où les hommes se rendaient pour boire de la bière, manger, parler, rire et — ce qui me sembla le plus étrange — jouer aux fléchettes. Ils me regardèrent avec curiosité, mais sans malveillance. À ce moment-là, l'Angleterre commençait à être habituée aux étrangers.

Je pris place à une table vide et un serveur, grand, maigre et le visage épuisé de fatigue, m'apporta un menu. Je l'examinai en secouant la tête pour signifier que je ne comprenais pas la langue. Il sembla réfléchir puis me pointa différents plats sur les tables voisines. Tous ces aliments me paraissaient étranges jusqu'à ce que j'aperçoive quelque chose qui ressemblait aux saucisses *knockwurst* — deux grosses saucisses et une boule de quelque chose recouverte d'une sauce brune. Je pointai ce plat au serveur.

« Saucisses et purée », dit le serveur en acquiesçant de la tête tandis qu'il notait le plat sur son calepin.

Les saucisses ne ressemblaient en rien à celles de mon pays et la purée n'avait rien à voir avec les pommes de terre bouillies que j'avais l'habitude de manger. Je dévorai tout cependant. À la fin du repas, le serveur m'apporta la note. En plus de ne pas comprendre la somme indiquée, je me rappelai soudainement à mon grand désarroi que je n'avais pas d'argent.

Incapable de l'exprimer verbalement, j'enfonçai mes mains dans mes poches et les ressortit en lui montrant mes paumes vides. Je n'avais jamais eu aussi honte de ma vie. Qu'allais-je devenir ? Qu'allaient-ils me faire ? Je voulais m'enfuir.

« *Wer wird dafür zahlen* ? » demandai-je la voix tremblante. Qui va payer la note ?

Un homme âgé qui avait observé la scène et m'avait entendu s'approcha du serveur et traduisit ma question tout bas dans son oreille. Le serveur se tourna vers moi et vit la détresse dans mes yeux, ma valise lourde, mes vêtements fripés.

Soixante-deux ans plus tard, je me souviens encore du geste éloquent qu'il fit en levant les yeux et en pointant vers le ciel.

« Dieu », murmura-t-il.

— *Bluma Schwarz, d'après les souvenirs de son mari*

# Un soutien
de l'au-delà

Le garçon aux cheveux longs et fournis était appuyé contre le mur et me regardait froidement tandis que je m'apprêtais à donner le cours. Il savait quelle place lui avait été assignée. Il n'avait simplement pas encore décidé s'il allait me laisser diriger la classe.

Peggy déposa sa bouteille de jus violet au centre de son bureau et s'assit tout en me regardant et en jouant avec l'anneau qu'elle avait dans le nez. Consciente qu'il était interdit de manger ou de boire en classe, elle avait l'air d'un renard anxieux qui attendait de voir ma réaction.

Pendant que je les dévisageais en me demandant comment réagir, un nouvel élève entra dans ma classe déjà bondée et me tendit son billet. Il portait des gants de caoutchouc qui lui arrivaient aux coudes et dont les bouts avaient été coupés. Il utilisa ses doigts dénudés pour écarter de ses yeux ses cheveux blonds et raides.

Il murmura : « J'ai été renvoyé du cours d'anglais au dernier trimestre. Mme Harding croit que je vais me plaire davantage dans cette classe-ci. »

Merci beaucoup, Susan ! songeai-je intérieurement. La directrice des dossiers des élèves difficiles était une bonne amie à moi. *On dirait que tu m'as envoyé un gagnant cette fois-ci.*

Tournant le dos aux élèves, j'écrivis rapidement un rébus au tableau. Un élastique me frôla la tête et s'écrasa contre le tableau. J'essayai de retenir ma colère. Réprimant mon envie de crier, je me retournai face aux élèves et j'identifiai le coupable en deux secondes.

« Jim, va-t'en immédiatement chez la directrice. Quant à vous, au boulot. La récréation est terminée. »

J'enseignais depuis longtemps et chaque année était de plus en plus pénible. Je me demandais même pourquoi je continuais.

Pendant que les élèves se concentraient pour résoudre le rébus, je m'occupai tranquillement des élèves turbulents jusqu'à ce que j'aie repris le contrôle de ma classe. Puis, je commençai à donner la leçon de la journée. Nous n'étions qu'au troisième jour du nouveau semestre et j'étais déjà fatiguée et découragée.

À la fin de la journée, je me traînai jusqu'au bureau de la directrice et je m'affaissai sur l'unique chaise de la pièce. En plus d'être ma directrice, Janet est une vieille amie, mais c'est à peine si elle leva les yeux de ses documents quand je me plaignis d'avoir des classes surchargées et un trop grand nombre d'élèves difficiles.

Elle ne me regarda que lorsque je mis fin à mes récriminations.

« Toutes les classes d'anglais ont au moins trente-cinq élèves, tu le sais très bien, dit-elle d'un ton uni. Tu as plus d'élèves difficiles parce que tu sais comment t'y prendre avec eux. C'est ainsi. Ces enfants ont besoin de toi. »

Puis, elle retourna à ses dossiers. Je savais que cela signifiait que la conversation était close.

En retournant dans ma classe, je pris un livre et le lançai avec force sur mon bureau. Je m'adressai amèrement à la classe vide.

« Plus je réussis avec mes élèves, plus on m'envoie des élèves difficiles. Toute une récompense ! »

Je n'avais même plus la force de pleurer.

Ce soir-là, j'essayai de demeurer calme à la maison. Je ne voulais pas décharger ma colère et ma frustration sur mes enfants. Lorsque les quatre furent soit endormis ou en train de faire leurs devoirs, j'allai m'asseoir silencieusement dans ma chambre pour réfléchir. J'avais honte d'éprouver un pareil ressentiment, mais je le sentais monter encore plus en moi.

« Seigneur, je ne veux plus faire ce travail. Si vous voulez que je continue, de grâce, faites-moi un signe. » Ce n'était pas très fort comme prière mais c'est tout ce que je réussis à marmonner.

Le téléphone sonna et je répondis à contrecœur.

« Mme Zywicki ? » La voix m'était vaguement familière. « C'est Pete Johnson. J'appelle seulement pour vous remercier pour tout ce que vous avez fait pour moi l'an passé.

Je m'excuse d'avoir été si difficile en classe. Mon père venait d'entrer en prison et j'étais désespéré. Vous m'avez beaucoup aidé, même si cela ne paraissait pas dans mon attitude. Je tenais à ce que vous le sachiez. »

« Merci Pete », lui criai-je presque. « Tu ne peux pas imaginer combien cela me fait plaisir. Vraiment. »

« Et merci, Seigneur, de m'avoir rappelé que tu es toujours présent près de moi », soupirai-je en raccrochant le téléphone.

Six ans ont passé depuis cet appel de Pete et je continue d'enseigner. En fait, le cours qui me frustrait tant à ce moment-là est devenu mon préféré. J'ai acquis davantage de confiance en moi et en mes élèves durant ce trimestre, et ce sentiment n'a jamais cessé de croître année après année. Mon travail n'est plus aussi pénible quand je me rappelle pourquoi je le fais et combien je suis soutenue de là-haut.

— *Lou Killian Zywicki*

 # La générosité récompensée

J'avais besoin de nouvelles chaussures de marche. C'est ainsi que tout a commencé. J'avais dû déménager loin de ma ville natale en raison d'un nouvel emploi et je n'avais pas accumulé suffisamment de journées de vacances pour pouvoir retourner dans ma famille à l'Action de grâces. Je m'étais dit qu'une longue promenade à l'extérieur m'aiderait à me sentir moins seul et moins déprimé.

Près de mon lieu de travail, il y avait un centre commercial à prix réduits qui comprenait une boutique de chaussures d'escompte — ainsi qu'un supermarché de produits génériques, un magasin d'articles à un dollar, un centre d'encaissement de chèques et une animalerie. Le mercredi précédant l'Action de grâces, je décidai d'y aller. Le temps était froid et maussade et j'avais le moral à zéro. N'ayant rien d'autre à faire que de tuer le temps avant de retourner dans mon petit studio vide, je me rendis à pied jusqu'au supermarché pour prendre un café, histoire de me réconforter.

En approchant du centre commercial, j'entendis une voix tonitruante me dire : « Comment ça va, l'ami ? » Un homme de race noire, à la carrure impressionnante et vêtu d'un manteau trop serré, serra alors ma main. La sienne était si grande qu'il aurait pu facilement saisir tout mon avant-bras.

« N'ayez crainte, monsieur, je ne vends rien, insista-t-il. Je ne fais que répandre la bonne nouvelle au sujet de *La maison du partage*, un endroit modeste que moi et neuf autres messieurs qui n'ont pas eu de chance dans la vie appelons notre maison. »

Lorsqu'il dégagea ma main, je vis qu'il m'avait remis un petit dépliant.

« Aimeriez-vous faire un don pour que cette fête de l'Action de grâces soit vraiment une journée de gratitude ? » demanda-t-il.

Il y avait un je-ne-sais-quoi dans ses yeux verts chaleureux et son large sourire qui m'attirait. Et la gentillesse dans sa voix puissante éveilla quelque chose en moi. Son manteau usé me fit apprécier la vie que je menais.

Calculant que j'avais suffisamment d'argent dans ma poche pour un café et que je pourrais toujours payer avec ma carte de crédit les chaussures et les quelques pizzas que j'allais consommer durant le long congé, je sortis mon portefeuille et lui donnai le peu d'argent qui me restait. Ses yeux s'allumèrent en voyant les deux billets de cinq dollars et le billet de un dollar que je déposai dans son gobelet en plastique sale, emplis de vieux cents et de pièces de vingt-cinq sous.

« Ça, c'est un don ! » cria-t-il en me donnant une claque dans le dos et en me poussant en direction du supermarché bien chauffé. « Joyeuse Action de grâces, mon frère ! »

Pendant que j'attendais au comptoir déli que l'adolescente apathique fasse du café frais, je jetai un coup d'œil sur le dépliant mal imprimé de *La maison du partage* dont la mission était de « jeter un filet à la mer parmi les vies ravagées et repêcher les âmes en peine ». Sur la couverture, il y avait une photo de la *Maison du partage*. Elle semblait à peine suffisamment grande pour abriter le géant que je venais de croiser, et encore moins neuf autres hommes opprimés par la vie.

Le dépliant décrivait les cours bibliques auxquels ces hommes assistaient chaque matin, leur programme de travail quotidien et leur habitude de mettre en commun l'argent gagné pour répondre à leurs besoins courants comme le dentifrice et le lait. Leur couvre-feu était à 20 h et toutes les lumières devaient être éteintes à 23 h.

J'ignore pourquoi mais je trouvais ce petit dépliant étrangement réconfortant. L'idée d'avoir droit à un lit où dormir en sécurité, à une tasse de café, à un passage réconfortant de la bible pour commencer la journée, à un travail honnête et à un toit au-dessus de la tête paraissait si simple. Au moment de payer mon café moka java à la vanille, j'éprouvais tant de chaleur dans mon cœur que je ne ressentais plus le besoin de le savourer.

« C'est beaucoup trop ! » me cria le gentil géant lorsque je lui tendis mon café brûlant dans une tasse de polystyrène. « Je ne peux pas l'accepter ! » dit-il en me regardant dans les yeux pour voir s'il pouvait effectivement accepter ce modeste présent.

Après l'avoir quitté, je me retournai quelques pas plus loin et je le vis prendre avec hésitation sa première gorgée.

Des chants de Noël résonnaient dans le magasin de chaussures. Je trouvai dans un présentoir des chaussures de marche tout à fait acceptables qui étaient écoulées à 9,99 $. J'essayai une paire à ma pointure et me retournai pour les contempler dans le miroir. Malgré les bandes bleues ridicules, elles étaient très confortables et dotées d'un bon soutien pour mes pieds fatigués.

Puis, je songeai : « Si elles sont aussi confortables pour moi, j'imagine qu'elles le seraient encore davantage pour des pieds épuisés qui s'apprêtent à un nouveau départ dans la vie. » Espérant tout bas que ma compagnie de crédit avait bien reçu mon dernier paiement, j'essayai d'évaluer rapidement quelle pourrait être la pointure du géant rencontré à l'extérieur du supermarché.

« Pardon, demandai-je à la caissière, est-ce que vous avez ce modèle dans du 14, extra-large ? »

Il me restait juste assez de vingt-cinq sous dans le cendrier de mon automobile pour aller m'acheter un repas chez Taco Bell, en cette veille de l'Action de grâces. Pendant que je me dirigeais vers l'adresse inscrite sur le dépliant de *La maison du partage*, mon estomac gargouillait, stimulé par l'odeur qui émanait de mon repas déposé sur le siège arrière à côté des dix boîtes de chaussures neuves.

En chemin, je m'arrêtai à une station-service mal éclairée pour aller aux toilettes et me renseigner sur la direction à prendre. J'attendis patiemment tandis que l'homme âgé derrière le comptoir me raconta pendant dix bonnes minutes l'histoire de la rue sur laquelle je me trouvais et prit dix autres minutes pour me dessiner un plan qui ressemblait davantage à de l'art abstrait.

Lorsque je revins à mon auto, il faisait si noir que ce n'est qu'en pilant sur des éclats de verre que je remarquai que ma vitre arrière avait été fracassée. Je réalisai vite par contre que la personne qui l'avait furtivement brisée s'était également enfuie avec toutes les paires de chaussures que j'avais achetées en utilisant toute ma ligne de crédit. Le voleur avait même pris mon sac de tacos épicés !

J'eus envie de retourner à la maison mais quelque chose me poussait à poursuivre ma route. Je pensais aux hommes de la *Maison du partage*, à leurs vieilles godasses et à leurs lectures bibliques réconfortantes et je me demandais ce que j'allais leur dire une fois arrivé là-bas. Et pourtant, il n'y avait aucune raison de m'inquiéter.

En frappant à la porte de la maison d'accueil, j'entendis le géant s'écrier : « Ah ! le voilà ! » Heureusement, il se souvenait de notre rencontre plus tôt dans l'après-midi. « Quelle belle surprise, monsieur le généreux donateur. Vous êtes juste à temps pour le souper. »

Avant même que je puisse expliquer ma mésaventure, il saisit mon bras vigoureusement et m'entraîna dans la salle à manger où j'aperçus des gens aux visages souriants qui s'apprêtaient à réciter les grâces.

« Nous avons un visiteur », dit le géant tandis que les hommes attendaient que je prenne la parole.

Mais j'en fus incapable. Je réussis à marmonner quelque chose qui ressemblait à « chaussures », mais mes paroles se perdirent dans le flot de larmes qui s'écoula de mes yeux fatigués. Que pouvais-je leur dire au sujet des chaussures et de ce qu'elles auraient représenté pour eux ? Comment leur expliquer qu'il faudrait attendre un mois avant que je puisse économiser suffisamment d'argent pour en acheter d'autres ? Comment admettre que je n'avais plus un sou pour m'offrir un repas ce soir-là et personne avec qui le partager ?

Je fus aussitôt entouré affectueusement de dix paires de bras. Les hommes tentèrent de me rassurer au moyen de petites tapes dans le dos. « On sait, vieux. » D'autres ajoutèrent : « On est tous passés par là, mon gars. » Après m'être mouché, j'essayai de leur fournir une explication, mais ils ne voulaient rien entendre.

Au lieu de cela, ils m'accueillirent à leur table comme s'ils s'attendaient à ma visite. Il y avait cependant un piège.

« Chaque nouvel arrivant doit réciter les grâces », expliqua l'homme à l'immense carrure.

« Seigneur », commençai-je en tentant de dissimuler mes chaussures neuves sous leur humble table.

« Merci pour la nourriture que nous allons manger et pour les nouveaux amis avec qui je vais la partager. »

— *Rusty Fischer*

Un cœur plus tendre

M isérable. Voilà comment je me sentais. Nous
avions quitté notre ferme de l'Oklahoma pour
déménager sur la côte du golfe du Mexique, dans la
ville de Galveston, au Texas. L'idée de vivre dans cette
région gréseuse ne me plaisait pas du tout. Papa était
contremaître des débardeurs du port de Galveston.
Participant à l'effort de guerre, il ne devait y travailler
que durant la période des conflits, mais il avait décidé
d'y demeurer, une fois la guerre terminée, afin d'économiser de l'argent pour acheter d'autres terres en
Oklahoma.

À l'aube de l'adolescence, j'avais mauvais caractère, en plus d'être rebelle et furieuse d'avoir été ainsi
traînée de force au Texas. J'aimais notre petite école
composée uniquement de deux classes alors que je
détestais celle de Galveston. Mes grands-parents et
mes amis me manquaient, et notre appartement
lugubre et encombré de Galveston n'arrivait pas à la

cheville du confort et de la liberté dont nous jouissions sur notre ferme.

Je savais que mes parents s'inquiétaient à mon sujet, moi, leur fille aînée. Ils ignoraient cependant tout de l'esprit de rébellion des adolescents. Ils avaient tous les deux grandi sur des fermes de coton au sol appauvri, chacun dans une famille nombreuse et défavorisée. Ils avaient dû travailler si fort pour aider à nourrir leur famille qu'ils n'avaient jamais eu le temps ni l'énergie de se rebeller contre leurs parents. De toute manière, leurs parents n'auraient pas permis ni même toléré la moindre insolence ou désobéissance.

Je le savais, mais je m'en fichais éperdument. C'était une période difficile pour moi et j'essayais de le faire payer à mes parents. Et puis, un jour, ma mère exaspérée demanda à mon père de « me réprimander vertement » en raison de mon comportement. Le problème est que papa était un homme qui avait tendance à éviter les conflits, surtout avec moi. Il laissait habituellement à ma mère la tâche d'imposer la discipline dans la maison mais, cette fois-ci, elle lui avait passé le flambeau. La stratégie de papa était de m'amener voir un film et de me faire la leçon à un moment donné durant la soirée. Bien entendu, j'avais deviné ses intentions.

Nous allâmes d'abord voir un film western rocambolesque. Nous adorions ce genre de films, papa et moi. Assis dans la salle obscure, nous n'eûmes aucune difficulté à oublier nos problèmes. Et c'est à contre-cœur que nous revînmes à la réalité lorsque les lumières se rallumèrent. Puis, je le vis prendre son courage à deux mains pour me faire la morale et je me raidis dans l'attente de son « petit discours ».

Papa m'amena au bar laitier boire un lait malté au chocolat.

Il essaya de parler, mais ne parvint jamais à aller au bout de sa phrase. Après plusieurs tentatives, nous demeurâmes silencieux à siroter notre boisson rafraîchissante. J'essayais de garder les yeux fixés sur mon verre qui se vidait lentement, mais je ne pouvais m'empêcher de lui jeter des regards furtifs de temps à autre. Je remarquai combien il avait vieilli depuis que nous avions quitté la ferme. Il avait quarante-quatre ans, mais paraissait beaucoup plus âgé. Des nouvelles rides étaient apparues sur son front et sa bouche était entourée de deux sillons profonds, du nez au menton. Il avait les mains noueuses et usées par le travail. Ces seize années passées sur les quais y étaient sans doute pour quelque chose — tout comme le fait d'avoir une fille rebelle, réalisai-je soudainement.

« Mais non, tu n'y es pour rien », pensai-je, en chassant ce début de compassion. J'étais encore jeune et, même si mes parents ne l'étaient pas, j'avais ma vie à vivre. Je m'efforçai donc de durcir mon cœur tout en essayant de ne pas remarquer les regards inquiets qu'il me lançait. En retournant à la maison, nous demeurâmes silencieux durant tout le trajet. Plus tard, je l'entendis affirmer doucement à ma mère que tout irait pour le mieux.

Le lendemain matin, papa me reconduisit à l'école avant d'aller au travail. Il me dit que je devrais rentrer en autobus ou à pied ce soir-là, car il devait aller chercher de l'équipement au port de Galveston pour ensuite se rendre à Texas City afin de superviser le chargement du *High Flyer*. Je n'oublierai jamais la surprise et la joie sur son visage lorsque je me penchai impulsivement pour lui faire la bise au moment de le quitter. Je n'avais pas embrassé ainsi mes parents depuis des lustres.

Plus tard, ce matin-là, pendant que je m'échinais à faire un croquis du tube digestif dans le cours de biologie, mon crayon glissa soudainement de ma main et roula sur ma page pour ensuite tomber au sol. Une secousse venait d'ébranler l'immeuble et un bruit étrange résonnait dans nos oreilles. Tout le monde se tourna vers les fenêtres orientées vers le nord et vit un énorme nuage en forme de champignon dans le ciel bleu de ce mois d'avril. Même si, en 1947, nous étions encore aux débuts de l'ère atomique, nous avions entendu parler des nuages en forme de champignon. À l'étage supérieur, les enseignants et les élèves dévalèrent l'escalier en hurlant en voyant l'immense fissure qui était apparue sur le mur de la bibliothèque. Le visage soudainement pâle, notre jeune enseignante nous ordonna de nous mettre rapidement en ligne pour quitter l'édifice comme lors des exercices d'incendie. Elle dut s'arrêter en chemin pour aider Lonnie James et Luther Hill, qui s'étaient réfugiés sous le même bureau, en état de panique.

Nous nous retrouvâmes en petits groupes à l'extérieur, du côté de la plage, pour observer le nuage qui prenait de l'ampleur dans le ciel bleu du printemps. Ma robe en coton de couleur lavande fut vite tachée de cendres grises. Tout le monde était sous le choc et se demandait ce qui avait bien pu se produire. Des rumeurs circulèrent ici et là, mais il fallut attendre deux heures avant d'avoir la version exacte. D'après l'une de ces rumeurs, l'usine de produits chimiques Monsanto Chemical de Texas City avait explosé ; les enfants dont les parents travaillaient là-bas éclatèrent aussitôt en larmes.

J'étais en train de réconforter l'un d'entre eux quand quelqu'un annonça que du nitrate d'ammonium avait explosé sur le *Grand Camp*, détruisant également le *High Flyer*, amarré à ses côtés.

Je figeai sur place — c'était justement à cet endroit que mon père devait travailler ce jour-là. Ma vision se brouilla et j'eus l'impression de flotter hors de moi et d'observer les autres et moi-même comme si j'étais dans une autre dimension. Je revis dans ma tête mon père tel qu'il était la veille au soir au bar laitier, vieilli, courbé et inquiet, l'air défait. Je portais dans mes veines le sang orgueilleux de mon clan, un mélange d'écossais, d'irlandais et de cherokee ; il n'était pas question que quelqu'un me voie pleurer. Je me retirai donc dans un coin éloigné de la cour d'école. Ma robe, mon visage et mes cheveux balayés par les embruns de l'océan étaient maculés de taches noires. Je me mis à compter les goélands et à chercher autour de moi des trèfles à quatre feuilles, en essayant de retenir mes larmes et en priant intérieurement : « Je vous en supplie, Seigneur, pas papa, pas mon papa. »

Le nuage sombre de Texas City recouvrit le ciel au point de masquer les rayons du soleil, tandis que les cendres continuaient de tomber sur nous et que nous grelottions dans le froid. Luther Hill vint me rejoindre et s'assit près de moi. Nous étions amis depuis la première année du secondaire. Nous rivalisions en classe pour avoir les meilleures notes en mathématiques et nous prenions le même autobus scolaire. Luther était petit et légèrement enrobé. Il avait le visage couvert de taches de rousseur et ne possédait aucun talent pour les sports. Certains des garçons prenaient plaisir à se moquer de lui, mais il réagissait toujours avec grâce et humour.

Si j'avais eu un frère, j'aurais aimé qu'il ressemble à Luther Hill.

« Kathryn Jane, où ton père travaille-t-il aujourd'hui ? » me demanda-t-il, le nez froncé d'inquiétude.

« Il devait aller chercher de l'équipement au quai 29. Puis, il devait aller travailler sur le *High Flyer*. » Ma voix chancela en prononçant le nom du bateau.

J'observai alors le visage de Luther. Il était blafard. Inutile de lui demander où était son père : Luther parlait constamment de l'emploi de son père à la Monsanto Chemical Company.

Nous retournâmes à l'intérieur au son de la cloche et la direction décida de nous laisser rentrer chez nous par nos propres moyens. Il n'y avait aucun autobus, car ils avaient tous été réquisitionnés pour évacuer les personnes vivantes et décédées de Texas City. J'avais déjà parcouru un quart des 4,5 km qui me séparaient de la maison lorsque j'entendis un coup de klaxon. Mon oncle Barney immobilisa sa vieille Ford à côté de moi. Dès que je le vis, je sus que mon père était mort, sinon il serait venu lui-même me chercher.

Comme dans un film au ralenti, je vis mon oncle Barney me faire signe de monter dans son automobile. Accablée de chagrin, je grimpai sur le siège arrière, sans même remarquer l'homme qui s'y trouvait déjà. Ce n'est que lorsqu'il se pencha pour me prendre dans ses bras que je le reconnus. Quand papa m'entoura de ses bras puissants, j'oubliai un moment que les gens de mon clan n'étaient pas supposés pleurer.

Papa nous raconta maintes et maintes fois comment il avait été « rescapé ». C'était la première fois qu'il était en retard au travail. Il avait perdu les clés de l'entrepôt et était en train de les chercher à quatre pattes sur les quais de Galveston quand les bateaux avaient explosé dans la baie. Si ce n'avait été de ce contretemps, il serait sûrement décédé sur le *High Flyer*. Nous apprîmes plus tard que l'explosion avait détruit les deux navires, en plus d'avoir ravagé plus de 10 km^2 de Texas City. Plus de six cents personnes étaient mortes ou portées disparues.

Ce jour-là, il nous fallut plus d'une heure pour traverser l'intersection principale de Galveston. Nous vîmes défiler des autobus, des camions, des ambulances et des automobiles qui transportaient des victimes en direction des deux hôpitaux de la ville. La Deuxième Guerre mondiale était encore bien présente dans nos mémoires et je me rappelle avoir songé : « C'est sûrement à cela que doivent ressembler les pays ravagés par la guerre. » Je me rappelle aussi avoir été submergée par une vague d'émotions durant ce premier moment transcendant de ma vie. J'étais reconnaissante de vivre dans un pays épargné par la guerre. J'éprouvais aussi de la tristesse pour les victimes et leurs familles, tout en étant heureuse que mon père ait été épargné. Et je demeurai songeuse face aux grands mystères de la vie et de la mort.

Beaucoup de mes copains de classe ont perdu leurs parents dans l'explosion.

Le corps du père de Luther Hill ne fut jamais retrouvé. Je savais que notre famille serait un jour touchée par une tragédie — comme c'est inévitable dans la vie —, mais le jour où Texas City a explosé, nous avons été miraculeusement épargnés. Parce qu'il avait perdu ses clés ce matin d'avril, mon père a vécu encore trente-deux ans. Quant à moi, j'ai quitté l'adolescence et je suis revenue sur la bonne voie.

— *Kathryn Thompson Presley*

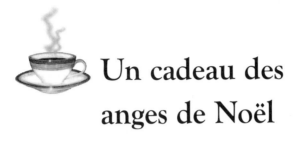 # Un cadeau des anges de Noël

Le temps des fêtes était habituellement une période frénétique pour moi et je m'étais promis de simplifier les choses cette année-là. J'avais fait de mon mieux pour respecter ma promesse et le samedi, deux semaines avant Noël, j'estimais que tout était prêt pour les célébrations. Les cadeaux étaient achetés et enveloppés, les menus planifiés et l'arbre décoré. Les paquets pour les amis et les parents éloignés étaient prêts à être postés le lundi suivant. Quant aux cadeaux que j'avais l'intention d'apporter avec moi dans ma famille, je les avais emballés, identifiés et empilés sur le comptoir de la cuisine. J'avais prévu aller dans ma ville natale au cours de la semaine, c'est-à-dire à Bangor, dans le Maine, pour ma traditionnelle visite « juste-avant-Noël ».

L'un des plus beaux moments de ce voyage aller-retour d'un jour serait la longue conversation que j'aurais en tête-à-tête avec ma grand-mère, que j'adorais.

Nous pourrions ainsi rattraper le temps perdu, nous rappeler de bons souvenirs et rire tout en grignotant des biscuits de Noël et en buvant du thé.

Nous allions beaucoup rire ensemble. Plus tard dans l'après-midi, j'irais visiter les autres membres de ma famille pour leur donner leurs cadeaux et leur souhaiter mes meilleurs vœux. Avec le trajet aller-retour de six heures et les nombreuses visites à faire, je savais que ce serait une journée épuisante, mais j'y allais de bon cœur. Le simple fait de pouvoir passer la journée avec ma grand-mère, ma véritable amie, était une raison suffisante. Même si nous nous parlions au téléphone au moins une fois par semaine, chaque moment passé en sa compagnie m'était précieux.

Mes préparatifs de Noël étant terminés, je décidai de m'attaquer à la pile de vêtements à repasser qui était devant moi. La maison était emplie de chants de Noël et de l'odeur des chocolats trempés à la main qui séchaient sur le comptoir. Bref, l'ambiance était joyeuse malgré cette tâche domestique à accomplir.

« Je dois me rendre à Bangor », dis-je soudainement à mon mari, en tenant le fer à repasser dans les airs.

« Oui, oui… jeudi, n'est-ce pas ? »

« Non, aujourd'hui. Je crois que je devrais y aller aujourd'hui », m'entendis-je répondre.

« Aujourd'hui ? » demanda-t-il en posant son journal et en me regardant par-dessus ses lunettes.

« Oui, dès que j'aurai fini le repassage et certaines tâches. »

« Mais la journée est déjà à moitié entamée. À quelle heure avais-tu l'intention de partir ? »

« En fait, je n'avais rien planifié, mais je devrais pouvoir partir vers vingt heures. »

« Ce soir ? » demanda-t-il encore. N'étant pas du genre à douter de mon jugement, il réfléchit un moment face à cette décision impulsive, un geste inhabituel de ma part. « Je préférerais que tu ne parcoures pas un aussi long trajet, seule, le soir. »

« Je suppose que tu as raison. »

Je continuai de repasser, en arrêtant seulement pour répondre au téléphone et pour préparer du café frais. Pendant que je repassais, je songeai à ce qui restait à faire avant Noël, sans pouvoir chasser de ma tête cette envie de tout laisser tomber et de partir sur-le-champ pour Bangor.

Après être passée à travers la pile de vêtement, je pris un café avec mon amie Colleen, venue s'asseoir avec moi. Colleen vivait avec nous depuis des années. Comme elle n'avait pas de famille, nous l'avions adoptée parmi nous. Mes enfants l'appelaient Tatie. Je lui racontai que je souhaitais aller à Bangor ce soir-là et que cela préoccupait mon mari.

« Je pourrais t'accompagner », suggéra-t-elle.

Mon mari, qui avait entendu, s'immisça dans notre conversation : « Si Tatie t'accompagne, alors tu peux y aller. J'étais seulement inquiet de te voir conduire seule la nuit. »

Nous décidâmes donc de prendre la route et de réserver une chambre d'hôtel à Bangor. Je ne voulais pas m'imposer si tard chez les membres de ma famille et j'adorais dormir à l'hôtel. De plus, cela rendrait notre « sortie de filles » encore plus agréable. À dix-neuf heures trente, nous chargeâmes nos sacs de nuit, les cadeaux et les friandises maison à l'arrière de ma voiture familiale.

Après avoir embrassé mon mari et mes enfants, nous nous mîmes en route pour ce trajet de trois heures, équipées d'un téléphone cellulaire, d'un thermos de café, de disques de Noël et de friandises à grignoter en chemin.

Les premiers flocons de la saison commencèrent à tomber un moment plus tard en recouvrant la chaussée d'une jolie poudre blanche qui nous mettait encore plus dans l'ambiance des fêtes. Mais plus nous avancions, plus il neigeait fort. L'autoroute fut recouverte de plusieurs centimètres de neige glacée en seulement quelques minutes. Comme mon automobile à traction arrière était plus difficile à contrôler sur les chaussées glissantes, je ralentis à 70 km/h. Le vent se leva et la poudrerie réduisit encore plus ma visibilité. Je voyais à peine devant moi la route éclairée par les phares. Je ralentis encore à 40 km/h et me guidai sur la ligne blanche tracée à droite de la chaussée pour rester sur la route. Aussi étrange que cela puisse paraître, j'étais calme. Quelque chose en moi me disait que tout irait bien.

Puis, soudainement, la ligne blanche et la chaussée disparurent de ma vue. En traversant une couche épaisse de neige vierge, les roues arrière dérapèrent et l'auto se mit à zigzaguer. Je réussis tout de même à maîtriser l'auto juste avant qu'elle ne fonce dans un banc de neige en bordure de la route.

« Tu as quitté l'autoroute ! » cria Colleen.

Un peu secouée, je repris vite mes esprits. Je me rendis alors compte que j'avais suivi la ligne blanche qui menait à une rampe de sortie.

Nous étions au milieu de nulle part, dans la noirceur absolue et la neige épaisse. Je fis demi-tour en priant de ne pas rester prise dans la neige et réussit à reprendre l'autoroute.

Nous parcourûmes encore 150 km au beau milieu de la tempête. La neige cessa finalement à environ trente minutes de route au sud de Bangor. Après avoir ri de bon cœur de notre mésaventure, nous nous préparâmes à passer une belle soirée. Nous arrivâmes saines et sauves à la sortie d'autoroute et partîmes à la recherche d'un hôtel. Il y avait une petite auberge près de la sortie qui m'avait toujours intriguée, mais je n'y étais jamais allée. Comme je voyageais la plupart du temps avec mes enfants lors des longs séjours, nous avions besoin de plusieurs chambres pour nous héberger. Nous décidâmes de l'essayer.

À notre plus grand plaisir, l'auberge était joliment décorée pour Noël. Notre chambre était de style campagnard et une immense couronne de Noël était accrochée à l'extérieur de la fenêtre. Avec la neige qui tombait doucement en arrière-plan, on aurait dit une carte de Noël d'antan. C'est ainsi que je la décrivis à mon mari lorsque je l'appelai pour lui dire que nous étions arrivées saines et sauves, quoiqu'un peu en retard. Colleen et moi passâmes ensuite la soirée à parler, à rigoler et à regarder la télévision. Il était une heure du matin lorsque nous nous endormîmes finalement.

Le lendemain, j'appelai ma tante pour savoir à quelle heure nous pourrions passer voir grand-maman.

« Elle avait de la difficulté à respirer ce matin, alors ils l'ont transportée à l'hôpital », m'expliqua ma tante.

Même si j'étais préoccupée, je ne fus pas alarmée par la nouvelle. Ce n'était pas la première fois que ma grand-mère souffrait de troubles respiratoires.

Le personnel de la résidence pour personnes âgées où elle vivait maintenant avait souvent dû la conduire à l'hôpital afin qu'elle reçoive des traitements pour dégager ses voies respiratoires.

« Je vais t'appeler plus tard pour savoir quand nous pourrons venir », répondis-je à ma tante.

Colleen et moi passâmes le reste de l'avant-midi à fouiner dans les librairies et à siroter du cidre chaud. Après le repas du midi, je rappelai ma tante.

« Le médecin a décidé de la garder à l'hôpital. À ton arrivée, elle sera déjà installée dans sa chambre. »

Nous arrivâmes quelques minutes plus tard à l'hôpital et prîmes l'ascenseur jusqu'à l'étage de l'unité gériatrique. Grand-maman était assise dans un fauteuil roulant pendant qu'une infirmière la préparait en vue de la coucher dans le lit. Sa respiration était laborieuse et elle avait de la difficulté à parler, alors je traduisis ses propos. Je comprenais ce qu'elle essayait de dire. Elle pointa sa joue en signalant à Colleen d'y déposer un baiser. Elle indiqua qu'elle avait froid aux pieds et l'infirmière lui apporta ses bas. Elle m'informa qu'elle avait besoin d'une manucure en passant ses doigts sur mes ongles bien vernis.

« Karen viendra te faire les ongles demain », lui dis-je. Ma sœur faisait souvent la manucure à grand-maman quand elle lui rendait visite.

L'après-midi s'écoula rapidement et agréablement. Même si elle s'assoupit de temps à autre, grand-maman demeura alerte et animée une bonne partie de la visite. Pendant que nous bavardions, elle souriait fréquemment en me tenant la main bien serrée.

À la fin de la visite, je lui souhaitai Joyeux Noël en lui murmurant à l'oreille que ses cadeaux étaient chez ma tante et qu'elle ferait mieux d'être sage et de ne pas les ouvrir avant Noël.

« C'est toi mon plus beau cadeau de Noël », me dit-elle. Elle le disait chaque année.

Elle me tendit les bras et me serra très fort contre elle en m'embrassant sur la joue. Je déposai un baiser sur son front et lui répétai combien je l'aimais. Elle sourit et hocha la tête, incapable de reprendre son souffle pour parler.

Ce n'est que rendue à la porte que je l'entendis prononcer péniblement : « Je t'aime. »

Je me retournai en souriant et nos regards se croisèrent.

Le retour à la maison fut sans incidents. Nous arrivâmes au milieu de la soirée et fûmes chaleureusement accueillies par mon mari et mes enfants. Après avoir fait part de mon inquiétude à mon mari au sujet de ma grand-mère, j'appelai ma tante pour dire que nous étions de retour à la maison. Elle revenait justement de l'hôpital après avoir souhaité bonne nuit à grand-maman.

« Je lui ai dit que je reviendrais la voir demain matin et elle m'a envoyé un baiser », me raconta-t-elle.

Grand-maman décéda une heure plus tard.

Lorsque j'appris la nouvelle, j'éprouvai un immense chagrin, mais aussi de la reconnaissance pour avoir eu le privilège de passer un dernier après-midi paisible et agréable avec elle.

Durant les deux semaines précédant sa mort, grand-maman avait vu presque tous les membres de la famille qui habitaient à une distance raisonnable.

Même si nous nous parlions souvent au téléphone, cela faisait deux mois que nous nous étions vues et je savais qu'elle adorait ces moments passés ensemble. Je sais aussi que la force avec laquelle elle avait serré ma main était sa façon de dire qu'elle avait gardé le moral et qu'elle me faisait ses adieux.

Dans l'éloge que je prononçai aux funérailles, je parlai de son amour et de sa dévotion pour sa famille. Je mentionnai la force et le courage qu'elle avait eus pour élever seule six enfants après être devenue veuve dans la quarantaine. Je dis qu'au lieu de pleurer sa perte, nous devrions plutôt être reconnaissants pour toutes ces années où elle avait embelli nos vies. Puis, je parlai des anges.

Comment expliquer autrement ma décision de devancer mon voyage de plusieurs jours et de faire trois heures de route la nuit pour aller la voir ? Ou d'être sortie indemne de la tempête de neige ? Ou le présent miraculeux de ces dernières heures passées auprès d'elle ?

J'avais eu le bonheur de recevoir l'amour et l'amitié d'un ange, ici, sur la terre — ma grand-mère. Et les anges m'avaient guidée vers ma grand-mère pour une dernière visite de Noël. Elle vit maintenant parmi eux, dans la joie et le bien-être.

— *Kimberly Ripley*

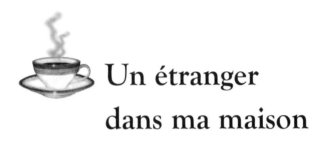# Un étranger
dans ma maison

L'autre jour, à mon réveil, je me suis cogné le nez à un étranger dans la maison. Il ressemblait légèrement à mon fils aîné, mais sans plus, étant donné que mon fils est encore un gamin.

« Qui êtes-vous ? » demandai-je à l'étranger en essayant de lui faire baisser les yeux malgré le fait que les miens arrivaient à peine à la hauteur de sa pomme d'Adam. Je le dévisageai et remarquai qu'il avait huit poils de moustache.

« Salut m'man ! » L'étranger avait l'air de me connaître. J'ai cru un moment qu'il allait me tapoter la tête. Au lieu de cela, il me tendit une tasse de café qu'il avait lui-même versée, puis traversa la cuisine en trois enjambées. Ses pieds semblaient être aussi grands que ceux de l'abominable homme des neiges.

Contrairement à cet étranger, mon fils est incapable de quitter la cuisine sans faire plusieurs fois le tour de la table en courant et en traînant parfois derrière lui un jouet attaché au bout d'une ficelle.

Il aimait entendre le bruit que son pyjama à pattes faisait en glissant sur les tuiles du plancher.

Un moment plus tard, j'entendis l'étranger dans la douche chanter quelque chose au sujet de *la vida loca*.

Mon fils ne vit pas *la vida loca*. Il vit plutôt *la vida Lego*. Il passe ses journées à empiler des blocs et à construire des tours identiques qui, comme il m'informe après, représentent des dinosaures, des avions, des édifices ou des robots — en roulant les yeux d'incrédulité face à mon incapacité d'identifier les objets devant moi.

L'étranger sortit de la douche en traînant derrière lui une odeur de produits capillaires, de déodorant et d'eau de cologne. Mon petit garçon sent le beurre d'arachides et la pâte Play-Doh.

L'étranger s'arrêta pour s'examiner dans le miroir et, incapable de trouver le moindre cheveu rebelle parmi ses boucles enduites de mousse coiffante, il quitta la pièce d'un pas lourd, satisfait de son image. Mon fils a une rosette derrière la tête et refuse à quiconque de s'en approcher.

L'étranger était maintenant dans ma salle de lavage. Curieuse, je le suivis. Il ouvrit la sécheuse, sortit quelques chemises et les enfila sur des tringles.

« Il faut les sortir immédiatement pour éviter qu'elles ne se froissent », m'informa-t-il avec une voix grave qui retrouva vite son timbre aigu.

Tout ce que mon fils connaît en matière de sécheuse, c'est la façon dont sa voix résonne quand il place sa tête à l'intérieur en beuglant : « Je suis le maître de cette caverne ! ».

Ou lorsque sa mère hurle : « Qui a laissé ces crayons dans la poche de son pantalon ? »

« Jamais je ne me présenterais à l'école avec une chemise froissée, tu sais », poursuivit l'étranger. Mon petit garçon peut porter son chandail préféré de Batman pendant trois semaines consécutives. Je dois me faufiler la nuit dans sa chambre pour le lui enlever afin de le laver et de le lui remettre avant qu'il ne se réveille.

Je devinai que l'étranger avait faim en le voyant faire griller toutes les tranches de pain et casser une douzaine d'œufs. J'ai du mal chaque matin à arracher mon fils à ses dessins animés et à lui faire avaler un demi-bol de céréales.

L'étranger annonça qu'il était temps de partir à l'école et il rassembla son matériel. Je lui demandai en quelle année il étudiait.

« Eh bien, en première secondaire, maman. Je viens de commencer l'école secondaire cette semaine, tu le sais bien, non ? » demanda-t-il.

Puis, il se pencha pour m'embrasser sur la joue. Mon petit garçon a plutôt l'habitude de courir vers moi et de m'agripper une jambe en levant la tête et en m'offrant son sourire maladroit et irrésistible.

J'accompagnai l'étranger jusqu'à l'extérieur en m'arrêtant dans l'entrée du garage. Je le vis marcher jusqu'au coin de la rue pour aller attendre l'autobus en compagnie de filles qui avaient des seins. Les filles avec qui mon petit garçon joue à la garderie ont des queues de cheval.

L'étranger ne se retourna même pas vers la maison à l'arrivée de l'autobus. Mon fils court toujours vers moi pour que je le prenne encore une fois dans mes bras avant de le laisser entrer à la garderie. Il n'est jamais le premier à se dégager de l'étreinte.

Plus tard, l'étranger revint à la maison comme s'il y habitait. Après avoir consommé la moitié des aliments contenus dans le réfrigérateur, il prétendit que son père lui avait demandé la veille d'enseigner à l'aînée de mes filles (qui, je vous assure, n'est qu'une bambine), à tondre la pelouse.

Je suivis donc l'étranger à l'extérieur et je l'observai enseigner patiemment à sa jeune sœur le fonctionnement de la tondeuse, en insistant sur les consignes de sécurité.

« Tu m'écoutes ou tu veux simplement t'amuser ? » demanda-t-il à ma fille qui depuis le début roulait les yeux d'ennui. « C'est pour toi que je le fais, tu sais. »

Il lui montra à tourner les coins, à vider le bac à herbe, à emplir le réservoir d'essence et à tirer sur la corde pour faire démarrer la bête. Il lui enseigna la « bonne » façon de tondre en ligne droite, incapable de s'empêcher d'en mettre plein la vue en poussant la tondeuse d'une seule main avant de la relayer à sa sœur comme s'il s'agissait du témoin d'une course à relais.

Quelques instants après, c'était elle qui tondait le gazon. Elle s'y prenait bien, même si ce n'était pas exactement comme lui. L'étranger se tourna vers moi en disant : « Elle est plus douée que je l'aurais cru. Elle fait du bon travail.

C'est fou comme ils grandissent vite, non ? » Il éclata de rire en me donnant un coup de coude dans les côtes.

Je fixai l'étranger — qui, soit dit en passant, ressemblera toujours à mon petit garçon — et je lui offris mon plus beau sourire.

— Denise Wahl

 # Le courage pas à pas

L'école était finie. Les corridors si bruyants d'activité quelques minutes plus tôt étaient redevenus silencieux. J'attendais près de l'entrée, à côté de l'immense double porte, lorsqu'une de mes copines de classe vint me rejoindre. Elle regarda par la fenêtre et resta bouche bée, les yeux grands ouverts.

« Qu'est-ce qui lui est arrivé ? » murmura-t-elle.

Sur le trottoir, ma mère se dirigeait vers l'école en déplaçant une béquille après l'autre et en balançant avec précaution ses jambes vers l'avant. Comme elle s'arrêtait tous les six pas pour rajuster son sac à main, elle mit plusieurs minutes à parcourir le court trajet qui menait du trottoir à la porte d'entrée.

Maman avait planifié une réunion parents-enseignants juste après l'école.

Toutes les réunions précédentes s'étaient déroulées en fin d'après-midi, ce qui signifie qu'à l'heure où elle devait venir à l'école, j'étais déjà dans l'autobus, en route vers notre ferme du Wisconsin. C'était donc la première fois que je pourrais lui faire visiter ma classe. C'était aussi la première fois que certains de mes copains de classe — ceux qui attendaient qu'on vienne les chercher ou qui participaient à des activités parascolaires — rencontreraient ma mère.

Juste après le départ des autobus, j'avais vu mon père immobiliser l'automobile devant l'école et aider ma mère à descendre. Je savais qu'elle aurait besoin de mon aide pour franchir la porte d'entrée, alors je m'étais arrangée pour être présente à son arrivée.

Ma copine répéta sa question en insistant davantage : « Qu'est-ce qui lui est arrivé ? »

Je réfléchis un moment à la meilleure façon d'expliquer la situation. Finalement, je décidai de lui répondre franchement.

« Elle a eu la polio », expliquai-je.

« Oh !... »

Elle observa ma mère quelques secondes.

« Quand va-t-elle guérir ? »

« Jamais. »

Mon amie demeura silencieuse encore quelques instants. « Au fait, c'est quoi la polio ? » demanda-t-elle finalement — une autre question à laquelle je ne croyais pas pouvoir répondre correctement.

« Eh bien, au début, la personne est vraiment malade, comme si elle avait la grippe. Et puis après, elle est incapable de marcher. »

Mon amie se tourna rapidement vers moi, le regard inquiet : « Comme la grippe ? Est-ce que c'est contagieux ? »

« Non, non », la rassurai-je avec empressement. « Les épidémies de polio ont eu lieu il y a très long-temps. C'était avant ma naissance. C'est pour cette raison que nous nous faisons vacciner contre la polio-myélite. Pour nous immuniser contre cette maladie. »

Ma copine se retourna de nouveau vers la porte pour voir ma mère arriver. « Mais pourquoi l'état de ta mère ne s'est-il pas amélioré ? »

Ma mère avait attrapé la polio en 1942, à l'âge de vingt-six ans. Mon frère et ma sœur avaient alors cinq et trois ans. Je suis née seize ans plus tard, soit bien longtemps après que les médecins lui aient dit qu'elle ne pourrait jamais plus avoir d'enfants. J'ai su dès un très jeune âge quel était l'état de ma mère. Je me rendais compte, cependant, que ma copine de classe pourrait avoir de la difficulté à comprendre que ma mère ne s'était jamais aussi bien portée.

« En fait, elle va beaucoup mieux. Quand elle avait la polio, elle était vraiment malade. Elle a dû être hospitalisée durant six mois. »

« Six mois ? » répéta mon amie.

« Puis, son état s'est amélioré et elle a pu revenir à la maison », ajoutai-je. « Mais même si elle n'était plus malade, la polio avait laissé des séquelles et elle ne pouvait plus marcher. »

L'hôpital était situé à 375 km de la maison. Ma mère y était entrée en novembre et n'en était ressortie qu'en mai. Cela signifie qu'elle n'avait pas pu célébrer son anniversaire et la fête de Noël en famille, de même que son anniversaire de mariage et les anniversaires de mon frère et de ma sœur.

Durant sa maladie, la polio avait entraîné la paralysie partielle de sa jambe droite et la paralysie complète de sa jambe gauche.

Maman atteignit finalement l'entrée de l'école. J'accourus vers elle pour lui tenir la porte extérieure. Lorsqu'elle eut franchi cette première porte, ma copine lui tint la deuxième.

« Bonjour, Mme Ralph », dit-elle en souriant timidement.

Ma mère lui rendit son sourire. « Merci de me tenir la porte ainsi. Cela m'aide beaucoup. »

Nous pénétrâmes toutes les trois lentement dans la classe.

« Est-ce que ça fait mal ? » laissa échapper mon amie. « La polio, c'est douloureux ? »

« Non », répondit ma mère, en avançant une béquille puis une jambe. « Cela ne fait pas mal. Je suis seulement incapable de marcher vite. »

« Je suis contente », ajouta mon amie. « Je veux dire, je suis contente que cela ne fasse pas mal. »

Ma mère sourit encore à la jeune fille.

Au moment où ma mère pénétrait dans la classe, j'entendis quelqu'un demander : « Qu'est-ce qu'elle a ? »

Je fus gênée que les autres enfants parlent ainsi d'elle en sa présence.

J'entendis alors mon amie leur répondre : « Elle a eu la polio. »

« Oh !… Au fait, c'est quoi la polio ? »

Maman vit mon embarras. « Ça va », dit-elle doucement. « Ils sont juste curieux. »

Mon enseignante se leva de son bureau et vint accueillir ma mère. Je quittai la pièce pour aller voir si mon père avait garé la voiture et vérifier s'il n'était pas en train d'attendre devant le bureau. Dans le corridor, un garçon qui était un peu plus âgé que moi me demanda : « Ta mère a vraiment eu la polio ? »

« Oui, elle l'a eue. »

« Je me disais que c'était peut-être un mensonge de la part de l'autre fille », expliqua-t-il. « Ainsi, ta mère doit marcher très lentement ? »

« C'est exact. »

« J'espère qu'elle va aller mieux », ajouta-t-il avant de s'éloigner rapidement.

Je ne pris même pas la peine de lui expliquer que sa condition ne pouvait pas « s'améliorer ».

Les années suivantes, ma mère continua d'attirer les regards et de susciter des commentaires lorsqu'elle venait à l'école pour assister à des réunions ou dans le cadre de programmes spéciaux. Cependant, de plus en plus d'élèves firent sa connaissance et lui tinrent la porte en la saluant gentiment. Maman prit toujours soin de les saluer poliment, le sourire aux lèvres, et de les remercier pour leur aide. Habituellement, les enfants lui rendaient timidement son sourire. Certains répondaient « il n'y a pas de quoi ! » comme nos parents et nos professeurs nous l'avaient enseigné.

J'avais appris dès un très jeune âge à aider ma mère dans les tâches qu'elle était incapable d'accomplir, comme secouer un tapis, aller chercher le courrier ou courir répondre au téléphone. Aider ma mère était chez moi une seconde nature.

Je n'avais jamais vraiment réfléchi aux effets dévastateurs de la polio chez elle. Après tout, quand vous grandissez dans une pareille situation, celle-ci vous semble « normale ».

Ce n'est que lorsque je vis ma mère à travers les yeux des autres — comme ceux des élèves de mon école — que je commençai à prendre conscience de son courage et de la dignité avec laquelle elle avait fait son chemin dans la vie, en avançant une béquille puis une jambe à la fois.

— LeAnn R. Ralph

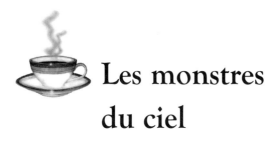

Les monstres du ciel

Max, mon neveu, alors âgé de quatre ans, avait les cheveux châtains tirant légèrement sur le roux et d'énormes yeux bruns qui venaient me toucher au plus profond de mon être. Mais derrière ces yeux magnifiques se cachait un petit garçon terrifié par les orages.

Quand les éclairs zigzaguaient dans le ciel et que le tonnerre retentissait, on pouvait lire la frayeur dans ses yeux ronds comme des billes. Un jour que j'étais en visite chez lui, un éclair déchira le ciel de haut en bas. En entendant le tonnerre résonner, Max sursauta de quelques centimètres. Il avait l'air d'un soldat de plomb — les bras serrés contre sa poitrine, le corps raide. Il tourna dans la pièce en répétant : « J'ai peur ! J'ai peur ! »

En le voyant s'agiter ainsi, j'essayai de trouver un moyen de le calmer.

Je me rappelai alors que, quand j'étais petite, ma mère m'avait raconté que le tonnerre était le bruit produit par les anges lorsqu'ils jouaient aux quilles. Je répétai donc l'histoire à Max, mais peine perdue. Puis, je me souvins que, lorsque mes enfants avaient son âge, je leur demandais de dessiner les choses qui leur faisaient peur.

Je lui dis donc : « Max, allons nous asseoir et dessiner un éclair ! »

Mais il me répliqua vite : « J'ai peur des éclairs. »

« Oui, je vois bien. Viens avec moi et nous allons dessiner ensemble ce ciel si effrayant. »

Max me regardant en hésitant. Cette tante qui voulait dessiner des éclairs était bien intrigante. Pendant que sa famille regardait la télévision en attendant la fin de l'orage, Max et moi allâmes nous installer dans la cuisine pour dessiner ce ciel qui se comportait de façon aussi inquiétante.

Max grimpa lentement sur le tabouret noir et blanc du comptoir. Je fouillai dans les armoires pour trouver le matériel de dessin de ma sœur et déposai devant lui un crayon à mine et des bouts de papier blanc.

Max me confia en murmurant : « Je ne sais pas comment dessiner un éclair. »

« Veux-tu que j'en fasse un en premier ? »

« Oui », répondit-il, oubliant un peu sa peur. Il me regarda avec curiosité dessiner rapidement quelques traits en zigzag.

« Voilà », dis-je en souriant. « Veux-tu essayer maintenant ? »

Max prit le crayon prudemment et traça une petite ligne en zigzag. Il leva les yeux pour voir ma réaction.

« Cool, Max ! Veux-tu en faire un autre ? » lui dis-je en lui tendant un autre bout de papier.

Il traça d'autres éclairs, en augmentant chaque fois la grosseur et l'épaisseur des traits. Il s'écria en essayant différentes grosseurs de zigzags : « Tiens, voilà un monstre géant du ciel ! Et celui-là va être encore plus gros ! »

À force de transposer ainsi sa terreur sur le papier, sa voix redevint normale mais ses yeux continuèrent d'exprimer de la frayeur à chaque coup de tonnerre.

« Où as-tu peur dans ton corps, Max ? » demandai-je alors.

« Ici », répondit-il en pointant vers sa poitrine.

« Dépose ta main là où tu ressens la peur. »

Il plaça sa main sur son cœur. Puis, je déposai doucement une main sur la sienne et l'autre dans son dos. « Juste ici ? »

« Ouais. »

Je demeurai silencieuse un moment. « Comment te sens-tu maintenant ? »

« Un peu mieux. »

Max prit son courage à deux mains et traça un éclair gigantesque.

« As-tu peur des éclairs, tante Lou ? »

« Oui, parfois », répondis-je doucement, sentant qu'il avait sans doute besoin de sentir qu'il n'était pas seul à avoir peur.

Il me regarda avec compassion, en penchant légèrement la tête sur le côté. Puis, Max plaça une main juste au-dessus de mon cœur. « Est-ce que ça fait mal ici ? » demanda-t-il.

Surprise par son geste, j'acquiesçai de la tête. « Oui, parfois, ça fait un petit peu mal. »

Je fus touchée au plus profond de mon âme par la tendresse de mon neveu de quatre ans. Je fus également impressionnée de constater combien le simple fait de dessiner ensemble les monstres du ciel nous avait rapprochés l'un de l'autre. Je garderai toujours en mémoire ce précieux souvenir qui date d'il y a longtemps. Ce jour-là, nous avons établi un lien étroit qui perdure encore aujourd'hui.

— *Louise Mathewson*

 # Souvenirs
d'un violon

J e jetai un coup d'œil dans la vitrine du luthier et
mon cœur se mit à battre la chamade.

Comme chaque vendredi soir, j'étais sortie pour
partager un bon repas avec des amis. Ce soir-là, ils
avaient décidé de rentrer tôt et comme je n'avais pas
envie de retourner immédiatement à la maison, je
décidai de rentrer à pied plutôt que de demander à un
de mes amis de me reconduire. J'avais déjà fait ce parcours, mais je n'avais jamais remarqué le charmant
petit atelier ni même l'enseigne à l'extérieur. Et même
si je l'avais vu, j'aurais sans doute précipité le pas ou
traversé la rue pour l'éviter. Mais j'ignore pourquoi, ce
soir-là, je me sentis attirée par la lutherie.

J'essuyai la vitrine embuée avec la manche de mon
manteau pour mieux voir à l'intérieur. Plusieurs
violons étaient suspendus aux murs écaillés, attendant
patiemment d'être réparés.

En parcourant le local des yeux, j'eus l'impression de regarder à travers une vitre du passé — mon propre passé.

Le violon a déjà été une de mes passions, il y a fort longtemps.

Durant mon enfance, j'ai suivi des cours de toutes sortes, la plupart choisis par ma mère. « Inscris-toi dans l'équipe de natation, Tara. Ta sœur Monica est une bonne nageuse ; tu le deviendras sûrement toi aussi. » Ma mère refusait d'admettre que je détestais l'eau. En fait, j'en avais peur — et cette crainte persiste encore aujourd'hui.

Tous les samedis, je suppliais ma mère de ne pas aller au cours de natation, mais elle insistait toujours. Lors des départs, je tremblais à chaque coup de pistolet et je devais utiliser toutes mes forces pour plonger dans l'eau froide et nager le plus vite possible jusqu'à l'autre extrémité de la piscine. Bien entendu, je n'étais jamais assez rapide. J'avais beau agiter mes bras et mes jambes comme une folle, les autres me dépassaient sans effort. J'aurais abandonné mes cours bien avant si ce n'avait été de mon père. Sous l'eau, je pouvais l'entendre m'encourager en criant mon nom. Dès que je parvenais à hisser mon bras hors de l'eau pour saisir le bord de la piscine, il était toujours là à m'attendre, une serviette à la main, pour me dire combien il était fier de me voir au moins essayer.

Ma mère décida aussi que la gymnastique serait une bonne activité pour moi, en partie parce qu'elle avait elle-même été gymnaste à un jeune âge.

Elle n'a pas tenu compte du fait que j'étais extrêmement grande pour mon âge et que j'avais quelques livres en trop. Mais j'essayai tout de même, histoire de lui faire plaisir. À ma grande surprise et au grand bonheur de ma mère, j'appréciai ce bref passage dans le monde du cheval d'arçons et des barres parallèles. J'aimais tout particulièrement la trampoline. Je passais la majeure partie des cours de gymnastique à sauter le plus haut possible en essayant d'atteindre le plafond en ciment.

Ma mère, par contre, n'était pas satisfaite de l'art avec lequel je rebondissais. Elle m'a fortement incitée à tenter des exercices de souplesse beaucoup plus audacieux. Dans mon effort de lui plaire, je m'entraînai au-delà de mes capacités jusqu'à ce que je me fracture la cheville. Le léger boitillement dont je suis encore affligée aujourd'hui est le seul vestige de ce futile passage dans l'univers de la gymnastique.

Durant presque toute mon enfance, je me suis demandée si j'aurais un jour du talent pour quoi que ce soit. Contrairement à ma mère et à ma sœur, je n'avais aucun don d'athlète, pas plus que je n'éprouvais d'intérêt pour les sports de compétition — ce que ma mère n'arrivait pas à comprendre. « Peut-être que je ne suis simplement pas du type sportif », avais-je l'habitude de dire. « Peut-être que tu n'y mets pas suffisamment d'effort », me répondait-elle alors.

Mes parents se querellaient souvent à propos de mon manque d'intérêt pour une activité quelconque. Couchée dans mon lit, je les entendais discuter de mon sort le soir. « Elle doit trouver une activité qui l'occupera et dans laquelle elle persévérera », disait ma mère.

Ce à quoi mon père répliquait : « Laisse-la découvrir ses propres talents et cesse de décider pour elle. » Après une de ces discussions, mon père vint dans ma chambre pour me souhaiter bonne nuit. Au moment de m'embrasser, il sentit une joue mouillée sous ses lèvres.

« Pourquoi pleures-tu, ma chérie ? » demanda-t-il.

« Je veux seulement lui faire plaisir, papa », répondis-je en tentant de contenir mes sanglots. « J'ai beau essayer, je ne suis jamais assez bonne. »

« C'est faux, Tara. Nous sommes tellement fiers de toi, ta mère et moi… »

« Non, elle ne l'est pas ! »

« Bien sûr qu'elle l'est », répliqua-t-il. « Elle souhaite seulement que tu découvres les dons que tu as reçus de Dieu et que tu les exploites judicieusement. »

« Qu'entends-tu par dons ? »

« Ces talents particuliers qui font de toi un être unique », dit-il. « Si tu regardes au plus profond de ton cœur, tu découvriras ce qui te fait vibrer. »

« Mais comment savoir ce que c'est ? »

« Ton intuition te le diras, ma chérie. Tu verras. »

« Et si je n'ai aucun talent en moi ? »

« Tout le monde possède une petite étincelle, Tara. Chacun, à sa façon, brille par son talent. »

Au début de mes études secondaires, je n'avais toujours pas trouvé le talent qui me permettrait de briller dans la vie.

Puis, un jour, le chef d'orchestre de notre école et plusieurs de ses protégés vinrent faire une démonstration dans ma classe. Comme d'habitude, j'étais plongée dans mes rêveries. Les tambours m'agacèrent.

Les flûtes m'ennuyèrent. Mais le violon... Ah! le violon! Je n'avais jamais entendu une musique aussi agréable. J'ai eu l'impression de flotter dans les airs en entendant les notes d'argent sortir de cet instrument en bois aux courbes délicates. Je regardais fascinée l'archet caresser les cordes, imaginant que c'était moi qui produisais cette merveilleuse musique. Je me sentis alors embrasée de l'intérieur. Pour la première fois de ma vie, j'étais emballée par quelque chose qui me stimulait grandement.

Après l'école, je courus jusqu'à la maison en serrant très fort dans ma main la fiche d'inscription. Lorsque je tendis la demande d'autorisation à mes parents, ma main tremblait de peur qu'ils rejettent sans autre formalité mon désir de faire de la musique. Ce ne fut pas le cas, au contraire. Ma mère fut ravie de voir que j'avais enfin trouvé une activité qui m'excitait et mon père me fit un clin d'œil en signant la fiche avec empressement.

Je me suis donc mise au violon avec une grande facilité. Dans la petite ville où j'ai grandi, peu de musiciens avaient choisi le violon; dans mon cas, c'était comme si l'instrument m'avait choisie. J'étais vraiment douée et je fus vite nommée premier violon de l'orchestre communautaire. Je fis même la une du journal local. J'avais trouvé ma voie et j'étais à l'aube d'une carrière prometteuse en tant que violoniste professionnelle.

Ma famille assista à chacun de mes concerts. Leur fierté — surtout celle de mon père — était palpable. Dès que mon archet attaquait les cordes, son visage s'éclairait et il était toujours le premier debout à applaudir à la fin de la pièce. Même ma mère rayonnait de joie, les yeux brillants, durant ma performance.

Chaque soir en rentrant de son travail stressant dans la police, mon père s'assoyait dans son fauteuil préféré, avec une bière à la main et une cigarette dans l'autre, et il m'écoutait répéter. « Joue-moi un morceau, Tara », disait-il. Et c'est toujours avec grand plaisir que je répondais à son désir. Il semblait hypnotisé par la musique. C'était le seul moment de la journée où je le voyais complètement détendu.

Un après-midi, en revenant d'une répétition avec l'orchestre, je trouvai ma sœur en larmes et le regard terrorisé, tandis qu'elle appuyait frénétiquement sur les touches du téléphone.

« Qu'est-ce qui ne va pas ? » demandai-je terrifiée.

« Papa... papa », fut tout ce qu'elle put prononcer.

La boîte de mon violon toujours bien serrée dans ma main, je courus jusqu'à la chambre de mes parents. Mon père était étendu sur son lit pendant que ma mère tentait de le ranimer.

« Papa ? Papa ? Mais que se passe-t-il ? »

« Sors d'ici Tara ! Sors immédiatement ! » ordonna ma mère en continuant de lui faire un massage cardiaque.

« Mais maman, je... »

« Sors ! » hurla-t-elle. Le son de sa voix m'apparut presque aussi effrayant que le corps inanimé de mon père.

J'étais incapable de bouger mais encore plus incapable de demeurer là immobile tandis que l'être que je chérissais le plus au monde, mon mentor et mon protecteur, était en train de mourir sous mes yeux. Il fallait que je fasse quelque chose. Que pouvais-je faire pour qu'il reste, pour le ramener à la vie. Il est normal que les gens meurent ; ça, je le comprends. Mais ce sont les autres, pas mon père. Les pères sont supposés vivre éternellement et ne jamais nous abandonner.

Comme si j'étais en transe, je sortis rapidement mon violon et commençai à interpréter pour mon père une pièce de Beethoven, puis une de Carl Orff. Jamais je n'ai joué avec autant de ferveur et de passion. Je continuai de jouer, incapable de m'arrêter de peur que mon père décède, et ce même après que les ambulanciers paramédicaux eurent pénétré dans la chambre et entrepris les techniques de réanimation. Je jouai pendant qu'ils lui donnaient de l'oxygène et appliquaient les électrodes du défibrillateur sur sa poitrine pour tenter de ranimer son corps sans vie. Je jouai tellement vite et fort que j'aurais pu réveiller un mort. Mais pas mon père.

Ce n'est qu'après avoir entendu les mots « désolé, nous avons tout essayé » que j'ai finalement cessé de jouer. La musique fit alors place aux sanglots horrifiés de ma mère. Je laissai tomber mon violon au sol, en jurant de ne jamais plus jouer de ma vie.

En apercevant mon reflet dans la vitrine du luthier, c'est à peine si je reconnus la petite fille que j'avais été. Je n'avais plus songé depuis des années à ce terrible après-midi. Il s'agissait là d'un souvenir pénible que j'avais tenté toute ma vie de réprimer. Et je n'avais plus rejoué de violon depuis encore bien plus longtemps. Fidèle à ma promesse, je n'y avais pas touché depuis cette dernière prestation pour mon père.

En rentrant chez moi, je me dirigeai tout droit vers l'armoire et sortit mon violon de sa boîte où il avait reposé pendant plus de vingt ans. Avec un chiffon doux, j'essuyai la poussière qui s'était accumulée au fil des ans sur son corps en bois toujours aussi lustré, en me demandant s'il était toujours accordé. D'après les sons stridents qu'il émit au moment où je fis glisser l'archet sur les cordes, il ne l'était pas. J'ajustai donc les chevilles, surprise de me rappeler comment faire. Je me dirigeai ensuite vers ma commode sur laquelle trônait la photo de mon père. Je pris lentement le violon et l'appuyai bien solidement contre mon menton et le creux de mon épaule. Au moment de soulever l'archet, ma main tremblait, mais elle cessa immédiatement lorsque je le déposai délicatement sur les cordes pour entamer le *Canon en ré majeur* de Pachelbel.

— *Theresa Marie Heim*

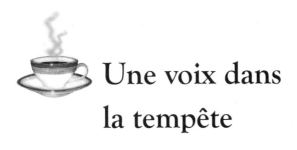

Une voix dans la tempête

En ce jour de printemps, la fillette de neuf ans colla son nez à la fenêtre en fronçant les sourcils à la vue de l'orage à l'extérieur. Elle habitait dans une petite ville du Midwest et était en congé scolaire, mais il avait plu durant toute la semaine de relâche — en fait depuis le dimanche de Pâques. La cour arrière était inondée et l'ambiance était lourde dans la maison.

Dolores adorait jouer dehors et était dotée d'un esprit aventureux. Elle retourna durant tout l'avant-midi à la fenêtre pour observer la scène lugubre en souhaitant que la pluie cesse. Elle était prête à tout — *vraiment tout* — pour sortir de cette maison.

Heureusement, elle fut délivrée juste avant midi.

« Qui veut aller à l'épicerie pour moi ? Nous n'avons plus de pain et j'ai pensé faire de la soupe et des sandwichs pour dîner », demanda sa mère en regardant droit dans les yeux de Warren, le frère aîné de Dolores. « La pluie a diminué et tu ne te feras pas mouiller avec mon parapluie. »

Warren plongea davantage son nez dans son livre, sans dire un mot.

« Moi, je veux y aller ! » s'exclama gaiement Dolores.

Sa mère lui sourit. « Je vais aller chercher mon parapluie et de l'argent. Pendant ce temps, enfile ton imperméable, ma chérie. »

Heureuse de pouvoir sortir de la maison, Dolores n'était plus embêtée par la pluie ou par le fait qu'elle allait seulement faire des courses. Et elle n'avait nullement peur de sortir en plein orage — après tout, la petite épicerie fine Canfield's n'était située qu'à quelques coins de rue de la maison.

Dolores parcourut donc le trajet en sautillant sur le trottoir. Elle avait retrouvé son entrain sous la pluie glacée qui lui chatouillait le visage. Elle riait en luttant contre le vent qui lui balayait les cheveux et retournait sans cesse son parapluie. Elle s'amusa dans les flaques d'eau comme Gene Kelly dans *Chantons sous la pluie*. Dolores adorait ce film.

Elle arriva dix minutes plus tard à l'épicerie. Elle y acheta un pain et résista à la tentation de s'acheter des ·bonbons. Elle n'avait pas lambiné et pourtant, lorsqu'elle quitta Canfield's, le ciel s'était soudainement assombri et il s'était mis à tomber des cordes. Des éclairs éblouissants zébraient le ciel tandis que le tonnerre retentissait de toutes ses forces autour d'elle. Secouée par le vent, elle serra bien fort le parapluie dans une main, tout en essayant de protéger le pain de l'autre.

Impatiente de rentrer à la maison, à l'abri de la tempête, Dolores décida de prendre un raccourci en passant par l'école que ses frères et elle fréquentaient. Il s'agissait d'un édifice moderne de trois étages, en briques rouges, à côté duquel se trouvait également l'ancienne école à classe unique de la ville, également construite en briques rouges. Le terrain de l'école était entouré d'une immense clôture en métal, bordée d'une rangée d'ormes centenaires.

Dolores traversa donc la cour de l'école devant les deux immeubles et se dirigea vers la barrière qui menait au trottoir. En approchant, elle regarda les branches massives des ormes qui s'agitaient violemment au-dessus d'elle. Puis, soudainement, juste au moment de franchir la barrière sous les arbres, Dolores entendit une voix crier son nom et lui dire de courir. Elle s'arrêta pour voir d'où provenait cette voix, mais il n'y avait personne. Elle haussa les épaules et continua d'avancer d'un pas pressé.

Elle entendit de nouveau la voix — cette fois-ci plus forte et plus pressante : « Cours, Dolores, cours ! » Au même moment, elle sentit quelque chose la pousser dans le bas du dos comme pour la faire tomber ou courir plus vite. Elle fit un bond en avant, comme si elle avait été projetée par une main géante, au moment même où un éclair frappa l'orme sous lequel elle venait de passer.

Du coin de l'œil, Dolores vit l'arbre gigantesque s'effondrer derrière elle dans un énorme fracas et détruire l'ancienne école.

Ses oreilles vibrèrent en entendant les briques tomber, les branches craquer et les vitres se fracasser sous l'impact. Lorsque le calme revint finalement, Dolores s'aperçut qu'elle était étendue sur le trottoir, face contre terre et emprisonnée sous les branches extérieures de l'arbre. Elle demeura ainsi seule et effrayée pendant plusieurs minutes, incapable de bouger.

Finalement, une femme s'approcha en disant : « Est-ce que tout va bien, fillette ? » La femme, une parfaite inconnue, souleva les branches et aida Dolores à se relever. Elle lui expliqua qu'elle marchait dans la rue lorsqu'elle a entendu un immense fracas et a vu l'arbre s'effondrer sur l'ancienne école.

« Tu es sûre que tout va bien ? » demanda-t-elle encore.

À part quelques égratignures sur les bras et les jambes, Dolores était saine et sauve.

« Est-ce que tu habites loin d'ici ? » demanda la femme. « Veux-tu que je te raccompagne à la maison ? »

« Non, merci », répondit Dolores. Tout ce qu'elle désirait, c'était d'être de nouveau bien au chaud à la maison.

Encore assommée, Dolores se précipita chez elle. Elle raconta à sa mère ce qui s'était passé, sans oublier de mentionner la voix qui avait prononcé son nom et lui avait dit de courir, et la main puissante qui l'avait poussée hors du danger. Sa mère fut cependant la seule personne à qui elle osa raconter son histoire. Les semaines suivantes, pendant que les autres élèves discutaient de l'école démolie, elle demeura étrangement silencieuse.

Son goût de l'aventure s'était également estompé pour quelque temps.

Dolores réfléchit longuement au sujet de la voix qu'elle avait entendue dans la tempête. Elle se questionna aussi sur la main invisible qui l'avait repoussée loin de l'orme. Puis, un jour qu'elle était étendue dans l'herbe et regardait les nuages cotonneux dans le ciel bleu, elle se dit que Dieu se souciait tellement d'elle qu'il lui avait envoyé un ange pour lui sauver la vie.

Depuis ce jour, elle n'a jamais douté de ce miracle ou craint les tempêtes de la vie.

— *Dolores Martin*

La valise de grand-père

La météo annonce : « Beau temps ; brise de l'ouest ; mer houleuse. »

Le capitaine Juham est au gouvernail de son paquebot qui a quitté Le Havre il y a presque cinq jours en direction de New York. Il est à mi-chemin de son parcours transatlantique. D'après les propriétaires du bateau, il s'agit d'un trajet de 3 255 miles marins.

Les deux médecins de l'équipage, Dr DeCombes et Dr Meret, prennent soin des passagers qui ont le mal de mer. Le chef mécanicien Lannes fait le relevé des différentes jauges. Dans la salle à manger, le maître d'hôtel Pringault s'apprête à servir le repas aux quelque 2 000 passagers à bord.

La date : le jeudi 3 juin 1920. Il s'agit du *Rochambeau*, un transatlantique français de 17 417 tonnes de déplacement, propulsé par des moteurs de 13 000 chevaux faisant tourner quatre hélices.

Reuben Prady, 46 ans, compte parmi les 441 passagers en première classe.

Il habite à Detroit, au Michigan, après avoir vécu à Riga, en Lettonie, à New York et à Boston. Il s'agit de mon grand-père, le père de ma mère Mildred, de son jeune frère Harry et de son frère aîné Ben, un célibataire endurci qui habite toujours chez ses parents.

Ce soir-là, à bord du *Rochambeau*, grand-père mange un consommé, du poulet rôti accompagné d'une salade au cresson et d'asperges nappées d'une mousseline. Pour dessert, on lui sert une glace aux framboises.

Deux jours plus tard, soit le 5 juin, son repas du midi est composé d'une omelette. Le dimanche 6 juin, il reprend du poulet rôti, mais cette fois-ci les asperges sont nappées d'une sauce Argenteuil, un classique de la cuisine française. La glace est au chocolat.

Que fait donc grand-père sur ce bateau ? Où va-t-il ? D'où vient-il ? Et comment se fait-il que je sais ce qu'il a mangé pour souper ?

Je sais tout cela parce que j'ai en ma possession la valise de grand-père.

Elle paraît bien petite pour un homme d'une carrure aussi impressionnante. Je me souviens qu'il mesurait autour de 1,88 m et pesait environ 102 kg. Mais avec ses petites dimensions (60 cm x 30 cm x 15 cm), la valise brun foncé devenait la complice parfaite de grand-père, à la fois pratique et facile à transporter lorsqu'il souhaitait prendre congé de grand-mère. J'ai entendu de nombreuses fois ma mère faire référence à ses « fugues ».

D'après les notes contenues dans la vieille valise, grand-père avait passé deux mois en Europe, en Afrique du Nord, en Égypte et en vieille Palestine. J'ai trouvé la valise soixante-six ans plus tard dans la pièce de débarras de mon oncle Ben, le jour où nous faisions du rangement après le décès de ce dernier, en 1986.

Même si je n'avais jamais vu la valise auparavant, je savais à qui elle avait appartenu. Malgré tout, je ne m'attendais pas à ce que j'allais y découvrir à l'intérieur. J'ignorais la joie que son contenu allait me procurer. Grand-père, béni soit-il, était un collectionneur.

La première fois que j'ai appuyé sur le bouton de la serrure, j'ai cru entendre un « oui ! » métallique en ouvrant la valise. Je me suis assis sur le plancher, puis j'ai commencé à fouiller, sans savoir par où commencer parmi les souvenirs de cette personne que j'avais tant aimée.

J'y trouvai des cartes postales qui arboraient les noms magiques de lieux anciens : Marseille, Bône, Le Caire, Port-Saïd, Alexandrie, Constantine, Maroc, Jaffa et Rehoboth.

Grand-père avait aussi rapporté des photos de femmes druses et de Bédouins munis de carabines, du Sphinx, des pyramides, des rues de Paris et de bateaux — sans doute ceux qui l'avaient mené d'un lieu à l'autre durant son voyage.

En fouillant dans les trésors de voyage de grand-père, je me suis rappelé la fois où il m'avait enseigné à écrire sur le rebord de la galerie avec le bout d'une allumette en bois éteinte pendant qu'il me tenait serré dans ses bras puissants.

Je me suis aussi souvenu du soir de l'Action de grâces où j'avais touché sa main après qu'il eut poussé son dernier soupir, assis sur une chaise de la cuisine. J'étais sûr qu'il avait laissé tous ces objets pour que je les retrouve. J'étais sûr aussi qu'il avait voulu partager cette aventure avec moi.

La valise contenait vingt-sept cartes postales en noir et blanc, dont certaines avaient pâli au point de devenir ivoire ou fauves, d'autres presque sépia. Elle contenait aussi quarante-trois cartes postales en couleurs — des échantillons captivants de photos du début du siècle dernier et d'autres peintes à la main. Il y avait aussi les menus et les listes de passagers du *Rochambeau*, ainsi que la liste des passagers du *RMS Mauretania*, de la compagnie maritime Cunard, en partance pour Cherbourg et Southampton, et à bord duquel grand-père avait entrepris son voyage.

Grand-père y avait également rangé les albums photos qu'il avait collectionnés durant ses voyages, notamment de Port-Saïd, de Héliopolis, de Paris et de Jérusalem. L'un de ces albums portait le titre légèrement prétentieux de « Souvenirs de l'occupation de Jérusalem par les troupes britanniques, 9 déc. 1917 ».

Je dénichai aussi les *Messageries maritimes*, un livre de cinquante-six pages datant de 1919 qui offrait aux voyageurs une carte du port de Marseille, de l'information sur le service de navigation et les horaires des bateaux. D'après l'usage qu'il en a fait, je crois que grand-père l'a acheté lors de son voyage de retour.

Mon grand-père était un homme attentionné et, en feuilletant le livre, je fis une découverte qui témoignait de sa gentillesse.

Là, entre les pages 18 et 19 et les pages 30 et 31, reposaient de minuscules fleurs en grappes qu'il avait cueillies quelque part sur la côte française.

« Il s'agit du polygala, de la famille des polygalacées », affirma le professeur Thaddeus Grudzien, un biologiste de l'université d'Oakland, au Michigan, après l'avoir examiné avec sa loupe. Cette fleur sauvage pousse à travers le monde au bord des forêts et sur les plaines côtières. Elle est composée de pétales roses qui se terminent en pointe de plume. Ceux-ci entourent une corolle pourpre d'environ un demi-centimètre de long, terminée par des franges à peine plus évasées que les trompettes des hérauts du Moyen-Âge. Je fus touché à la pensée que mon grand-père avait cueilli ces fleurs avant de s'embarquer pour rentrer à la maison.

Fouillant dans la valise de grand-père, je trouvai également des bouts de journal intime sous forme de lettres. Il y avait notamment des lettres que mes deux sœurs, Audrey et Barbara, avaient envoyées à grand-mère, grand-père et oncle Ben, dans les années 1930, alors qu'elles se trouvaient au centre de villégiature du lac Michigan, où nous avons passé de nombreux étés.

J'ai remis ces lettres à mes sœurs. Audrey, qui a le don de tout garder, a rangé les siennes dans le coin travail de sa cuisine, parmi ses dossiers mystérieusement classés. Barbara, qui ne possède aucun gène de collectionneuse, a jeté les siennes à la poubelle.

Je trouvai aussi parmi les lettres une petite enveloppe avec un timbre brun-rouge de trois cents à l'effigie de Thomas Jefferson. L'écriture saccadée à l'encre bleue me sembla étrangement familière.

Elle portait comme adresse de retour le « 2750, Tuxedo Detroit 6, Michigan », soit celle de la maison de mon enfance.

J'ouvris l'enveloppe pour en extraire une carte pliée en deux sur laquelle mon nom était inscrit en lettres en relief. C'est ainsi que je trouvai parmi les souvenirs de grand-père un morceau de moi-même : le mot que j'avais adressé à mes grands-parents pour les remercier du cadeau qu'ils m'avaient offert pour ma bar-mitsva.

« Chère grand-maman, chers grand-papa et oncle Ben. J'apprécie grandement votre généreux présent. Je compte utiliser cet argent à bon escient. Je vous embrasse, Norman. »

Même si je soupçonne que les souvenirs de voyage trouvés dans la valise de grand-père aient une certaine valeur monétaire, ce qui constitue un véritable trésor à mes yeux, ce sont les deux grappes de fleurs séchées cueillies en France. En fermant les yeux, je peux imaginer mon grand-père en train de les déposer dans le livre en guise de souvenir — un souvenir qui allait plus tard devenir mien. Il s'agit là, à mon sens, d'une preuve tangible du lien profond qui nous unit.

— *Norman Prady*

Les couleurs des préjugés

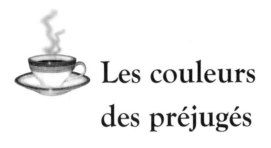

arol jeta un coup d'œil à sa montre en entrant dans le stationnement de l'école et soupira de soulagement. Il était 14 h 25. Thomas allait sortir de l'école à 14 h 30. Elle s'était rangée près du trottoir, dans l'aire de débarquement, lorsque la cloche retentit. Elle savait que son fils paniquerait si elle n'était pas là à la sortie des classes. Une fois, elle était arrivée dix minutes en retard et l'avait trouvé en larmes.

Carol attribuait l'insécurité de Thomas au fait qu'il avait été abandonné par sa mère naturelle à Mexico, sa ville natale. Carol et son mari George avait adopté Thomas à l'âge de trois ans.

Elle était donc assise dans son auto et écoutait des vieilles chansons à la radio. Elle souriait à la pensée que Thomas changerait immédiatement de chaîne une fois monté à bord afin d'écouter une musique plus endiablée. Elle le vit quitter l'immeuble et devina, à son regard troublé, que quelque chose n'allait pas.

Il était suivi d'un groupe de garçons. L'un d'entre eux cria quelque chose à son fils, mais Carol fut incapable d'entendre. Dès que Thomas aperçut sa mère, il fila à toutes jambes et s'engouffra dans l'automobile.

Après avoir verrouillé sa portière, Thomas cria : « Avance, maman. Vite ! »

Au moment où Carol s'éloignait du trottoir, il baissa sa fenêtre et hurla : « Va te faire foutre, sale nègre ! »

« Ça suffit Thomas ! » cria Carol. « Ne dis plus jamais cela ! Je ne peux pas croire que tu as dit une chose pareille ! » cria Carol.

Trop fâchée pour parler calmement, elle demeura silencieuse durant tout le trajet. Elle se demanda où il avait entendu une pareille insulte et ce qu'elle pourrait bien lui dire ou faire pour lui faire comprendre que c'était mal de prononcer des mots aussi vilains.

Au moment où Carol garait la voiture, Thomas saisit la poignée de porte.

« Attends un peu Thomas. Je veux que tu ailles immédiatement dans ta chambre réfléchir à ce qui vient de se produire. »

Ils sortirent de l'auto et se dirigèrent vers la maison.

Lorsque Carol déverrouilla la porte d'entrée, Thomas lâcha : « Tu ne sais pas ce que c'est que d'aller à l'école avec eux. Je ne veux plus jamais aller dans cette école ! »

« Tu ne changeras pas d'école. Papa et moi l'avons choisie parce que nous voulons que tu fréquentes un établissement qui accueille des élèves de races et de cultures différentes », dit-elle en ouvrant la porte. « Va immédiatement dans ta chambre. »

Carol alla dans la cuisine et fut soudainement submergée de souvenirs d'enfance. Elle se rappela le nombre incalculable de fois où son père et ses oncles s'étaient assis autour de la table de la salle à manger pour boire de la bière, jurer et tenir des propos raciaux. Son estomac se souleva et elle se mit à trembler en songeant à la haine qui avait emplie la maison de son enfance.

Carol savait que l'ignorance, la peur, le racisme, la haine et la violence vont de pair et que le racisme se transmet souvent d'une génération à l'autre. Elle s'était jurée petite fille qu'elle y mettrait un terme. Il n'était pas question que son fils devienne un raciste. Carol croyait également que la colère engendre la colère et que la violence engendre la violence. Elle était déterminée à enseigner à son fils une autre façon de composer avec les différends et les conflits. Même si elle était encore troublée par son comportement et les souvenirs affreux que cela avait fait surgir en elle, Carol se força à rester calme. Elle devait penser clairement et trouver une façon rationnelle de composer avec ce problème.

Carol versa un verre de lait et déposa quelques biscuits dans une assiette en carton. Elle prit un bloc-notes et des crayons marqueurs dans le bureau et les mit sur la table de la cuisine.

« Thomas, veux-tu venir dans la cuisine, s'il te plaît ? » dit-elle en l'appelant.

En pénétrant dans la pièce, Thomas aperçut sa mère en train de dessiner quelque chose sur le bloc-notes. « Assis-toi, Thomas, nous devons parler », lui dit-elle. « Raconte-moi ce qui s'est passé aujourd'hui. »

« Ces jeunes noirs sont toujours en train de faire du mal aux autres. L'un d'entre eux a dit qu'il allait me "botter le derrière" après l'école — sans raison. Si tu n'avais pas été là, il l'aurait fait. »

« Ce n'est pas une raison pour tenir des propos racistes. »

« Mais maman... »

« Pas de "mais", jeune homme. Il n'est pas question que tu dises ce genre de mots à qui que ce soit. Et je suis très sérieuse », dit Carol. Elle fit une pause afin de marquer la gravité de ses paroles. « Cela ne sert à rien de traiter les gens de toutes sortes de noms. Tu ne feras que créer de la haine en étant haineux envers les gens malveillants. Tu te rappelles la règle d'or ? »

« Oui, je suppose. »

« La haine entraîne la violence et celle-ci peut provoquer des blessures et même la mort. »

Carol plaça devant son fils le dessin qu'elle avait fait et lui demanda : « Qu'est-ce que c'est ? »

Thomas examina le rectangle dans lequel se trouvaient trois cercles de couleurs différentes. « Un feu de circulation. »

« Oui, mais il s'agit aussi des couleurs des préjugés. »

« Les cercles ne devraient-ils pas être en noir et blanc ? »

« Thomas, tu vas apprendre en grandissant que rien n'est noir ou blanc. De plus, il y a beaucoup d'autres couleurs de peau que le noir et le blanc », répondit-elle.

« Mais alors, pourquoi est-ce que ce sont les couleurs des préjugés ? »

« Eh bien, le rouge est la couleur de la haine et de
la colère. Le jaune est la couleur de la prudence et de la
peur. Quant au vert, c'est la couleur de l'envie et de la
jalousie. »

« Je ne comprends pas, maman. »

Carol chercha une façon de lui faire comprendre
son propos.

« J'avais à peu près ton âge durant le mouvement
des droits civils au milieu des années 1960. Il y avait
des marches dans les rues, des batailles entre les Noirs
et les Blancs ainsi que des émeutes. Certains membres
de ma famille haïssaient les Noirs et les Juifs, et leur
colère et leur haine me faisaient peur. Je me souviens
aussi que j'avais peur des Noirs sans aucune raison.

« Quand j'étais petite », poursuivit-elle, « mon père
et mes oncles étaient des bonnes personnes à mes
yeux. Ils ne faisaient jamais de mal aux autres et
respectaient toujours la loi. Lors des rencontres familiales, ils discutaient des raisons pour lesquelles ils
détestaient les Noirs et les Juifs et tenaient des propos
malveillants à leur sujet. Je ne comprenais pas et j'é-
prouvais un malaise intérieur, mais je n'ai jamais remis
en question leurs dires parce que c'était des adultes. »

« Pourquoi détestaient-ils les personnes de race
noire ? »

« Je crois que c'est parce qu'ils croyaient que les
personnes de race noire étaient très différentes d'eux.
Leur apparence et leur façon de parler étaient différentes. Leurs habitudes et leurs manières variaient également. Et cela faisait peur à mon père et à mes oncles. »

Elle laissa Thomas absorber ce qu'elle venait de dire.

« Je crois que ma famille enviait aussi les Juifs, parce que certains d'entre eux dans notre ville étaient devenus instruits et riches à force de travail et d'ambition.

La jalousie faisait en sorte que ma famille se sentait inférieure et menacée. »

Thomas regarda sa mère avec intensité afin de décoder ses propos.

« Veux-tu dire que grand-papa était raciste ? »

« Je dis que grand-papa et beaucoup d'autres gens étaient confus, effrayés et jaloux et qu'ils laissaient ces sentiments se transformer en colère et en haine. Je crois qu'un préjugé est de la peur et de l'envie déguisées en colère. Et je crois aussi que la peur et l'envie viennent de l'ignorance, du fait de ne pas vraiment connaître ou comprendre l'autre personne. »

« Comment se fait-il que tu ne sois pas devenue comme grand-papa ? »

« Quand j'avais environ treize ans, un événement m'a fait réfléchir à tout cela. Tu sais que ma famille est catholique et que j'ai fréquenté une école catholique, n'est-ce pas ? »

« Oui, oui. »

« Eh bien, quand j'étais en septième année, j'ai été transférée dans une école publique où j'ai rencontré ma meilleure amie, Gail. La famille de Gail était protestante. Un jour, je suis allée chez la tante de Gail. Tout le monde était assis autour de la table et buvait de la bière en disant des choses méchantes sur les catholiques. Je me souviens entre autres qu'ils disaient qu'une femme enceinte serait folle d'accoucher dans un hôpital catholique. »

« Pourquoi ? »

« Parce qu'auparavant, lorsque la vie de l'enfant était en danger, les médecins des hôpitaux catholiques devaient d'abord sauver l'enfant et il arrivait que la mère décède en raison de cela. Cela révoltait la famille de Gail. Ils tenaient aussi d'autres propos malveillants à propos des catholiques et cela m'énervait vraiment. »

« Leur as-tu dit de se taire ? »

« Non, je les ai simplement écoutés. À mon retour à la maison, j'ai raconté à grand-papa ce qui s'était produit. Il m'a dit que la famille de Gail était ignorante et que je ne devais pas prêter attention à leurs propos. Je l'ai regardé, puis je lui ai dit : "Mais papa, ils parlent des catholiques comme tu parles des nègres." Jusqu'à ce moment-là, je n'avais jamais rien dit. Grand-papa demeura silencieux et son visage s'attrista. Il me serra dans ses bras en me disant de toujours me rappeler qu'il y a beaucoup de personnes noires qui sont de bonnes personnes et de ne jamais juger un être humain en fonction de la couleur de sa peau. »

« Est-ce que grand-papa a cessé d'utiliser le mot *nègre* ? »

« Non, mais j'ai cessé de juger les gens d'après la couleur de leur peau », répondit-elle. « Il m'arrive par contre d'avoir encore peur des gens qui sont différents de moi. »

Carol prit la main de son fils dans la sienne. Il examina le contraste entre la main blanche de sa mère et la sienne légèrement café au lait.

« Maman… est-ce que tu as peur de moi ? »

Carol le serra très fort dans ses bras. « Non, je t'aime énormément. Mais j'ai peur de l'avenir, pour toi et le reste du monde, si les gens ne cessent pas de se détester parce qu'ils sont différents les uns des autres. »

Thomas se pencha pour saisir les marqueurs et le bloc-notes. Il retira délicatement la feuille sur laquelle sa mère avait dessiné et commença à tracer une série d'arches, chacune de couleur différente, sur une autre feuille. Quand il eut fini, il fit glisser son dessin de l'autre côté de la table vis-à-vis Carol.

« Qu'est-ce que c'est, maman ? »

« Un arc-en-ciel », répondit-elle.

« Non, ce sont les couleurs de l'espoir et de l'amour. »

Carol plongea son regard dans les grands yeux bruns de son fils. « Peux-tu m'expliquer ? »

« Quand les gens voient un arc-en-ciel, ils ont l'espoir que la pluie va cesser et que le soleil va briller de nouveau. Et cela rend les gens heureux. »

« Oh ! je vois », acquiesça-t-elle. Mais son jeune fils avait encore quelque chose à lui enseigner.

« Pour obtenir la couleur mauve au milieu de l'arc-en-ciel, il faut mélanger les six autres couleurs. Toutes ces couleurs différentes sont belles en soi, mais elles doivent toutes s'unir au centre pour former un arc-en-ciel. Et cela exige de l'amour. »

Carol prit l'arc-en-ciel de Thomas en souriant et le déposa sur son dessin. « Tu as raison, Thomas. Et les arcs-en-ciel apparaissent toujours après l'orage. »

— *M. A. Kosak*

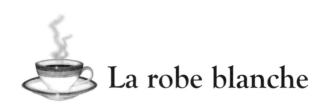 La robe blanche

Kitty fit un mouvement du bassin et lissa sa robe blanche avant de s'affaler sur la véranda arrière de la maison. Même si on l'avait avertie de ne pas salir sa robe, elle s'en fichait — elle détestait cette robe blanche, ses manches bouffantes et le ruban autour du col qui lui grattait le cou. Elle se pencha, le menton posé dans sa main, et rongea le dernier ongle encore digne de ce nom. Elle se dit que personne ne remarquerait son absence. En fait, elle croyait qu'aux yeux des adultes, elle aurait aussi bien pu être invisible.

La première fois qu'elle avait vu la robe, sa tante Mildred était en train de la sortir du papier de soie tandis qu'elle l'observait, debout dans l'embrasure de la porte de la chambre.

« Anna, la fillette est trop jeune pour porter du noir. Elle n'a que huit ans. Inutile de lui faire subir cette tragédie.

Les enfants ne devraient pas être obligés de porter le deuil. Ils ont la mémoire courte. Cette robe conviendra parfaitement pour les funérailles et le récital de piano. Ça lui fera aussi quelque chose à porter cet été. »

« Elles parlent de moi », se dit Kitty. « Hou ! hou ! Je suis là ! Pourquoi est-ce que les adultes parlent toujours comme si les enfants étaient incapables d'entendre ? »

Durant la veillée mortuaire, Kitty était restée chaque jour aux côtés de sa mère et de son frère de quatorze ans, près du cercueil en bronze qui trônait dans le salon funéraire, face aux fenêtres. Ses orteils écrasés dans ses chaussures blanches lui donnaient des fourmis dans les jambes. Elle était demeurée ainsi debout, immobile, les yeux secs, ignorant pourquoi elle devait « porter le deuil ». Elle détonnait parmi les autres dans sa robe blanche, comme si elle était enfermée dans une bulle rayonnante qui flottait au milieu d'une forêt de robes et de costumes sombres. La procession de gens vêtus en noir qui avait défilé devant le cercueil de son père lui avait fait penser à des étourneaux en train de piailler et de jacasser sur une clôture. Chaque personne s'était penchée au-dessus de la tombe, en secouant la tête ou en se tamponnant les yeux, avant de se tourner vers sa mère et son frère. Kitty retenait son souffle, sachant qu'elle serait la suivante. La personne se penchait alors pour lui tapoter la tête ou presser ses joues humides sur les siennes. Puis, elle redevenait invisible, tandis que les adultes reprenaient leurs conversations sans tenir compte de sa présence.

« Le pauvre, il n'avait aucune assurance », avait murmuré une femme de petite taille vêtue de noir et portant un chapeau de paille garni d'une voilette.

« C'est affreux. Surtout de la façon dont il est décédé. »

« Quelle épreuve terrible pour Anna. D'abord, son frère, il y a six mois, et là, son mari », avait répondu une femme corpulente aux bras énormes et aux joues rouges et humides.

« C'est affreux de mourir ainsi. Cela pourrait marquer un enfant à vie. »

« Chut ! La fillette t'entend. »

Kitty frissonna tout en essayant de comprendre les voix. Mais de quoi parlaient-ils ? Elle avait senti une main sur son épaule. En levant les yeux, elle avait vu son grand-père qui fixait les deux femmes d'un air réprobateur. Tout en caressant les cheveux de Kitty, il lui avait dit doucement : « Pourquoi ne vas-tu pas à la cuisine grignoter quelque chose ? »

Elle s'était donc rendue dans la cuisine qu'elle avait trouvée vide. La table croulait sous les assiettes et les bols de nourriture qui seraient plus tard transportés dans la salle à manger pour la famille et les invités. La vue de ces aliments lui avait soulevé le cœur et elle s'était précipitée dehors par la porte arrière, sur la véranda.

Assise sur la première marche de l'escalier, elle regarda la cour en asphalte. Celle-ci était vide, à part les deux longues boîtes déposées près du hangar à bois. L'année précédente, Kitty et son grand-père avait semé dans ces jardinières des tomates et d'autres légumes. Maintenant, tout était sec et mort. Un oiseau solitaire tourna autour des jardinières, hésita, puis prit son envol.

« Si seulement je pouvais m'envoler moi aussi », soupira Kitty.

Elle se retourna en entendant claquer la porte moustiquaire derrière elle. C'était son grand-père, avec à la main une cuisse de poulet enveloppée dans une serviette en papier. Il s'assit près d'elle en grognant :

« Il y a trop de gens là-dedans. Je vois que, toi aussi, tu as besoin d'un peu de tranquillité. » Il pointa ensuite la cuisse de poulet vers elle : « Tu en veux une bouchée ? »

« Non, merci, Papili. »

Kitty aimait son grand-père. Il n'était pas très volubile. Quand il rentrait du travail, il ne faisait que soupirer longuement en ôtant ses chaussures, puis il tombait souvent endormi sur le canapé après le souper. Il lui arrivait à l'occasion de froncer les sourcils et de tirer sur sa moustache quand quelqu'un faisait trop de bruit à la table, mais il était gentil la plupart du temps. Quand son père était parti, Kitty et Papili s'amusaient ensemble. Il leur arrivait par exemple de préparer de la racinette ou d'aller en tramway chercher le pain du dimanche soir chez le boulanger, à l'autre bout de la ville. Elle regarda les jardinières en se rappelant qu'il ne s'était même pas fâché quand elle avait mélangé les graines des légumes, le printemps précédent.

« Puisqu'on va tous les manger en même temps, j'imagine qu'ils peuvent tous pousser en même temps », avait-il dit.

Elle sentit contre son bras nu le tissu rugueux de l'habit de son grand-père. Il avait l'air usé — contrairement à celui de son père.

Son père avait toujours l'air d'aller à une fête, avec sa cravate rayée et son mouchoir blanc plié dans la poche de sa veste qui ne servait que de « parure et non pas à se moucher ».

Quand son père revenait à la maison, les fins de semaine, de son travail à New York, Kitty courait dans la rue l'accueillir. Il la soulevait sur ses épaules et caracolait comme un cheval tandis qu'elle s'agrippait à son cou. Le soir, il s'assoyait sur son lit et lui racontait des histoires entremêlées de magie, de féerie et de pays lointains qui lui avaient fait découvrir un monde secret où tout était beau et où le bonheur régnait. Kitty frissonna soudainement à la pensée terrible qu'il était maintenant mort et avait emporté ses histoires avec lui.

Son grand-père toussa, interrompant ainsi ses pensées.

« Il est temps que nous achetions de nouvelles graines pour le jardin. Je dois d'abord trouver de la bonne terre pour que les semis aient la chance de germer et de pousser. Les petites graines nécessitent beaucoup de soins. »

Il sortit un mouchoir froissé de sa poche arrière. « Seigneur, Kitty, si tu n'arrêtes pas de t'agiter ainsi dans ta robe, elle ne sera plus portable. » Il étendit son mouchoir près d'elle, sur la véranda. « Tiens. Assis-toi dessus. Ça t'évitera de te salir et de donner l'occasion à ta tante Mildred de se plaindre. »

Kitty jeta un coup d'œil au mouchoir qui était presque aussi sale que la véranda. « C'est sûrement celui qu'il utilise pour se moucher », songea-t-elle.

« Je ne veux plus porter cette robe après demain, après notre retour du cimetière. En fait, je ne veux plus jamais la porter. » Elle jeta un coup d'œil de biais et vit Papili froncer ses sourcils blancs et tirer sur ses lèvres comme il le faisait quand il réfléchissait.

« C'est une très jolie robe. Ta tante Mildred a mis beaucoup de temps à la dénicher. » Il lui tapota le genou avec sa main aussi ridée qu'une planche à laver. « Pourquoi ne l'aimes-tu pas ? »

Kitty regarda droit devant elle, de peur de voir son visage. Elle se sentit de nouveau toute chamboulée à l'intérieur et son cœur se mit à battre plus vite. Elle savait que son visage était rouge et essayait de se mordre les lèvres, mais les mots qu'elle tentait de réprimer lui montèrent à la gorge.

« Pourquoi est-ce que je n'ai pas pu porter une robe noire comme tout le monde ? Je ne peux porter le deuil dans une robe blanche. J'ai entendu tante Mildred le dire. » Ses paroles étaient entrecoupées de hoquets. « Pourquoi dois-je oublier mon père ? Pourquoi est-ce que je n'aurais pas le droit d'être triste, moi aussi ? »

Kitty sentit son grand-père la soulever et l'entourer de ses bras. La bulle de tristesse qui l'étouffait fondit alors comme neige au soleil. Elle pressa son front contre sa poitrine, à cet endroit familier où elle se sentait en sécurité.

Son père avait toujours senti la lotion après rasage et parfois le whiskey, tandis que l'habit de Papili lui rappelait plutôt l'odeur du foyer quand il allumait le feu les froids matins d'hiver et celle du paquet de *Life Savers* qu'il avait toujours dans sa poche. Elle pouvait également sentir autre chose : l'odeur de sa pipe et du détersif que sa grand-mère avait utilisé pour laver sa veste. Elle s'agrippa à lui. Toutes les larmes qu'elle avait tenté de retenir jusque-là se répandirent alors sur son visage.

« Ah ! ma pauvre chérie », murmura son grand-père. « Ma pauvre petite. Nous ne savons pas à quel point tu souffres. Vois-tu, Kitty, même si les adultes sont plus grands et plus âgés, cela ne nous rend pas plus intelligents. Ta tante Mildred essayait de te protéger, de t'empêcher de souffrir, mais nous ne pouvons pas te protéger tout le temps. »

Kitty vit son regard tendre et triste et s'aperçut qu'il avait les yeux mouillés et rougis.

« Tous les êtres vivants dotés d'une âme et de sentiments sont en deuil quand ils perdent un être cher ; la couleur de leurs vêtements importe peu », expliqua-t-il.

« Le deuil est comme une blessure qui prend du temps à guérir. Tu peux pleurer aussi longtemps que tu veux, mon chaton. La nature nous a fournit les larmes justement pour nous aider à guérir. Parfois, les événements tristes et joyeux s'entremêlent et il faut du temps pour que la douleur disparaisse. Plus tard, nous portons cette tristesse au fond de notre cœur, tel un secret ou un cadeau spécial caché sous le lit à Noël. Nous l'enveloppons dans un écrin magique appelé ' amour ' ».

« C'est l'amour qui aide à atténuer la peine. Grâce à l'amour, la personne demeure bien vivante dans notre cœur. Ton père t'aimait plus que tout. Ta tante a sans doute cru que cela lui ferait plaisir de te voir dans cette jolie robe étant donné qu'il aimait te voir porter de beaux vêtements aux couleurs vives. Il te regarde de là-haut, Kitty. Nous devons croire que les gens décédés nous regardent du haut du ciel. Surtout, n'oublie jamais ton père. »

Il leva les yeux vers le ciel et Kitty vit sa moustache trembler. « Il a de la peine, lui aussi », songea-t-elle.

« Est-ce que la mort d'oncle Bob te fait encore mal ? » demanda Kitty avec hésitation.

« Parfois, Kitty. C'était mon fils unique et j'essaie de me rappeler son visage quand il riait et sa bonté envers les autres. Son souvenir m'aide à le garder bien en vie dans ma mémoire. »

Il poussa un long soupir qui semblait remonter de ses souliers et Kitty vit deux larmes couler sur son visage ridé. Elle les essuya doucement avec sa main en lui caressant le visage comme elle le faisait quand elle jouait à la poupée. Pendant un moment, elle eut l'impression que c'était elle l'adulte et lui l'enfant. Son grand-père était la personne la plus âgée qu'elle connaissait, mais là, il était assis près d'elle, le visage en larmes, et s'adressait à elle comme si elle était une adulte. Elle n'était donc pas invisible aux yeux de Papili.

« Tu veux te moucher, fillette ? » lui dit-il en lui tendant le mouchoir qu'il avait déposé sur la véranda.

Elle fixa le mouchoir froissé et souillé. Son grand-père hocha la tête et sourit. Il sortit le mouchoir propre de la poche de sa veste et le lui tendit.

« Mais, Papili, celui-là te sert de parure, non ? »

Elle vit ses yeux se plisser et un petit sourire apparaître au coin de ses lèvres. Puis, il s'esclaffa. « Pas quand une personne en a vraiment besoin. »

Kitty prit donc le mouchoir et se tamponna les yeux. Elle se pencha ensuite vers lui et lui essuya les joues. Elle épousseta son habit du bout des doigts, rectifia sa cravate et replia le mouchoir humide dans la poche de sa veste.

« Ne t'en fait pas, Papili. Je vais prendre soin de toi. »

« C'est cela, Kitty », dit-il doucement. « Nous allons prendre soin l'un de l'autre. »

— *Helene LeBlanc*

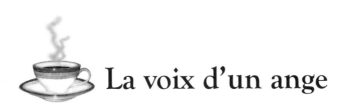# La voix d'un ange

J'étais fatiguée. Complètement épuisée. Fatiguée de travailler toute la journée, puis de garder chaque soir ma petite-fille de quatre ans pendant que ma fille, Kealy, travaillait.

Elles vivaient dans un appartement situé au rez-de-chaussée près de l'immeuble à étages où j'habitais, dans un appartement encombré de jouets et d'objets d'enfant. Je quittais le travail à 17 h et ma fille devait être au travail à 18 h. Cela nous laissait donc moins d'une heure pour préparer le repas à la course et échanger, avant que je prenne en charge Phoenix, ma petite-fille. Étant donné que Kealy finissait de travailler beaucoup trop tard pour pouvoir réveiller Phoenix et l'apporter chez elle, ma petite-fille dormait la plupart du temps chez moi. Nous partagions le même lit simple et mon sommeil était chaque soir davantage entravé parce qu'elle gigotait trop, rejetait les couvertures ou se collait tellement contre moi que je pouvais à peine bouger.

Le matin, ma fille reprenait Phoenix et je partais travailler, encore à moitié endormie.

Ce soir-là, alors que j'étais particulièrement épuisée, ma fille n'était pas supposée travailler. Je lui avais donc demandé, plus tôt dans la journée, de m'accorder un moment de répit — une longue nuit en solitaire —, afin que je puisse récupérer mon sommeil et ranger un peu l'appartement.

Je fis donc du ménage, pris un bon bain, allumai des chandelles et mis de la musique pour ensuite m'étendre sur le lit et lire. La fatigue l'emporta cependant et je m'endormis, le livre à la main. Je fus réveillée peu de temps après par des coups frappés à la porte.

« Nana ! Nana ! » criait Phoenix de l'extérieur.

« Zut ! » me dis-je en sortant d'un rêve agréable, agacée que ma fille n'ait pas respecté mon besoin de solitude. J'eus envie un moment de ne pas aller répondre, mais les coups et les appels se faisaient plus insistants.

« Nana, Nana, Nana ! »

« D'accord, j'arrive », répondis-je en me levant et allant dans le corridor en direction de la porte d'entrée.

C'est alors que je vis les flammes. Les chandelles que j'avais allumées plus tôt avait mis le feu à l'abat-jour de la lampe posée sur une table du corridor, entre la porte et moi. Les flammes s'attaquaient maintenant au mur, qui était déjà noirci et allait bientôt s'embraser.

« Attends une minute », criai-je en direction de la porte. « J'ai un problème ! »

Je saisis l'abat-jour en flammes, courus dans la cuisine et le plongeai dans le lavabo pour l'éteindre sous l'eau du robinet.

Puis, je me précipitai pour ouvrir la porte à Kealy et à Phoenix, mais il n'y avait personne. Présumant qu'elles s'étaient lassées d'attendre, je pris le téléphone et composai le numéro de ma fille.

« Je n'ai pas pu t'ouvrir la porte, tantôt. Le feu était pris dans le corridor », lui expliquai-je.

« Mais de quoi parles-tu ? » demanda Kealy.

« J'ai entendu frapper à la porte et Phoenix m'appeler, mais je m'étais endormie et les chandelles avaient mit le feu à une lampe et j'ai dû l'éteindre. »

« Maman », répondit Kealy, « tu nous avais dit que tu voulais être seule ce soir. Alors, nous ne sommes pas allées frapper à ta porte. Nous sommes demeurées ici toute la soirée. »

Le lendemain, je racontai à mon amie Sue ce qui s'était passé et combien j'étais certaine d'avoir entendu les cris de Phoenix.

« Ce n'est pas comme si je *croyais* l'avoir entendu, je l'ai *bel et bien* entendue, aussi vrai que si elle avait été devant moi », insistai-je. « J'étais certaine d'avoir entendu ses appels et j'étais certaine de les trouver sur le pas de la porte au moment où j'allais la leur ouvrir. »

« Tu as peut-être raison. Ou peut-être as-tu un ange qui veille sur toi. Peut-être que cet ange savait que la seule voix que tu écouterais serait celle de ta petite-fille », commenta Sue.

« Je ne sais pas », répondis-je.

« Penses-y : aurais-tu ouvert la porte si ça avait été quelqu'un d'autre ? »

En y réfléchissant bien, la réponse était non. Je n'aurais répondu à aucune autre voix ce soir-là. Si je n'avais pas entendu les appels pressants de ma petite-fille, j'aurais vite été emprisonnée dans une chambre sans issue et je serais peut-être morte dans un incendie.

Cela me fit également réfléchir à d'autres choses, notamment au fait que ce qui m'avait semblé être la pire catastrophe dans ma vie — la grossesse imprévue de ma fille à seize ans — était devenu la plus grande bénédiction. Même si cela avait été pénible au début, nous avions trouvé une façon de composer avec la situation.

Je me disais également que Kealy était devenue une mère merveilleuse et que Phoenix était une âme exceptionnelle. Elle était venue sur la terre pour nous montrer, à ma fille et moi, combien nous avions du courage et combien l'amour qui nous unissait était encore plus fort.

Peut-être qu'un ange veille effectivement sur moi, un gardien qui me parle en silence ou qui recourt à la seule voix que je suis capable d'entendre quand je suis trop épuisée ou effrayée pour écouter celle de mon âme.

Deux ans ont passé depuis l'épisode du feu dans le corridor. Kealy a changé d'emploi et travaille maintenant le jour. Phoenix fréquente une école formidable. Elle ne m'appelle plus « Nana » et ne se fait plus garder aussi souvent chez moi. J'ai donc amplement le temps de peindre, lire, dormir et passer de bons moments avec ma fille et ma petite-fille.

Maintenant, quand je suis sur le point d'être dépassée par les événements, j'écoute la voix de mon ange, cette petite voix intérieure qui me fait prendre conscience de ce qui importe vraiment dans la vie.

— *Stephanie Barrow*

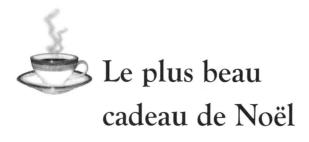

Le plus beau cadeau de Noël

L'un de mes plus beaux souvenirs de Noël est celui où les seuls cadeaux que j'ai reçus n'étaient pas enveloppés.

Le 22 novembre 1948, ma mère donna naissance à mon nouveau frère, Richard. À son retour de l'hôpital, elle le déposa sur mes cuisses en disant : « Je t'avais promis un bébé. Eh bien, le voilà ! » Quel honneur ! Je venais d'avoir quatre ans un mois plus tôt et aucune de mes amies n'avait de bébé. Ce n'était peut-être pas dans l'intention de ma mère de me le donner, mais c'est ainsi que j'interprétai ses mots. Mon cœur se gonfla alors d'amour pour ce petit être rougeaud qui gigotait dans mes bras.

À partir de ce jour, je passai des heures près du berceau de Richard, à étudier son visage ridé ou à jouer avec ses doigts minuscules. J'étais émerveillée par ma poupée vivante et j'en rêvais même la nuit.

Je lui chantais des chansons, lui racontais des histoires et lui répétais sans cesse que je l'aimais. Il me répondait en gazouillant et chacun de ses gestes et de ses expressions me réjouissait. J'avais de la difficulté à m'endormir le soir parce que j'avais trop hâte au lendemain matin pour pouvoir de nouveau m'asseoir près de *mon* bébé. Je pouvais à peine le soulever, mais j'appris à changer ses couches avec l'aide précieuse et les bons conseils de ma mère.

Richard commença à tousser quelques semaines après son arrivée à la maison. J'étais tourmentée à la vue de son souffle court et de son nez qui coulait sans cesse. Il dormait davantage et je demeurais près de lui, inquiète, à attendre qu'il se réveille.

Un matin, je trouvai le berceau vide. Je courus dans la chambre que je partageais avec ma sœur de six ans en hurlant que quelqu'un avait volé le bébé. Ma sœur me berça dans ses bras en m'expliquant que Richie était à l'hôpital pour se faire soigner, mais qu'il serait bientôt de retour à la maison. À partir de ce moment, c'est ma sœur de douze ans qui prépara les repas tandis que maman et papa passèrent des heures à l'hôpital à veiller sur leur nourrisson qui souffrait d'une pneumonie. Je surpris des conversations où j'entendis murmurer des mots et des expressions alarmantes comme « sans espoir », « déplorable », « en train de mourir » et « si jeune ».

Un soir de décembre, mon père réunit mes deux sœurs aînées, mon jeune frère et moi dans le salon. Nous nous assîmes en cercle, comme nous le faisions souvent pour jouer de la « musique ».

Papa s'assit sur le banc du piano, comme d'habitude, mais face à nous plutôt qu'au clavier. Quant à nous, les enfants, nous nous assîmes par terre les mains vides plutôt qu'avec les cuillers en bois et les casseroles qui nous servaient habituellement d'« instruments ».

« Nous devons nous serrer la ceinture », annonça mon père.

Je songeai aux larges ceintures des robes que maman m'avait cousues en me demandant pourquoi je devais les nouer encore plus serrées. Je continuai d'écouter en essayant de comprendre. Mon père poursuivit ses explications et ses yeux s'emplirent de larmes, ce qui me déconcerta grandement étant donné que je ne l'avais jamais vu pleurer auparavant.

« Ne vous attendez pas à recevoir de cadeaux cette année. Ce sera déjà un beau cadeau de Noël si votre jeune frère survit », ajouta papa. « Nous devrions tous être reconnaissants de ce que nous possédons déjà et souhaiter que Richard revienne vite à la maison, fort et en santé. »

Je n'arrivais pas à saisir ce que mon père avait essayé de nous dire. Mon bébé me manquait terriblement, mais j'avais tout de même hâte aux festivités. En quoi la maladie de mon frère pouvait-elle compromettre la fête de Noël ? Le père Noël avait toujours empli nos bas de pommes, d'oranges et de noix. Rien ne pouvait changer cela.

Et pourtant, l'hospitalisation de Richard changea beaucoup de choses. Papa ne rapporta pas de sapin de Noël à la maison. Maman ne cousit et ne crocheta aucun cadeau. Chaque soir, nous ne mangeâmes que des repas simples, fort différents de ceux que maman cuisinait habituellement. Durant les repas, il y avait bien quelques rires étouffés autour de la table, mais personne ne riait aux éclats comme lorsque toute la famille était réunie.

Richard à l'hôpital, nous, les plus jeunes, prenions place autour de la table en silence, l'air découragé, tout en mangeant notre repas qui n'était souvent composé que d'un bol de céréales.

Plus les jours avançaient, plus j'avais peur de demander comment allait mon bébé. Son nom n'était plus prononcé. Le silence régnait dans la maison autrefois emplie de rires. Ma mère et mon père étant encore à l'hôpital la veille de Noël, c'est mon frère Barry, âgé de dix ans, qui nous supervisa au moment de suspendre nos bas — y compris le minuscule bas de Richard — et d'identifier chacun d'entre eux avec une étiquette placée au-dessus. Même si nous n'avions ni arbre, ni cadeaux, je savais que le père Noël prendrait soin de remplir nos bas.

Le matin de Noël, nous fûmes réveillés très tôt par la sonnerie du téléphone et papa se précipita hors du lit pour aller répondre. Mon père criait toujours lorsqu'il parlait au téléphone, comme pour s'assurer que sa voix se rende bien jusqu'à l'autre bout. Je pus donc l'entendre de ma chambre dire : « Quoi ? Il va bien ? » Il raccrocha et cria dans l'escalier : « L'hôpital dit que nous pouvons ramener Richard à la maison ! »

« Merci mon Dieu ! » entendis-je ma mère prononcer en pleurant.

Par la fenêtre du premier étage, je regardai mes parents se précipiter vers l'automobile. Je ne les avais jamais vus aussi heureux. Moi aussi, je me sentais envahie de joie. Quelle journée merveilleuse ! Mon bébé serait bientôt de retour à la maison et mes gâteries de Noël m'attendaient en bas.

Je dévalai l'escalier et courus au salon. Arrivé dans l'embrasure de la porte, je figeai sur place. Les bas étaient exactement comme nous les avions accrochés la veille, mous et sans vie. J'entendis des pas derrière moi. C'était Barry, toujours en pyjama. Je saisis sa manche en flanelle et dit en pleurant : « Il n'y a rien dedans. »

Il me serra dans ses bras tout en jetant un coup d'œil au manteau de la cheminée, par-dessus mon épaule. « As-tu bien regardé ? »

Je lui répondis que ce n'était pas nécessaire. Je pouvais bien voir d'où j'étais qu'ils étaient vides.

« Eh bien, regarde ceci. » Il s'approcha du foyer et prit une note dans sa main.

« Qu'est-ce que c'est ? » dis-je en reniflant.

Je m'approchai avec curiosité. Il pointa les lettres qui ressemblaient étrangement à son écriture. « Voilà qui explique tout. »

Barry se racla la gorge. « C'est écrit : "Ces bas ont peut-être l'air vide, mais ils sont en fait emplis d'amour". »

— *Bobbie Christmas*

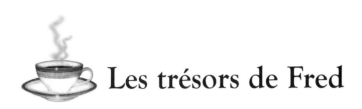 # Les trésors de Fred

L'été de nos dix ans, mes amis et moi avons passé notre temps à suivre Fred, un vieil homme étrange qui errait sans cesse dans les rues poussiéreuses de notre petit village. Il portait des costumes démodés qui sentaient la naphtaline et ses cheveux coupés à la diable laissaient voir les cicatrices là où aurait normalement dû se trouver son oreille gauche. Nous prenions plaisir à le huer et à rire de lui avec toute l'impertinence des jeunes blancs-becs devant des personnes différentes, sans jamais remarquer ou comprendre la honte et la douleur qu'il affichait sur son visage ravagé. À nos yeux, Fred était l'idiot du village et le bouc émissaire de notre sentiment d'inaptitude.

Un jour que je pleurais à chaudes larmes, assise sur une des branches de l'énorme chêne situé derrière la quincaillerie Brock, je fus donc très surprise d'entendre la voix rauque de Fred me dire : « Ne pleure pas, fillette. La vie est trop courte pour les larmes. »

Mon père venait de m'annoncer que nous allions déménager. Il était sergent dans les Forces armées canadiennes et venait d'être assigné à Ottawa, la capitale du Canada. Même s'il avait mis des gants blancs pour m'annoncer la mauvaise nouvelle, rien n'aurait pu me préparer à la douleur d'être séparée de tout ce qui m'était familier. L'idée de quitter ma maison et mes amis m'affligeait profondément.

Fred m'invita à descendre de l'arbre et c'est ce que je fis, même si j'étais convaincue que je devais me méfier de cet individu. Mais quelque chose dans sa voix, son ton empathique, m'avait attirée. Quand j'y songe, je dois avouer que ma réaction peut sembler étrange étant donné la façon dont je m'étais comportée avec lui auparavant. Mais mon instinct me disait qu'il y avait de la bonté en lui.

Il me dit : « Viens, fillette. Je vais te montrer une chose qui va te réconforter : un trésor caché. »

Je l'ai donc suivi.

J'ai d'ailleurs passé le reste de l'été en compagnie de Fred. Il m'a fait voir le village à travers ses yeux âgés en plus de me raconter des bouts de sa vie qui ont permis d'élucider un mystère que je n'avais jamais pris la peine de découvrir auparavant. Bien entendu, cette nouvelle complicité m'a fait devenir un paria aux yeux de mes amis, mais j'imagine que j'essayais inconsciemment de me détacher d'eux, d'amoindrir la douleur que je ressentirais lors de notre éventuelle séparation.

Fred avait fait la guerre — la Première Guerre mondiale. C'est du moins ce qu'il m'a raconté.

« Mon oreille… je l'ai perdue au combat », m'expliqua-t-il timidement.

C'est la seule explication qu'il me fournit. Il me montra cependant plusieurs médailles et rubans cachés dans un coffre parmi des habits usés et démodés, recouverts de boules de naphtaline. C'était ses seuls vêtements. On aurait dit qu'ils étaient vieux de cent ans.

Quant à sa coupe de cheveux ? Il m'avoua qu'il se les coupait lui-même.

« Je ne vois pas très bien à cause de mes yeux », dit-il en détournant le regard et en rougissant. « Je fais de mon mieux. »

Le résultat était affreux, mais je n'osais pas le lui dire.

Puis, il me montra ses albums de photos dans lesquels je pus le voir à différents âges : à quelques mois, en gros bébé joufflu dans une robe en dentelle ; à l'âge de dix ans, en culotte courte et à l'âge adulte, dans son uniforme militaire, l'air fier et extrêmement jeune.

Fred était très bon cuisinier. Il avait un immense jardin dans sa cour dans lequel il faisait pousser des tomates, des navets, des oignons, du chou, des haricots verts et des carottes. Je l'aidais à sarcler son jardin. Nous portions tous les deux des chapeaux de paille d'homme : le mien était trop grand et tombait chaque fois que je me penchais. Encore aujourd'hui, je n'ai jamais mangé de soupe aux légumes aussi bonne que la sienne.

À dix ans, je ne comprenais rien à l'argent. Fred était pour moi un être excentrique. Mais pour mes amis, il passait pour un homme bizarre, voire fou. Je me demandais parfois comment il faisait pour vivre ainsi, entouré de si peu de biens matériels. Est-ce que son trésor n'était composé que de ces vieilles reliques et de cette poignée de médailles et de rubans ?

Avec le temps, j'en suis venue à comprendre que les « trésors cachés » de Fred était en fait constitués de la beauté et des merveilles qu'il voyait dans tout ce qui l'entourait.

Durant cette première semaine passée avec Fred, pendant que nous errions dans le village, il pointa du doigt une fenêtre située à l'étage de l'une des vieilles maisons blanches en déclin et me demanda : « Tu vois le chat, fillette ? »

Pumpkin, la chatte blanche de Mme McDermitt, était assise à la fenêtre de la chambre à coucher. On aurait dit une grosse boule de coton déposée devant le rideau de dentelle. Ses yeux fixaient le châtaignier géant de la cour avant.

« Suis ses yeux », me dit-il. « Essaie de voir ce qu'elle regarde. »

Je n'étais pas habituée à scruter ainsi les choses, de voir derrière le mur de briques d'une maison ou la carapace d'un autre enfant. Je réussis cependant à voir au-delà du feuillage et à apercevoir un petit nid au milieu duquel se trouvait un minuscule oiseau.

« C'est un roitelet », murmura Fred. « Une petite femelle roitelet très timide. C'est rare qu'on en voit. »

C'était effectivement la première fois que j'en voyais un. Ignorant la présence de Pumpkin et la nôtre, la femelle roitelet prenait plaisir à lisser son plumage et à chanter les joies de la maternité. Nous sommes restés près d'un quart d'heure à l'observer.

Je me suis alors rappelé qu'avant de le connaître, je voyais souvent Fred fixer des choses pendant ce qui m'apparaissait des heures, immobile comme une statue.

Pour nous, les enfants, il s'agissait là de la preuve irréfutable de sa démence.

Durant ces quelques semaines passées en compagnie de Fred, j'ai moi aussi observé bêtement ce qui m'entourait. Une fois, je suis demeurée debout à fixer le mur de joyaux — les grenats incrustés dans la berge de granit de la rivière Nottawasaga que, jusqu'alors, je n'avais considérée que comme un endroit pratique où plonger à l'eau. Une autre fois, j'ai plongé mon regard dans une mer d'asters d'automne, dans l'éclat vert et mauve de leurs pétales qui brillaient sous le soleil d'été. Avant, ce n'était à mes yeux qu'un champ de mauvaises herbes.

L'été de mes dix ans, j'ai appris à m'émerveiller devant tout ce que je voyais. Et j'ai continué d'éprouver cet enchantement bien après avoir fait mes adieux à Fred et à tous mes copains.

Fred ne vit plus parmi nous. Il est décédé cinq ans après mon départ du village où j'ai grandi et où j'ai appris que les expressions « enfant » et « adulte » pouvaient être synonymes quand on voit la vie avec le regard particulier de Fred. J'espère que ma présence lui a aussi apporté quelque chose, que je l'ai aidé à tenir le coup durant ses cinq dernières années, car il m'avait beaucoup apporté.

Je crois qu'en bout de ligne, ma relation avec Fred m'a guidée dans le choix de mon mari : car même si l'homme que j'ai épousé n'est pas le plus beau, il est assurément le plus gentil et le plus généreux.

Je suis parfois renversée par sa sagesse. Quant à son amour — eh bien, je peux affirmer que je me considère comme l'une des femmes les plus privilégiées de la planète.

Nous avons un chien qui ne paye pas de mine. Il a des touffes de poils retroussés dans les airs et a perdu une oreille dans une bataille, bien avant que nous l'adoptions. Notre vilain cabot profite de chaque souffle émis par son corps arthritique pour apprécier les trésors qui l'entourent, en fonçant droit devant nous à leur recherche lorsque nous nous promenons dans les champs et les bois derrière notre maison. Nous l'avons appelé Fred.

— *Joy Hewitt Mann*

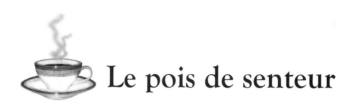 # Le pois de senteur

J e récupérais alors d'une chirurgie cardiaque et le jour où mes poumons cessèrent de fonctionner normalement, je sombrai dans une profonde dépression. Incapable de sortir ou d'accomplir quoi que ce soit, j'avais perdu tout espoir et je me demandais à quoi bon poursuivre cette existence morne et solitaire.

Mes troubles pulmonaires étaient apparus peu de temps après la chirurgie qui visait à remplacer une valve défectueuse du cœur. Mes poumons avaient toujours été fragiles et l'effort supplémentaire exigé par le remplacement de la valve n'avait fait qu'aggraver la situation. Je n'avais aucune idée de la gravité de leur état jusqu'à ce que j'aie soudainement besoin d'oxygène d'appoint en permanence.

C'était déjà pénible de devoir marcher dans la maison en étant reliée par un tube à une machine qui convertissait l'air ambiant en oxygène.

Voilà pourquoi il n'était pas question que je sorte en public avec un appareil de distribution d'oxygène portatif, malgré les encouragements de mon inhalothé-rapeute. Je me sentais vieille, inutile et laide. Rien ne m'intéressait et aucune des activités que j'aimais aupa-ravant ne réussissait à me remonter le moral. Pire encore, je ne pouvais plus retourner au travail. L'idée de quitter la maison pour quelque raison que ce soit est vite devenue une source d'anxiété et je me suis repliée sur moi-même, ne voulant plus voir ma famille et mes amis. Le simple fait de faire les courses à l'épicerie était un supplice parce que j'étais convaincue que tout le monde me regardait.

À l'arrivée du printemps, j'entrepris de faire un jardin, comme chaque année, mais le cœur n'y était pas. Je le faisais machinalement. Et pourtant, depuis que j'étais toute petite et que j'aidais mes parents dans la cour, j'avais toujours pris plaisir à planter et à prendre soin des fleurs. J'avais toujours aimé sentir la terre graveleuse sous mes doigts au moment d'enlever les vieilles feuilles et les fleurs de l'année précédente pour ensuite défaire les mottes et retourner la terre dans le but de semer de nouvelles plantes.

L'année où ma vie a basculé si radicalement, nous avons connu un printemps frais et ensoleillé presque à tous les jours. La joie dans l'air était contagieuse mais pas pour moi. Je me suis repliée sur moi-même et je suis restée enfermée chez moi le plus souvent possible, complètement sourde à l'appel du printemps. Cepen-dant, comme on ne se débarrasse pas aussi facilement de ses vieilles habitudes, il m'est arrivé d'aller tra-vailler dans le jardin.

Le vent doux caressait mon visage pendant que j'accomplissais les tâches familières, mais c'est à peine si je le remarquais, concentrée uniquement sur mon appareil à oxygène que je devais trimbaler avec moi.

Comme toujours, les vivaces avaient repris vie miraculeusement après avoir semblées complètement mortes le mois précédent. Ce furent d'abord les crocus, puis les tulipes et les jonquilles qui sortirent du sol. Sans aucun effort de ma part, leurs fleurs égayèrent vite le jardin de leurs couleurs resplendissantes. Cela ne chassa pas ma dépression pour autant et je ne fis qu'entretenir le jardin pour la forme.

Quelques années auparavant, j'avais planté des pois de senteur près du garage sur lequel j'avais fixé un filet pour qu'ils puissent grimper dedans. Ils avaient aimé cet emplacement et avaient produit des fleurs à profusion, si bien que j'avais continué d'en semer les années suivantes. L'année de tous mes malheurs, alors que je fonctionnais par automatisme, je décidai de planter encore des pois de senteur. Cela nécessitait peu de travail et d'enthousiasme, alors j'en ai semé tout le long du garage. Lorsque les nouvelles pousses apparurent, j'en pris soin distraitement.

Un jour que j'arrachais les mauvaises herbes autour des pois de senteur et que j'accrochais les nouvelles pousses au filet, je remarquai quelque chose d'inhabituel. Une plante poussait dans un coin à travers une fissure du pavé et ce n'était pas une mauvaise herbe.

En y regardant de plus près, je vis qu'il s'agissait d'un pois de senteur provenant sans doute d'une graine tombée là par hasard. Le pavé était désagrégé ici et là et la plante avait dû se frayer un chemin parmi les fragments d'asphalte, mais elle y était tout de même parvenue, non sans effort. Résultat : sa tige était déformée mais elle avait quand même l'air en santé, alors j'ai décidé de la laisser pousser. Comme il n'y avait rien autour pour l'aider à grimper, je me dis qu'elle ne pousserait pas davantage et qu'elle risquait même de mourir. Peu importe, je n'avais pas d'énergie pour m'en occuper.

Je découvris vite que la petite plante avait un immense goût de vivre. Elle a continué de pousser jusqu'à ce que l'une de ses vrilles puisse s'accrocher à un clou qui dépassait du mur du garage. Et plus elle poussait, plus elle trouvait des points d'ancrage : une écaille de peinture, un coin de toile d'araignée, une tige prise dans une toile brisée, etc. Comme elle ne recevait pas autant d'attention que les autres plantes, elle avait encore l'air étiolée et sa partie inférieure demeurait torsadée. Cela ne l'empêchait pas d'être bien vivante et de continuer à s'épanouir.

Une partie de mon cœur durci fondait à la vue de ce pauvre petit pois de senteur. J'ai donc planté des clous et fixé des ficelles au mur pour l'aider à s'accrocher et, chaque fois que je le regardais, il semblait toujours plus épanoui et en santé.

À mon grand étonnement, ce petit pois de senteur bien vigoureux finit par produire une quantité de bourgeons. Puis, un matin, en sortant dehors, c'est à peine si je le reconnus : la plante orpheline croulait sous ce que je considérais comme les plus belles fleurs de mon jardin. Ses larges fleurs rouge carmin brillaient de tous leurs éclats. Je m'approchai et vis combien la plante avait poussé bien droite après avoir été si entortillée au départ. Je me penchai pour humer son parfum odorant et murmurai : « Message reçu. Merci. »

Puis, je me relevai et demeurai immobile au milieu du jardin. Et pour la première fois depuis des mois, un sourire apparut sur mon visage.

— Judi Chapman

Le retour
aux sources

En visite à la maison, tante Molly, qui devait repartir sous peu, ne semblait pas du tout intéressée à revoir la vieille ferme ancestrale, située à quelques kilomètres de la nôtre, là où elle et papa avaient grandi. Maman et papa avaient promis à tante Molly de ne pas aborder le sujet durant son séjour, mais ils espéraient qu'elle finirait par décider d'y aller.

Quand j'avais demandé à papa pourquoi il tenait tant à ce que je l'accompagne parfois là-bas, il m'avait expliqué que cela faisait partie de notre histoire, de qui nous étions. Je lui avais répondu que je croyais que nous le savions déjà. Il avait alors essayé de m'expliquer que ces visites lui procuraient un équilibre intérieur, un sentiment d'appartenance, bref que je comprendrais un jour quand je serais plus vieille. C'est d'ailleurs ce que mes parents me répétaient sans cesse.

Tante Molly n'était pas revenue à la ferme, ni même dans notre patelin, depuis son adolescence, c'est-à-dire depuis le jour où elle s'était enfuie à cheval avec oncle Cyrus pour aller se marier devant le pasteur. « On aurait dit qu'ils avaient des Indiens à leurs trousses », racontaient les gens de la ville.

« Les enfants entendent tout », disait souvent maman, et je savais qu'elle le pensait vraiment. N'ayant ni frères ni sœurs, c'est en tendant l'oreille que j'apprenais des choses intéressantes comme la fois où tante Molly s'est enfuie.

Mes parents avaient essayé depuis des années de la convaincre de revenir. Ils disaient que cela lui ferait du bien et lui permettrait de se réconcilier avec son passé. Elle avait toujours répliqué qu'elle devait prendre soin d'oncle Cyrus et de ses fils et qu'elle était satisfaite de sa vie au Kansas, à cultiver du blé sur leur ferme.

« Elle est incapable de lâcher prise, même maintenant », expliqua papa, en lisant la lettre dans laquelle elle annonçait son arrivée. « Elle dit qu'elle sait que ce n'est pas chrétien, mais elle est incapable de pardonner... »

Maman fit les gros yeux à papa puis jeta un coup d'œil dans ma direction. Je replongeai rapidement le nez dans mon livre afin qu'ils poursuivent leur conversation.

Maman dit alors à papa : « Elle écrit qu'elle va venir nous visiter mais qu'elle ne retournera jamais voir la vieille ferme. Crois-tu qu'elle est sérieuse ? »

« J'ai bien peur que oui », répliqua-t-il. « C'est déjà un miracle qu'elle vienne ici. Elle avait l'habitude de dire qu'elle ne remettrait plus jamais les pieds en Ohio après en avoir quitté le sol. »

« Ta belle-mère, Nel, était encore en vie à ce moment-là. »

« Ouais. Si seulement Molly voulait y retourner et enterrer la hache de guerre. » Il poussa un profond soupir. « Elle croyait que papa laissait Nel la tuer au travail. Elle croyait qu'il ne l'aimait pas. »

Je levai les yeux de mon livre et vis qu'il avait la larme à l'œil, comme s'il venait d'éternuer. Mais ce n'était pas le cas.

Ce furent de belles retrouvailles entre papa et sa sœur. J'ai aimé tante Molly dès son arrivée. C'était une petite bonne femme dodue, aux yeux bleus et aux cheveux châtains, comme papa. Tante Molly égayait la cuisine avec ses manières affairées et sa bonne humeur. Elle participait aux tâches ménagères, m'aidait à apporter des biscuits et des boissons froides aux hommes qui travaillaient dans les champs et me racontait des histoires au sujet d'oncle Cyrus, de mes cousins et de Kansas.

Un soir que je me berçais près du foyer de la cuisine, elle me dit : « Viens ici mon enfant. » Je m'approchai d'elle et elle me prit doucement par les bras pour me placer directement en face d'elle. Elle joua avec mes tresses et lissa mes cheveux sur mon front. Puis, elle me regarda droit dans les yeux, sourit et dit en tapotant mon bras : « Je voulais seulement t'examiner d'un peu plus près. »

Elle me raconta qu'elle avait dix ans, soit mon âge, quand sa mère est décédée.

« Ensuite, j'ai pris soin de ton père jusqu'à ce que… » Elle serra les lèvres et secoua la tête comme si elle venait de mordre dans un morceau de citron.

« J'ai fait un bon travail, n'est-ce pas ? » Elle était de nouveau tout sourire.

C'est ce même soir qu'ils ont trouvé le coffre. J'étais déjà au lit, mais je tendis l'oreille pour essayer d'entendre les voix excitées qui provenaient du rez-de-chaussée. Je ne voulais surtout pas rater quelque chose, mais le sommeil finit par l'emporter. Lorsque je descendis déjeuner le lendemain matin, ils étaient encore tous assis autour de la table à bavarder. J'appris petit à petit ce qui s'était passé.

Ils avaient remué le passé, me raconta maman. Papa et tante Molly ne s'entendaient pas sur l'année où leur père avait quitté l'Allemagne pour venir s'installer en Ohio.

C'est maman qui s'était souvenue du coffre. Maniaque du ménage, elle était tombée dessus le jour où elle avait nettoyé le salon de fond en comble. Papa se rappelait que son père le lui avait donné peu de temps avant sa mort, ça et la vieille horloge Seth Thomas qui trônait sur le manteau de la cheminée.

« Ouvre le coffre après ma mort », lui avait dit grand-père.

Papa avait essayé mais ce dernier était verrouillé. Il avait eu l'intention de chercher la clé, puis avait oublié. La veille au soir, tante Molly avait tout à coup eu l'idée qu'elle était cachée dans l'horloge.

« J'ignore pourquoi, mais je viens d'avoir cette idée », avait-elle expliqué.

Ils ont trouvé deux petites clés à côté de celle qui servait à remonter l'horloge.

En ouvrant le coffre, ils ont aperçu une pile de documents — des relevés de compte pour la plupart.

Leur père conservait rigoureusement tous les documents importants. Le coffre contenait aussi des testaments, des reçus, quelques lettres et l'acte original de concession de terre datant de 1813. Maman, papa et tante Molly ont donc passé une partie de la nuit à lire ces documents jusqu'à ce qu'ils n'en puissent plus et aillent se coucher.

Le lendemain matin, ils ont décidé de m'attendre avant de poursuivre leurs découvertes. Je réussis à avaler quelques cuillerées de porridge et fus la première à courir dans le salon et à attendre à côté du coffre.

« Le coffre comprend un tiroir secret avec sa propre clé », me raconta tante Molly. « Nous avons décidé d'attendre que tu sois présente pour l'ouvrir. »

Nous nous penchâmes au-dessus du coffre, intrigués. Papa le déposa sur le manteau de la cheminée, le déverrouilla et inséra la plus petite clé dans le compartiment.

Le tiroir résista. Papa le secoua légèrement, puis réussit à l'ouvrir. Il y avait à l'intérieur une boîte noire décolorée avec une inscription en or illisible. Papa la prit et alla la déposer avec précaution sur la table ronde du salon.

Il se tourna ensuite vers tante Molly : « Tiens, sœurette. À toi l'honneur de l'ouvrir. »

Tante Molly tira sur son tablier. Elle prenait tellement son temps que j'avais envie de la bousculer. Penchée au-dessus de son épaule, je retins mon souffle au moment où elle souleva le couvercle.

Il y avait à l'intérieur un objet enveloppé dans un morceau de tissu jaunâtre et taché. Elle se tourna vers Papa.

« Tiens, Benjy. À toi l'honneur. Je suis trop énervée. »

Papa déroula le tissu et découvrit une montre en or brillant — une vieille grosse montre en or comme celle de papa, mais beaucoup plus belle et joliment décorée. Il la retourna doucement, comme si c'était aussi précieux que de la poudre de fée, et nous aperçûmes un gros visage entouré d'étranges figures noires.

Papa la retourna de l'autre côté et je pus lire au dos les lettres BLB.

« Les initiales de papa », dit-il. « Je me demande s'il est encore possible de l'ouvrir. »

Il fit glisser ses doigts autour du boîtier afin de trouver la fente. Le couvercle se souleva et je sursautai en voyant le mécanisme qui, comme papa me l'avait déjà expliqué, faisait fonctionner la montre. Il y avait aussi autre chose. Une boucle de cheveux reposait bien au fond du couvercle. Des cheveux châtains.

J'entendis tante Molly étouffer un cri. Elle demeura immobile, le teint livide et le regard fixe.

« Ce sont tes cheveux, n'est-ce pas Molly ? » demanda papa.

Elle acquiesça. « J'avais coupé cette mèche juste avant de m'enfuir. Elle dépassait de mes tresses, alors je l'ai coupée. » Puis, elle s'effondra en larmes.

Ce soir-là, je vis tante Molly se diriger vers l'étable. Je décidai de la suivre pour voir ce qui se passait. Qui sait, papa pourrait avoir besoin de moi pour une tâche quelconque…

Papa cessa de traire les vaches en apercevant Molly.

J'étais juste derrière elle, alors je n'ai eu aucune difficulté à entendre distinctement ce qu'elle disait.

« Benjy, j'aimerais que tu m'amènes à la vieille ferme demain. À la maison. Je suis prête maintenant. »

— *Mary Helen Straker*

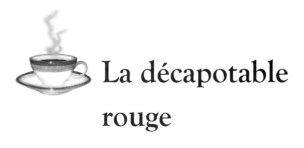 # La décapotable rouge

C'était enfin le grand jour : celui où mes parents devaient venir chercher nos enfants pour les garder dix jours chez eux, au Tennessee, afin de passer du temps de qualité avec leurs petits-enfants. C'était aussi la première fois que Dave et moi serions seuls depuis la naissance de notre premier enfant, il y a plus de dix ans.

À 6 h 30 du matin, nous assistâmes donc au départ de notre petite famille. Nous demeurâmes debout dans l'allée pour voir s'éloigner notre fourgonnette, chargée de nos enfants et de toutes leurs possessions, jusqu'à ce qu'elle ne soit plus qu'un minuscule point à l'horizon. Cela prit du temps, car notre fourgonnette est très longue, presque aussi longue qu'un centre commercial en rangée. Nous ne cessions de répéter : « La vois-tu encore ? »

« Oui. Elle est encore de la grosseur d'un ballon de plage. Nous en avons encore sûrement pour une demi-heure. » Nous avons ainsi envoyé la main et tamponné nos yeux d'un air dramatique jusqu'à ce que nous fûmes certains que nos enfants ne nous voyaient plus.

Puis, ce fut l'heure de la récréation ! Du moins, c'est ce que je croyais.

Dans la cuisine, je m'affairai à ramasser les assiettes collantes encore débordantes de crêpes. J'avais tenu à préparer un gros déjeuner mais tout le monde était trop excité pour avaler quoi que ce soit. Je pris les fourchettes qui avaient été quelques secondes plus tôt dans la bouche de mes enfants ; ces quatre bouches collantes qui ne m'embrasseraient plus avant dix jours. C'est à ce moment-là que les vraies larmes sont apparues.

« Mes bébés sont partiiiiiiiiiiiiis », braillai-je. « Que vais-je deveniiiiiir ? »

« Réfléchis », me dis-je. « Que font les personnes qui n'ont pas d'enfants ? » Je tournai en rond à la recherche d'indices. Je m'assieds pour lire... le même paragraphe quatre fois. Je fis ensuite les lits en enfonçant mon nez dans les oreillers des enfants. « Allez, du courage ! Tu ferais honte à toute personne qui tuerait pour profiter d'un tel congé ! »

Comme les gens qui ont perdu l'usage d'un sens et qui constatent que ceux qui leur restent compensent cette perte en se développant davantage, je constatai que sans la présence de mes enfants, je prenais davantage conscience de mon environnement. Je remarquais des détails qui ne m'avaient jamais sauté aux yeux auparavant. Chez Dave, par exemple. « Est-ce que tu as toujours eu cette moustache ? »

J'avais affaire à un « Dave nouveau ». Il me faisait sans cesse des avances — c'était soudainement sa principale mission sur terre — et je lui répondais : « Non, pas le premier soir. »

« N'as-tu pas quelque chose à faire ? » lui demandais-je alors.

Et il répondait : « Oui, mais tu dis toujours non. »

J'ignorais comment passer de mon rôle de mère à celui d'épouse.

Dave me rappela que nous avions juré de profiter de ce congé pour faire tout ce qu'il nous était impossible d'accomplir en présence des enfants et surtout de ne pas perdre une seule minute. Je haussai simplement les épaules.

Les enfants étaient entre bonnes mains, mais je demeurai tendue toute la journée, à errer dans la maison dans l'expectative de quelque chose. Finalement, mes parents appelèrent au début de la soirée. Ils étaient arrivés sains et saufs au Tennessee, sans avoir été contraints d'abandonner l'un des enfants en route. Je respirai alors profondément pour la première fois de la journée.

« C'est samedi soir », dit Dave. « Ce serait un crime de rester à la maison. »

« Je ne sais pas… » J'imaginais les enfants en train de déballer leurs affaires et de trouver leurs pyjamas et leurs animaux en peluche avec lesquels ils passeraient cette première nuit loin de moi. La première nuit parmi toutes celles à venir.

« Allez », insista Dave. « N'oublie pas que nous avons le bolide. »

Une étincelle jaillit dans mes yeux. *Le bolide !* En échange de notre fourgonnette, mon père nous avait laissé sa voiture sport rouge à deux places, dotée d'un toit en T, avec laquelle nous irions au Tennessee récupérer nos enfants.

Il faut dire que mon père tient à sa voiture comme à la prunelle de ses yeux. Si ce n'avait été que de lui, il m'aurait entraînée chez le notaire pour signer un affidavit stipulant qu'il m'était interdit de rouler à plus de 56 km/h, qu'un gardien de sécurité devait toujours être présent chaque fois que, pour une raison mystérieuse, je devais abandonner l'automobile et que je ne m'éloignerais jamais des limites de la ville.

Malgré cela, c'est en roulant à 145 km/h sur l'autoroute, en direction du Canada, et en distançant une conductrice en colère parce que je venais de lui couper la route que je me suis vraiment détendue.

Dave et moi étions rendus au pont Ambassador, à la frontière canadienne, lorsque nous avons pour la première fois été victimes de discrimination en raison de la couleur de notre automobile. Mon père m'avait bien prévenue à ce sujet. Le douanier canadien nous a bombardés de questions comme : « Quelle est votre citoyenneté ? » « Où allez-vous ? » « Avez-vous l'intention de commettre des meurtres en série à l'intérieur de nos frontières ? »

Nous avons respectueusement répondu : « Américaine. » « Au casino. » « Pas aujourd'hui, nous avons oublié nos armes. » Le douanier nous a trouvés très drôles. Puis, il nous a remis un document qui nous obligeait à nous ranger sur le côté pour subir une inspection parce que l'ordinateur avait « choisi au hasard » notre véhicule rouge.

Arrivés au quai des inspections, nous sommes sortis de l'auto. Aux côtés des autres personnes qui représentaient aussi une menace pour la société, nous nous sommes demandés lesquels parmi nous avaient les meilleures coupes mohawk et les plus beaux anneaux dans les mamelons. Je trouvais la scène amusante, presque surréaliste, jusqu'à ce que je me rappelle le nouveau passe-temps de papa : la chasse. Je sentis alors mon antisudorifique fondre dans mes souliers. Je fis la prière suivante : « De grâce, faites qu'il n'y ait pas dans l'auto de papa de fusils, de couteaux ensanglantés ou de parties d'animaux morts qui pourraient être confondus à des offrandes sataniques ! »

Heureusement, il n'y avait rien de compromettant à l'intérieur — sans doute parce que Dieu avait fait en sorte que nous ne passerions pas notre première nuit de liberté « en ville » à répondre à des questions sous le feu d'une lampe aveuglante. Notre inquiétude fut plutôt de déterminer comment ne pas nous faire arrêter en passant en contrebande des cigares cubains à la frontière.

Dave avait acheté un cigare à la sortie du casino, environ une heure après notre arrivée. En moins de dix minutes, j'avais déjà gagné 160 $ à une machine à sous. Je décidai d'arrêter là, ne voulant surtout pas courir le risque de perdre le peu que j'avais gagné. Je passai donc le reste de l'heure à regarder Dave se demander s'il avait les reins assez solides pour jouer aux tables qui exigeaient une mise minimale de 25 $ la partie ou s'il n'y aurait pas un moyen de se débarrasser de moi. Ni l'un ni l'autre. Le cigare de 12 $ fut son prix de consolation.

Nous étions sur un coin de rue et Dave était sur le point d'allumer son cigare quand j'ai arrêté son geste, en me demandant à voix haute comment un individu pourrait s'y prendre pour passer un cigare cubain à la frontière — non pas que c'était son intention. Après tout, les cigares cubains sont illégaux aux États-Unis et ce serait mal, très mal, de faire de la contrebande, même si, par exemple, l'individu avait un frère qui adorerait célébrer la naissance de son premier enfant en fumant un bon cigare.

Dave me fit la morale pour avoir seulement eu cette pensée. Et il ne fit *aucune* suggestion comme « nous pourrions le poster », « non, cache-le dans ton sac à dos » ou « sous le siège, à côté du couteau ensanglanté ».

Bien entendu, *aucun* passant ne nous a entendus rire comme des fous à propos de ce qui nous arriverait à la frontière si nous commettions effectivement le crime de passer un cigare. Nous imaginions la scène : le douanier américain nous demanderait si nous avions quelque chose à déclarer et moi, qui a toujours eu le goût du risque — comme je l'avais démontré en l'emportant sur la machine à sous pendant dix minutes —, je détournerais le regard, des gouttes de sueur perlant sur le bout de mon nez. Pendant ce temps, Dave, aussi intrépide que moi, comme il l'avait prouvé aux tables du casino, se pencherait vers moi en criant : « Nous n'avons surtout pas de cigare cubain à déclarer ! »

Dave alluma le cigare et le fuma.

« Prête à partir, Bonnie ? » demanda Clyde.

Près du pont Ambassador, nous fûmes accueillis par un bouchon inattendu. Les autorités canadiennes toujours aussi vigilantes faisaient signe à tous les véhicules de passer, y compris les chars d'assaut capables de lancer des armes nucléaires stratégiques. En apercevant notre bolide rouge, un douanier nous fit signe d'arrêter. Il braqua sa lampe de poche sur moi. « Avez-vous consommé de l'alcool ce soir ? »

Nous revenions d'un casino où l'alcool coulait à flots gratuitement et cet homme nous posait des questions pièges.

Nous répondîmes « non ? » en espérant que c'était la bonne réponse.

Il nous laissa partir en nous avertissant de baisser le son de notre radio. L'agent 007 estima alors qu'il était désormais hors de danger. Mon dieu ! Cette escapade commençait à devenir vraiment excitante. Du danger ! De l'intrigue! Il ne nous restait plus qu'à traverser la frontière.

Comme son collègue canadien, le douanier américain se montra dur et nous fit subir un interrogatoire en règle de dix secondes avec des questions comme : « Avez-vous eu du bon temps ? »

Nous avons avoué sous la pression intense que, oui, nous nous étions amusés — grâce à cette voiture rouge. Cette sortie m'avait fait réaliser que nous n'étions pas seulement des parents : nous étions aussi un couple. Un couple de joyeux lurons qui croyaient que le jeu, l'alcool, les cigares et quelques démêlés avec la justice constituaient une folle aventure. Ce n'était peut-être pas aussi aventureux que nous le croyions mais, bref, nous formions un couple. L'important est que je pouvais encore rouler dans une deux places. Ce soir-là, j'ai souhaité que le temps s'étire et que les dix prochains jours s'écoulent très lentement.

— *Denise Wahl*

Les poissons miraculeux

Toute ma vie j'ai rêvé d'avoir un aquarium. Et pourtant, ce rêve ne s'était jamais matérialisé malgré toutes mes supplications durant mon enfance. Même adulte, je ne pouvais pas m'accorder ce luxe avec cinq enfants à élever et un maigre budget. Malgré tout, je n'ai jamais pu chasser ce rêve.

Puis, un jour, lors d'une vente de débarras, j'ai trouvé un aquarium de 135 litres à cinq dollars. Quelle joie ! J'allais enfin pouvoir vivre ma passion. Après avoir frotté le vieil aquarium, effacé les rayures et scellé les parois, je l'ai empli d'eau pour tester le tout. Et voilà ! Il n'y avait aucune fuite. Puis, je suis partie en expédition avec les enfants jusqu'à l'animalerie du coin après leur avoir promis qu'ils pourraient m'aider à choisir le gravier coloré ainsi que mes nouveaux compagnons aquatiques. C'est alors que ma bulle a éclaté ! Le matériel requis coûtait beaucoup plus cher que ce que je croyais. Je revins donc à la maison les mains vides et le cœur lourd.

Je déposai l'aquarium vide sur la table à café dans le but d'y amasser petit à petit la somme nécessaire pour acheter mes petits copains et leurs coûteux appareils respiratoires. L'argent qui restait du budget de l'épicerie alla directement dans l'aquarium. Les enfants m'aidèrent aussi en organisant leurs propres ventes de débarras et en vendant des biscuits.

Au bout d'une année, notre « banque » contenait suffisamment de pièces de monnaie et quelques rares billets pour pouvoir acheter le reste du matériel et des poissons. À l'animalerie, je passai des heures avec les enfants à choisir les roches colorées, les plantes, les objets pouvant servir de cachettes et six poissons parfaits — un pour chacun d'entre nous — ainsi que tous les produits chimiques et le matériel requis pour accueillir les poissons dans leur nouvelle demeure. Nous avions choisi les poissons les plus robustes et en santé et les avons rapportés à la maison dans trois sacs en plastique transparent. Chaque enfant a eu l'occasion de tenir l'un des trois sacs et ils se sont amusés à leur trouver un nom. Les deux mollies reçurent les noms appropriés de Molly et Polly, les gouramies ceux de Grommet et Bushing et les dollars d'argent, Penny et Nickel.

Rendue à la maison, je libérai les poissons dans leur nouvel aquarium frais lavé et empli d'eau. Nous passâmes la soirée, émerveillés, à les observer explorer leur nouvelle demeure. Penny a mordillé la queue de Polly, puis ils se sont réconciliés. Les enfants étaient heureux ; moi, j'étais aux anges. Tout était parfait, sauf les bulles d'air. Le système de filtration avait un débit tellement élevé que les pauvres poissons en étaient secoués.

Après avoir tenté en vain de résoudre le problème, je décidai de débrancher l'un des tubes avant d'aller au lit afin que les poissons passent une nuit paisible. Il était 23 h. Puis, j'éteignis la lumière au-dessus de l'aquarium et souhaitai bonne nuit à mes nouveaux compagnons.

Le lendemain matin, mon mari me laissa faire la grasse matinée comme tous les dimanches. Il se leva pour faire déjeuner les enfants et préparer du café, mais il revint vite dans la chambre, s'assit sur le lit et me secoua doucement.

« Chérie, je suis désolé de te réveiller mais il y a un problème avec tes poissons. »

Encore tout endormie, je lui demandai ce qui n'allait pas.

« Il n'y a plus d'eau dans l'aquarium. »

Très drôle. J'avais effectué une centaine de tests et il n'y avait aucune fuite. L'aquarium était parfaitement étanche. Je me retournai dans le lit, en glissant ma tête sous l'oreiller : « Arrête de me taquiner au sujet de mes poissons. »

« Je ne plaisante pas », répondit-il. « Viens voir. » Je jetai un coup d'œil furtif à mon mari et vit qu'il était vraiment sérieux. « Ce qui est étrange, par contre, c'est que le tapis autour de l'aquarium est sec. »

Je bondis du lit et courus dans le corridor jusqu'au salon. J'étouffai un cri en voyant mon bel aquarium vide et mes poissons inertes sur le gravier. Les enfants étaient autour de l'aquarium et pleuraient en se pointant du doigt.

Je palpai le tapis pour constater qu'il était effectivement sec. Comment 135 litres d'eau avaient-ils pu disparaître sans détremper le tapis ?

Je cherchai frénétiquement la raison pour laquelle il y avait eu une fuite et par où l'eau avait pu s'écouler, mais je ne trouvai absolument rien. Me sentant coupable d'avoir tué sans le savoir mes nouveaux compagnons, j'appelai toutes les animaleries répertoriées dans les Pages jaunes pour élucider ce mystère. Tout le monde avait une explication différente. L'aquarium avait peut-être surchauffé et l'eau s'était évaporée. Les chats avaient peut-être bu toute l'eau. Mon fils était convaincu que des extra-terrestres étaient venus du cosmos et avaient aspiré l'eau de l'aquarium. Cependant, aucune de ces explications n'était valable et nous avions tous le cœur brisé.

Après trois heures passées à examiner tous les scénarios possibles, je sortis dans la cour arrière pour aller m'apitoyer sur mon sort et pilai sur une flaque d'eau juste à côté de la porte coulissante. Je découvris vite la source du problème. Quand j'avais débranché le tube, la veille au soir, j'avais lancé l'une des extrémités derrière l'aquarium. Celle-ci avait de toute évidence atterri dans la coulisse inférieure de la porte et avait siphonné l'eau à partir de l'autre extrémité du tube fixée au fond de l'aquarium.

Une fois le mystère résolu, nous planifiâmes des funérailles grandioses pour nos amis récemment décédés. Je réfléchis à ce que je pourrais bien faire de l'aquarium et de tous les accessoires devenus inutiles.

Mon mari, plein de compassion devant notre chagrin collectif, offrit d'acheter d'autres poissons avec nos économies. Ravie, je lui sautai au cou en promettant d'en prendre mieux soin. Nous convînmes alors d'aller à l'animalerie plus tard dans la journée, soit tout juste après avoir fait nos derniers adieux à nos amis avant de les jeter dans le bol de toilette.

La meilleure façon de récupérer les corps morts pour leur dernier voyage dans les égouts était de remplir d'eau l'aquarium afin qu'ils flottent à la surface et que nous puissions les repêcher avec un filet. J'allai donc dans la cuisine ouvrir le robinet pendant que ma fille dirigeait le jet d'eau du tuyau d'arrosage dans l'aquarium.

Elle se mit soudainement à crier : « Maman, maman ! Ils sont vivants ! Les poissons sont vivants ! C'est un miracle ! »

Je courus dans le salon. Le niveau d'eau montait et je vis à ma grande stupéfaction chacun des poissons revenir à la vie et recommencer à gigoter. Lorsque l'aquarium fut à moitié rempli, les six poissons étaient ressuscités et nageaient joyeusement. (Molly nagea d'abord de côté, comme un crabe, mais cela lui passa éventuellement.) Ils avaient réussi à survivre sans eau pendant plus de huit heures ! C'était vraiment des poissons miraculeux.

Les semaines suivantes, les enfants transformèrent mon salon en foire dans le but d'amasser de l'argent pour acheter d'autres poissons. Chaque enfant du voisinage devait payer 25 cents pour avoir la chance de voir nos poissons miraculeux. Pour 50 cents, ils pouvaient même plonger une main dans l'aquarium !

Je possède encore la plupart de mes poissons miraculeux. Ils me rappellent chaque jour que la vie est parsemée de miracles — que même dans les pires circonstances, il suffit de retenir notre souffle suffisamment longtemps pour que quelqu'un nous donne éventuellement de l'eau.

— *Teri Bayus*

La lumière
de l'innocence

Mon père devait travailler fort pour faire vivre notre famille en expansion et nous étions habitués à être économes. J'étais l'aînée de ce qui allait devenir une famille de cinq enfants. L'année de mes huit ans, dans les années 1940, nous avions à peine de quoi nous nourrir — un fait dont je pris douloureusement conscience à l'approche de Noël.

À côté de chez nous vivait une dame âgée qui avait un beau grand cèdre dans sa cour avant. Chaque mois de décembre, elle décorait l'arbre avec des guirlandes de lumières qui scintillaient dans la nuit glacée. Un jour, elle me suggéra de décorer aussi notre cour pour donner un air festif à toute la rue.

Quand j'informai ma mère de la suggestion de notre voisine, elle me rappela que nous avions à peine suffisamment d'argent pour acheter de nouvelles décorations pour l'arbre de Noël qui ornerait notre salon.

L'année précédente, mon frère avait accidentelle-ment mis le feu à l'arbre avec une chandelle en voulant reproduire le clignotement des lumières électriques. Mon père avait alors saisi une couverture de bébé dans le berceau et avait enveloppé l'arbre en feu pour ensuite courir vers la porte avant et le lancer dans la neige. La fumée avait noirci les décorations, si bien que nous avions dû les remplacer par de nouveaux orne-ments.

Cette année-là, j'avais enfin atteint l'âge de marcher seule jusqu'à la quincaillerie, au bout de la rue. Je savais que le magasin vendait des lumières de Noël et, même si je n'avais pas d'argent, je décidai d'aller y jeter un coup d'œil afin d'en connaître le prix. Je trouvai en chemin une pièce de dix cents sur le trot-toir. Quelle joie ! Je la ramassai et l'enfouis au fond de ma poche en songeant combien j'étais chanceuse d'avoir trouvé de l'argent. En arrivant à la quincaille-rie, j'oubliai un moment ma mission, distraite par les magnifiques décorations qui ornaient le magasin, puis par les vélos et les patins du rayon des jouets. La ven-deuse n'offrit pas de me servir, voyant bien que je n'étais venue que pour regarder et rêver.

Les lumières de Noël se trouvaient au fond du magasin, loin du petit poêle à bois qui procurait une chaleur confortable à l'avant. J'admirai longuement les guirlandes extérieures dotées de douze ou quinze ampoules de couleurs différentes, puis jetai un coup d'œil à leurs prix.

Je constatai que le nombre d'ampoules importait peu étant donné que je n'arriverais jamais à amasser suffisamment d'argent pour acheter même la plus petite guirlande.

Puis, j'aperçus les ampoules vendues à l'unité et fus de nouveau emplie d'espoir. Je devins vraiment excitée en découvrant qu'une ampoule rouge, bleue, verte ou jaune ne coûtait que vingt cents. Je savais exactement où je la placerais ! Notre balcon était éclairé par un luminaire en forme de lanterne, composé d'un dessus en verre soufflé et de trois côtés (la pièce de dessous était brisée depuis longtemps.) Je pouvais imaginer l'ampoule colorée briller à travers cette lanterne transparente. Ce serait la preuve que nous célébrions aussi Noël à la maison !

En retournant à la maison, je réfléchis au moyen de trouver une autre pièce de dix cents. Ma grand-mère fabriquait des couronnes de Noël à partir de rameaux de courants verts ramassés dans les bois. Peut-être qu'elle me donnerait quelques cents si je l'aidais à en trouver.

Grand-maman demanda mon aide le week-end suivant, comme je l'avais espéré. Les tiges odorantes et épineuses s'accrochaient à mes gants de laine et en écartaient les mailles à mesure que je tirais dessus pour les enfouir dans le vieux sac de toile. Lorsque nous eûmes fini notre cueillette, grand-maman ne me donna pas un sou. Ma déception devait être visible sur mon visage, car elle me demanda si tout allait bien. J'aurais aimé lui crier que « je voulais une petite pièce de dix cents de rien du tout », mais je n'ai pas osé le faire.

Quelques jours plus tard, oncle Charlie, qui était dans l'armée, vint rendre visite à ma mère pour lui annoncer qu'il serait envoyé au loin en service jusqu'au mois de mars.

Il nous donna à chacun des enfants une pièce de dix cents en nous disant de la dépenser comme bon nous semble. Nous sautâmes et criâmes de joie : à cette époque, c'est fou tout ce qu'on pouvait acheter avec dix cents.

Dès que j'ai pu, je suis retournée à la quincaillerie pour acheter une toute petite ampoule colorée. De retour à la maison, je grimpai dans l'escabeau et remplaçai l'ampoule transparente du luminaire du balcon avec l'ampoule colorée. Après le coucher du soleil en fin d'après-midi, j'allumai la lumière et, comme personne ne m'observait, je sortis à l'extérieur pour voir l'effet de l'éclat lumineux dans la noirceur. J'avais la poitrine gonflée de fierté.

Lorsque papa rentra du travail, il demanda : « Qui a placé la lumière rouge au-dessus du balcon ? »

« C'est moi, papa ! » confessai-je avec joie. « On dirait vraiment que c'est Noël, non ? »

Je lui souris, heureuse comme tout. Je fus par contre intriguée lorsqu'il regarda maman avec une drôle d'expression sur son visage.

Le soir suivant, le balcon était éclairé par une ampoule verte. Quand je demandai à maman ce qu'il était advenu de l'ampoule rouge, elle me raconta qu'elle était défectueuse et que papa avait dû la remplacer. Rouge ou verte, cela m'importait peu. Notre maison était joliment décorée et dégageait tout de même une belle ambiance des fêtes.

— *Barbara W. Campbell*

La « dame » en rose

Durant ma jeunesse, dans les années 1950, mon père et moi étions rarement sur la même longueur d'onde. J'étais un esprit libre et il ne me comprenait pas. Même s'il était fier de mes réalisations, il demandait presque quotidiennement à ma sainte mère : « Mais pourquoi ce garçon se complique-t-il autant la vie ? »

C'est l'un des plus grands drames de la vie moderne : nous n'apprécions jamais assez ceux qui nous ont aimés, éduqués et qui ont fait de leur mieux pour nous élever jusqu'à ce qu'ils ne soient plus en mesure de nous offrir leurs conseils. Nos horaires trop chargés nous empêchent d'y penser jusqu'à ce qu'il soit trop tard de dire merci. Ma seule consolation est que je ne suis pas le seul dans cette situation.

Ce n'est qu'après sa mort récente que j'ai vraiment compris à quel point mon père m'avait servi de modèle et avait été de bon conseil.

Cela m'a permis de prendre conscience de son immense contribution au sein de notre famille et des principes qui ont guidé sa vie pendant quatre-vingt-deux ans.

Papa était ouvrier et construisait des machines à partir de plans. Il avait le don de transformer un rien en quelque chose d'utile. Il m'a déjà construit une voiturette de course à partir de bouts de bois et de boîtes de conserve. Elle faisait l'envie de tout le voisinage et c'est à son bord que j'ai remporté le championnat dans l'infâme « grande côte ». La garderie de notre église et l'école maternelle sont pleines de jouets fabriqués par lui — certains sont vieux de presque cinquante ans — et les réparations qu'il a effectuées un peu partout dans l'immeuble sont bien apparentes.

Mon père était doté d'une grande éthique professionnelle. Il a pris sa retraite après quarante et un an de loyaux services, mais seulement de son travail rémunéré. Avant que la maladie ne le retienne à la maison, il avait accumulé plus de 18 000 heures de bénévolat dans un hôpital de la région, un record jamais battu. Il s'était attribué le nom de « dame en rose » et portait fièrement sa veste rose de bénévole sur laquelle étaient agrafées de nombreuses épingles de mérite. Papa était apprécié de milliers de patients et de leurs familles pour son immense compassion et sa bonhomie.

« M. H. », comme tout le monde l'appelait, était également doté d'un grand sens de l'humour. Un matin, il arriva à l'hôpital dès l'aube (mon père était un lève-tôt). Après avoir garé sa Lincoln, il se dirigeait vers l'hôpital en traînant les pieds comme un arthritique lorsqu'il fut interpellé par un gardien de sécurité.

« Hé ! M. H. ! vous avez laissé vos phares allumés. »

Papa s'arrêta, se retourna, frotta son nez avec un doigt, puis pointa en direction de son automobile. Les phares s'éteignirent immédiatement comme sur commande.

Papa sourit machiavéliquement. « Merci », dit-il au gardien.

Mon frère et moi nous sommes souvent demandés pendant combien de jours il avait essayé de synchroniser ainsi ces phares dans l'attente de ce matin mémorable.

Une année, à Noël, mon père entendit parler d'une femme qui veillait depuis des jours son mari comateux en phase terminale. Après une vive discussion avec le personnel administratif de l'hôpital, il fit en sorte qu'elle puisse disposer d'une chambre privée durant quelques heures afin de pouvoir se reposer et prendre un bain.

Lorsqu'il revint à la maison pour le repas de Noël, il annonça à ma mère qu'il venait d'offrir le cadeau le plus inhabituel de sa vie.

Voyant son sourire malicieux, maman joua le jeu. « Et qu'est-ce que c'était Frank ? »

Sa poitrine se gonfla. « Je viens de donner un bain à une femme, puis je l'ai remise au lit. »

Le lendemain, il arriva à l'hôpital avec une grosse bosse sur la tête. Après avoir supporté les questions indiscrètes de ses pairs, il finit par murmurer comme si de rien n'était : « Ma règle de bois... ma femme... mes affaires. »

Pour quelqu'un qui, durant la Grande Crise, avait sauté à bord d'un train de marchandises, en route vers une nouvelle vie, avec seulement une pièce de dix cents dans ses poches et qui n'avait terminé plus tard qu'une seule année de collège, mon père était un homme cultivé et un grand philosophe. Il me disait toujours « Fiston, tu peux habituellement obtenir tout ce que tu veux de la vie, mais tu ne peux pas tout avoir » et « Ne te décourage jamais et ne cède jamais devant l'adversité ». Il ne faisait pas qu'adhérer à ces philosophies, il les appliquait directement. Même à l'automne de sa vie, alors qu'il souffrait gravement d'arthrite et d'asbestose (une maladie des poumons causée par l'inhalation de fibres d'amiante), il a continué d'offrir sa chaleur, son humour et son soutien moral à beaucoup d'autres personnes.

Plus tard, maman et lui ont emménagé dans une résidence pour personnes âgées semi-autonomes. À ses funérailles, j'ai appris qu'il s'était inscrit au club de poésie du centre. Je trouvai remarquable qu'il puisse régulièrement réciter devant un groupe des œuvres apprises plus de soixante-cinq ans plus tôt. Je suis certain que le célèbre poème *Paul Revere's Ride* de Henry Wadsworth Longfellow comptait parmi elles, étant donné qu'il nous l'avait si souvent récité durant notre enfance.

Le conseil de mon père qui prend de plus en plus de signification au fil des ans est sans doute son célèbre « Fiston, tout ce que tu voudras savoir se trouve quelque part dans un livre. Alors, lis-les tous ». Tu avais encore une fois raison papa, et je suis certain que tu aurais aimé le fait que j'en ai écrit moi-même quelques-uns.

Je termine actuellement mon quatrième roman et je sais qu'il me regarde et me sourit de là-haut.

Mon père est décédé vendredi ; nous l'avons enterré le dimanche suivant. L'annonce de son décès n'a été publiée que dans un seul journal, mais plus de trois cents personnes ont assisté à ses funérailles. En serrant la main des gens qui défilaient devant moi, je ne cessais de demander aux employés de l'hôpital et aux bénévoles : « Mais qui garde la boutique ? Vous êtes tous ici. »

Quelques jours avant sa mort, cet homme sage et dévoué avait dit à son épouse des soixante dernières années : « Tu as toujours pris soin de la maison. Maintenant, c'est à mon tour de partir et de te préparer une jolie demeure. »

Même si papa et moi ne nous sommes rapprochés qu'au cours des dernières années de sa vie — un fait que je regrette maintenant —, je sais qu'il est mort satisfait d'avoir vu ses deux petits diables devenir des adultes responsables et pères eux-mêmes de merveilleux enfants. Je le sais parce qu'il me l'a dit peu de temps avant son décès.

Merci papa.

— Lynn M. Huffstetler

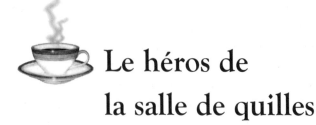

Le héros de
la salle de quilles

Au moment où j'essayais de surveiller mes quatre enfants à la salle de quilles, je me suis demandée ce qui m'avait pris d'avoir songé à pareille sortie. Déjà que j'avais dû me battre pour qu'ils soient prêts à temps ! Une fois rendus à la salle, c'est comme si une petite voix que seuls mes enfants pouvaient entendre leur avait dit : « Et que les jeux commencent ! » Et je ne parle pas des quilles.

Ils sont vite devenus insupportables avec leurs jérémiades, leurs manigances, leurs chamailleries et leur agitation. J'étais fâchée contre mon fils de deux ans parce qu'il ne cessait d'enlever son appareil auditif et que je devais constamment courir après lui pour le ramener près de nous. Je me demandais si j'aurais l'occasion de lancer une boule moi aussi. Mon fils de deux ans voulait jouer à la place des autres et pour éviter une crise, et parce que je suis la mère, je le laissais lancer ma boule.

Bien entendu, aucun de mes autres enfants n'aurait eu l'idée de céder son tour à son jeune frère. Je n'osais pas quitter des yeux mes deux fils de sept et treize ans, qui nécessitaient presque autant d'attention que mon plus jeune. D'ailleurs, ils faisaient justement les cons et je sentais qu'une bagarre était sur le point d'être déclenchée. Je maugréai intérieurement en me disant que cela n'avait rien d'une « activité familiale » agréable.

C'est alors que je l'ai aperçu deux allées plus loin. Ce fut le coup de foudre.

Ce n'était pas un coup de foudre d'amour, comme celui que j'éprouve pour mon mari. C'était plutôt cette sensation de chaleur intérieure qu'on éprouve à la vue d'un nouveau-né grassouillet, d'un magnifique coucher de soleil ou d'un père venu jouer aux quilles avec ses deux enfants en fauteuil roulant et qui faisait preuve d'une patience et d'une douceur exemplaires avec eux.

Le plus jeune, un garçon, avait environ six ans et des cheveux noirs bouclés comme son père. L'autre enfant, une jolie fille rousse, devait avoir environ treize ans. Je jetai un coup d'œil à mes enfants turbulents puis aux siens. Ses enfants n'avaient aucune motricité ; ils ne pouvaient même pas tenir la boule de quilles. Au même moment, mes enfants menaçaient de se lancer les boules les uns aux autres.

Stupéfaite, j'observai l'homme installer patiemment la rampe utilisée pour les joueurs handicapés. Je n'avais jamais réalisé combien cette petite marche qui menait à la piste de jeu pouvait vraiment être embêtante pour un fauteuil roulant.

Je ne m'étais jamais demandé comment il était possible de jouer aux quilles sans pouvoir utiliser nos bras. Mon plus grand défi — enseigner à mon enfant à lancer la boule sans être emporté avec elle sur la piste de jeu — n'avait rien de comparable. Je suis donc demeurée admirative en voyant cet homme approcher un accessoire spécial, une sorte de plate-forme en pente semblable à un tremplin de ski, chaque fois qu'un de ses enfants devait jouer. Il plaçait la boule en haut de la plate-forme, puis déposait doucement la main de l'enfant sur celle-ci en donnant discrètement une petite poussée pour qu'elle roule sur la piste.

Il souriait ensuite fièrement et donnait une tape dans le dos de son enfant pour le féliciter. Il s'adressait avec douceur à chacun de ses enfants, en se penchant pour être à la hauteur de leurs yeux. Il leur donnait des instructions, des encouragements et des félicitations, sans jamais perdre patience ou donner l'impression qu'il était contrarié de devoir les aider ainsi à jouer aux quilles. Cela ne semblait pas le déranger. En fait, il s'éclatait vraiment avec eux. Ses yeux brillaient d'amour pour ses enfants.

Lorsque mes enfants applaudirent mes efforts pathétiques pour lancer la boule sans la faire rebondir sur la piste, je ne pus m'empêcher de jeter un coup d'œil du côté de l'homme dont les enfants étaient incapables de tenir la tête droite pour voir leur père faire un abat. Cela ne les empêchait pas de saluer à grands cris chacun de leur bon coup.

Mon cœur se gonfla d'admiration pour cet homme aux cheveux noirs bouclés et ses beaux enfants. Puis, je rougis de honte.

Qu'est-ce que j'avais à m'agiter et à me plaindre ainsi, à être incapable de profiter du bon temps avec mes enfants ? Après tout, quatre enfants tapageurs, dont un avec une déficience auditive, ce n'était pas la mer à boire. Cet homme avait su transformer un après-midi à la salle de quilles en une journée magique. Il chérissait chaque moment — ce qui contrastait grandement avec mon attitude.

À la fin de leur partie, l'homme aida ses enfants à grimper la rampe pour ensuite les diriger vers les tables. Il semblait épuisé en enlevant ses chaussures de quilles. Je songeai à l'effort qu'il devrait ensuite déployer pour installer ses enfants dans la voiture et à l'exaspération que j'avais éprouvée au moment de préparer ma marmaille en parfaite condition physique en vue de cette sortie.

L'homme s'assit à l'une des tables, rapprocha ses enfants de lui et sortit son portefeuille. Je croyais qu'il s'apprêtait à payer et à quitter les lieux, mais ce ne fut pas le cas. Il sortit lentement quelques photos et les montra à chacun de ses enfants. D'une voix douce, il désigna chaque individu et cela fit apparaître un sourire radieux sur leur visage. De toute évidence, ils aimaient beaucoup les personnes photographiées.

Je sentis soudainement que l'homme savait que je l'observais et je rougis au moment où il se tourna vers moi avec un regard interrogateur. Je lui souris timidement en souhaitant avoir le courage d'aller vers lui pour lui dire : « Je crois que vous êtes une personne admirable et que vos enfants sont des anges. Vous m'impressionnez et vous m'inspirez beaucoup. »

Mais il est parti et je ne lui ai jamais dit ce que je ressentais au fond de mon cœur.

Si vous lisez ces lignes, cher monsieur de la salle de quilles, je tiens à vous remercier pour votre lumineux exemple. Merci de m'avoir rappelé d'aimer un peu plus mes enfants. Merci de votre leçon d'amour et d'humilité. Vous êtes un héros.

— *Susan Farr-Fahncke*

 # Comme un phare dans la nuit

Toña avait besoin de se changer les idées. Tout comme ses deux meilleures amies, Mary et Vicky. Chacune des jeunes femmes traversait une période difficile et se sentait vidée émotionnellement, physiquement et spirituellement. Les trois amies se dirent donc qu'en mettant en commun leurs maigres économies, elles pourraient se permettre d'aller passer un week-end dans un endroit paisible, à une distance raisonnable de Los Angeles, mais loin de ses embouteillages. Elles firent donc plusieurs appels et furent excitées de trouver un chalet abordable dans les montagnes de San Bernardino, disponible le week-end suivant. Elles firent le premier versement et planifièrent leur trajet en automobile.

Elles décidèrent de prendre la voiture de Vicky, une vieille Toyota Corolla noire, munie d'une transmission manuelle à cinq vitesses. Comme Vicky n'aimait pas conduire sur de longues distances et que

Mary détestait les routes sinueuses, c'est Toña qui prit le volant le jour de leur départ, soit le vendredi suivant, en fin d'après-midi.

Elles étaient tout heureuses de s'évader et de passer un magnifique week-end ensemble. Elles n'avaient prévu aucune activité particulière, à part se détendre et passer du bon temps. Le trajet jusqu'au lac Big Bear se fit dans la joie et la détente ; elles ne virent pas le temps passer à bavarder, à chanter leurs chansons préférées qui jouaient sur le lecteur de cassettes et à se rappeler leur enfance et leurs séjours en camping dans les montagnes.

Ce week-end tombait à point pour chacune d'entre elles. Elles en avait vraiment besoin. La compagnie était agréable et elles respectaient les besoins de chacune. Il n'y avait aucune obligation entre elles. Le samedi matin, à l'aube, Mary alla s'asseoir au bord du lac pour profiter d'un long moment de solitude. Là, parmi les pins, elle communia avec la nature et demanda à Dieu de la guider, car elle se trouvait à un point tournant de sa vie. Toña partit en randonnée et croisa un arbre géant sur lequel grimper. Elle s'assit sur une des branches supérieures pour lire et réfléchir. Vicky resta au chalet afin de plonger dans un bon livre.

Détendues et revigorées, elles reprirent la route le dimanche midi, avec un panier à pique-nique bien rempli et l'intention de s'amuser pendant le trajet du retour. Elles s'arrêtèrent au Village du Père Noël, un lieu qui leur avait laissé de nombreux souvenirs d'enfance heureux. Même si leurs yeux d'adultes remarquèrent la peinture blanche parsemée de points scintillants, leur cœur de petites filles tenait à croire qu'il s'agissait bel et bien de neige sur les toits.

Totalement désinvoltes, les trois amies firent une promenade en traîneau et un tour de grande roue ; elles burent du chocolat chaud et mangèrent du sucre d'orge et des pommes trempées dans le caramel (sans se préoccuper de ne plus avoir faim après pour le repas).

Lorsqu'elles quittèrent enfin le parc d'attractions, elles poursuivirent leur route en direction du lac Arrowhead, où elles s'arrêtèrent pour manger le goûter qu'elles avaient rangé dans le coffre arrière de la voiture. Après, elles achetèrent des boissons au service au volant d'un restaurant et reprirent la route pour rentrer chez elles. Pendant que Mary et Vicky sirotaient leur boisson gazeuse, Toña buvait du thé glacé. Elle ne mentionna pas à ses amies que le thé avait un drôle de goût ni qu'elle avait mal à l'estomac.

Mary suggéra de faire un détour par les Redlands pour qu'elle puisse leur montrer le lac Jenk. Elle leur avait raconté au début du séjour combien elle s'y était amusée durant son enfance. Vicky trouva l'idée amusante et Toña ne fit aucune objection, malgré son mal de ventre.

Elles ne trouvèrent le lac Jenk qu'en fin d'après-midi. Celui-ci s'avéra aussi retiré, pittoresque et paisible que Mary l'avait décrit. Comme ce n'était pas la saison touristique, elles avaient tout le lac et le terrain de camping à elles seules. Elles garèrent l'auto dans le stationnement vide et marchèrent jusqu'à la plage. Mary guida ses amies dans une promenade autour du lac, en leur racontant ses aventures de jeunesse.

Elles s'attardèrent à observer le coucher de soleil dans ce lieu paisible et magnifique. Puis, finalement, à l'arrivée du crépuscule, elles retournèrent avec regret à l'automobile.

Vicky et Mary avaient une mauvaise vision nocturne, alors c'est encore Toña qui prit le volant, sans mentionner à ses amies son mal de ventre. Elle démarra l'auto et alluma les phares, mais aucune lumière ne jaillit. Vicky sortit alors vérifier les phares avant et Mary les feux rouges arrière. Les feux de position fonctionnaient mais pas les phares ni les feux rouges arrière. Toña appuya sur la pédale de frein et Mary leva le pouce pour indiquer que tout fonctionnait bien de ce côté.

Elles firent ensuite ce qu'on leur avait appris : elles vérifièrent les fusibles, les câbles débranchés ou les mauvaises connexions ; elles donnèrent des petits coups sur les boîtiers, allumèrent et éteignirent les phares. Peine perdue. Il n'y avait aucune cabine téléphonique dans cet endroit retiré et elles n'avaient pas de téléphone cellulaire. Elles songèrent brièvement à passer la nuit dans le stationnement non éclairé puis réalisèrent vite que ce n'était pas une bonne idée. Comme leur seule option était d'essayer de redescendre de la montagne avant la tombée de la nuit, elles reprirent la route.

Mary et Vicky bavardèrent et chantèrent des chansons pendant que Toña se concentrait pour conduire sans phares sur cette petite route sinueuse qu'elle n'avait jamais empruntée auparavant.

Elle avait de plus en plus de crampes et pria de ne pas vomir et de pouvoir continuer de conduire. Les dents serrées, elle se concentrait pour conduire aussi vite qu'elle le pouvait sur ce chemin à deux voies non éclairé.

La noirceur fut totale avant même qu'elles eurent quitté la forêt de pins et atteint le bas de la montagne. Mary et Vicky demeurèrent silencieuses pour permettre à Toña de se concentrer.

Toña ralentit à 24 km/h, une manœuvre nécessaire mais dangereuse. En effet, une automobile noire sans feux rouges arrière circulant deux fois moins vite que la limite de vitesse permise, sur une route de montagne et par une nuit sans lune, constituait une cible facile pour tout véhicule qui descendait en trombe de la montagne. Les trois amies savaient qu'elles risquaient fort de se faire emboutir et peut-être même de se faire pousser hors du chemin, sur un versant de la montagne, par un conducteur qui ne les aurait aperçues qu'à la dernière minute. Mais avec seulement deux feux de position pour éclairer la voie, il était impossible de conduire plus vite sans courir de danger.

Elles remarquèrent soudainement derrière elles les phares d'un véhicule qui approchait rapidement. Toña appuya sur la pédale de frein en espérant que le conducteur comprendrait qu'elle lui demandait de ralentir et que les feux d'arrêt fonctionnaient encore. Elle fut rassurée en voyant la lueur rouge dans son rétroviseur.

Mais le véhicule continuait de foncer sur elle. Les trois amies retenaient leur souffle tandis que Toña appuyait frénétiquement sur les freins. Elles prirent une profonde inspiration lorsque l'autre automobile ralentit finalement. Le conducteur exprima son mécontentement en klaxonnant et en actionnant ses phares avant. Lorsque le chemin redevint droit, il les dépassa en jurant et en leur criant d'allumer leurs phares.

Une autre automobile apparut derrière elle. Encore une fois, Toña appuya sur les freins pour avertir le conducteur du danger. Et encore une fois, ce dernier klaxonna et actionna ses phares, puis les dépassa en leur criant des noms. Une troisième automobile surgit et le même scénario se reproduisit. Chaque fois, Mary, Vicky et Toña poussaient un soupir de soulagement et faisaient une prière de remerciement, tout en demandant à Dieu de leur venir en aide.

Puis, un quatrième véhicule apparut. Le conducteur se rapprocha de l'aile arrière, ralentit pour se mettre à la même vitesse que Toña, puis resta derrière elles à les suivre. Les filles étaient confuses et nerveuses. Qu'est-ce qu'il manigançait ?

Le conducteur alluma ses feux de route. La lumière brillante refléta dans le rétroviseur de la Toyota, au grand agacement de Toña qui en était presque aveuglée. Puis, elle remarqua que les phares de l'autre automobile éclairaient la route devant elle. L'autre conducteur leur éclairait ainsi délibérément la voie. Elle poussa un cri de joie et modifia la position du rétroviseur pour ne plus être éblouie.

Mary et Vicky hurlèrent elles aussi de joie.

« C'est un ange gardien venu nous rescaper ! » dit Mary.

« Continue de nous suivre, l'ami ! » ajouta Vicky.

Toña augmenta graduellement sa vitesse, roulant entre 30 à 40 km/h comme la visibilité le lui permettait. L'autre véhicule demeura derrière elle à l'éclairer pendant tout ce temps. Cette lumière les guida ainsi pendant presque une heure le long du chemin sinueux. Mary et Vicky croyaient qu'il s'agissait d'un camion, mais Toña était convaincue que c'était une automobile.

En arrivant au dernier virage et en voyant au loin les lumières de la ville, Toña suggéra de s'arrêter au premier arrêt ou feu de circulation pour remercier le conducteur de l'autre véhicule. Ses amies acceptèrent.

Arrivée à l'arrêt, Toña se gara rapidement et les trois amies sortirent de leur automobile, mais il n'y avait ni voiture ni camion derrière elles. En fait, il n'y avait aucun véhicule en vue et le seul bruit entendu était le ronronnement du moteur de la Toyota. Les lumières qui les avaient guidées étaient pourtant encore derrière elles quand elles s'étaient arrêtées à l'arrêt et elles n'avaient croisé aucune rue, entrée ou voie d'arrêt où le conducteur aurait pu tourner soudainement.

Abasourdies, les trois amies retournèrent sans mot dire dans leur automobile et se dirigèrent vers un restaurant situé à une courte distance.

« Eh bien ! » dit finalement Toña. « J'imagine que c'était vraiment un ange gardien parce qu'il n'y avait personne d'autre derrière nous. »

Elles pénétrèrent dans le restaurant. Tandis que Mary et Vicky prenaient place sur une banquette et commandaient leur repas, Toña courut aux toilettes et vomit tout le contenu de son estomac. Son empoisonnement alimentaire était sans doute causé par le goûter qu'elle avait pris au bord du lac ou par le thé glacé au goût étrange.

Vicky appela le club automobile et les trois amies passèrent la nuit dans un motel. Le lendemain matin, le mécanicien du coin vérifia les phares et ne vit rien d'anormal. Plus tard, le mécanicien régulier de Vicky détecta enfin une défectuosité dans le système électrique et la répara.

Ce week-end passé ensemble a permis de rapprocher encore davantage Mary, Toña et Vicky, en plus de confirmer leur ferveur spirituelle — elles savent désormais que peu importe la noirceur dans laquelle elles se trouvent, il y aura toujours un phare pour les guider sur leur route.

— *Toña Morales-Calkins*

 # La débarbouillette bleue

L e clapotis réconfortant de l'eau, le seul son émis dans la maison autrement silencieuse, aidait à détendre l'atmosphère. La bataille était terminée ; un compromis avait été atteint et il avait accepté de se laver, du moins il en avait eu l'intention. Au début, elle croyait que son refus de prendre une douche n'était que de l'entêtement et de la rudesse de sa part. Une personne ne se sent-elle pas mieux après s'être lavée ? Ne se rendait-il pas compte à quel point il dégageait une odeur nauséabonde ? Elle lui avait même offert de le laver en lui disant qu'il n'aurait qu'à s'asseoir sur le petit tabouret de bain. Il avait tout de même refusé.

Il l'avait accusée d'être méchante et contrôlante. Ne comprenait-elle pas combien il était devenu faible, combien il était dévasté par la maladie et la douleur ? Évidemment qu'il sentait la mort : il était en train de mourir.

Le chien le sentait également et semblait confus devant ce mort vivant qui avait pris la place de son ancien maître.

Au début, il restait couché à côté du lit d'hôpital installé dans la pièce donnant sur la rue, puis il s'était déplacé au pied du lit, puis près de l'entrée. Maintenant, il ne faisait que le guetter à partir de l'autre pièce.

Après avoir essuyé ses rebuffades, elle lui avait finalement demandé : « Pourquoi ? »

Et lui, voyant sans doute qu'elle ne cherchait qu'à l'aider désespérément, lui avait répondu d'une voix défaite : « Je ne peux pas. C'est tout. »

Les yeux écarquillés et emplis de larmes, elle était restée sans voix. *Seigneur, il ne peut même pas s'asseoir dans un bain.*

Il lui faisait toujours cela. Il demeurait toujours stoïque, sans rien lui dire, si bien qu'il lui fallait souvent quelques jours pour vraiment saisir la gravité de son état. Sa santé se détériorait si rapidement. Trop rapidement. Le temps de s'adapter à une nouvelle dévastatrice qu'une autre frappait déjà. Et c'est ce qui s'était produit ce jour-là.

Elle lui demanda : « Veux-tu que je te lave à la débarbouillette, ici, dans le lit ? »

Enfin le contact était établi. Il avait lui aussi les yeux mouillés. « Tu ferais ça ? »

« Bien entendu. »

Sachant qu'il détestait montrer ses émotions et sa faiblesse, elle se leva pour préparer le bain. Elle dégagea la table ronde à côté du lit qui était couverte de médicaments et d'accessoires. Elle apporta ensuite un bassin d'eau tiède, du savon, une serviette et une débarbouillette.

Elle avait choisi la débarbouillette bleue parce que c'était sa couleur préférée. Quelle tristesse de voir à quel point sa vie était réduite à si peu de choses, de constater combien la simple couleur d'une débarbouillette pouvait prendre de l'importance. Ses efforts — aussi vains soient-ils — pour lui faire plaisir étaient dorénavant réduits à ces petits riens. Il ne remarquerait sans doute pas la couleur de la débarbouillette, mais s'il le faisait... eh bien, il était impératif qu'elle soit bleue.

Elle trempa la débarbouillette dans l'eau tiède, puis la tordit en faisant dégoûter l'eau dans le bassin. Aucun mot ne fut prononcé, parce qu'aucun mot n'était requis. Le contact physique, la chaleur de l'eau, la caresse réconfortante de la débarbouillette sur la peau suffisaient.

Ce n'était pas du tout son genre d'être aussi silencieuse. Elle entretenait habituellement la conversation afin de chasser tout malaise ou inconfort par son simple bavardage. Mais pas à ce moment-là.

Il semblait effectivement mal à l'aise et inconfortable, mais il se détendit petit à petit, à mesure que son corps était débarrassé de la transpiration et de la poussière accumulées au cours des derniers jours. Elle remarqua qu'il avait fermé les yeux et affichait un visage paisible. Ce n'était pas du tout son genre d'être aussi détendu.

Elle trempa de nouveau la débarbouillette dans le bassin, la rinça et la tordit. Elle lui lava le cou, enflé et durci par les tumeurs. En sentant l'eau lui couler sur les poignets, elle se remémora certaines histoires qu'il lui avait racontées.

Il avait eu une enfance malheureuse. Son père était décédé avant même de savoir que sa femme était enceinte. Et il avait toujours eu l'impression d'être un poids pour sa mère. Un fardeau.

Il lui avait déjà dit : « J'aime te voir prendre soin de tes enfants. Je n'ai jamais connu ça, tu sais. Je n'ai aucun souvenir de ma mère en train de me bercer, de me serrer dans ses bras ou de me chanter une chanson. C'est tout juste si elle tolérait ma présence. »

Elle se rappela aussi qu'il lui avait raconté qu'un jour, petit garçon, il s'était fait une entaille profonde au pied et que cela n'avait suscité aucune inquiétude ou mouvement de réconfort. Sa mère avait plutôt exprimé de l'agacement parce qu'elle avait dû interrompre ses activités pour lui faire un pansement.

Elle rinça encore à plusieurs reprises la débarbouillette bleue. Les gouttelettes d'eau produisaient un son agréable dans la pièce tandis qu'elle tenait son bras dans les airs pour le laver. Elle sentit de nouvelles bosses dans la région de l'aisselle et du sein. Le cancer était en train de gagner — il avait en fait remporté la victoire. Inutile de mentionner les nouvelles tumeurs ou d'appeler le médecin. La bataille était terminée.

Elle le lava ainsi de haut en bas. Il gardait les yeux fermés. Soudain, elle eut une révélation qui éveilla en elle un sentiment d'admiration. Elle se pencha au-dessus de lui, le regard plein de compréhension et de déférence.

Elle réfléchit à la situation avec recueillement.

« Oh ! je vois », dit-elle simplement, en rinçant encore une fois la débarbouillette.

« Tu vois quoi ? » demanda-t-il, les yeux toujours fermés.

« Je vois. Dieu m'a démontré que son amour est si profond qu'aucun mot ne peut le décrire. »

« Ah oui ? » dit-il sans grand enthousiasme pour sa foi spirituelle.

« Oui. Il t'aime tellement qu'il t'a permis d'avoir un cancer des poumons. »

« Quelle chance ! » Il n'avait pas perdu son sarcasme malgré la déchéance de son corps.

« Non, vraiment. » Elle mourait d'envie de lui partager la révélation monumentale qu'elle venait d'avoir. « Je crois que quand notre heure est venue, notre heure est venue. Tu aurais aussi bien pu te faire écraser par un camion ou avoir un infarctus. Mais Dieu a fait en sorte que tu reçoives ce dont tu as besoin pour ton âme.

« Te voilà ici étendu, à recevoir des caresses et des soins pour la première fois de ta vie. Tu n'as jamais voulu qu'on prenne soin de toi avant parce que cela ne t'était jamais arrivé durant ton enfance. Regarde comme tu es détendu. Le cancer a fait tomber les murs que tu avais érigés autour de toi pendant tout ce temps. »

Ses yeux étaient toujours fermés, mais il ne put retenir les larmes qui coulaient silencieusement sur ses joues.

« Et Dieu t'aime tellement qu'il m'a fait venir à toi », poursuivit-elle avec assurance. « Je suis maternelle. J'ai ça dans le sang. Je ne peux rien faire pour ta maladie, mais je peux peut-être t'aider à guérir ton cœur. Et je veux que tu saches que cela ne me dérange pas du tout. Je ne suis ni embarrassée, ni irritée, offensée ou mal à l'aise de faire tout cela. Tu es mon mari. Tu as besoin d'un bain. C'est aussi simple que cela. »

Elle trempa la débarbouillette et la tordit pour continuer de le laver. Cette fois-ci, il intercepta ses mains charitables. Retrouvant sa force d'autrefois, il approcha ses doigts mouillés de ses lèvres. L'eau savonneuse se mêla aux larmes. Il déposa un baiser sur ses mains en disant simplement d'une voix douce : « Merci. »

Levant les yeux au ciel, il le redit de nouveau : ce fut la première prière de sa vie.

— *Diane Meredith Vogel*

# Une journée mémorable

« $\underset{\textstyle\Lambda}{A}$llez, Anthony. Le grand jour est arrivé !
Il faut partir maintenant. »

« D'accord, maman », cria le gamin de quatre ans en courant du salon à peine meublé jusqu'à la cuisine.

« Oh ! Anthony ! » s'exclama-t-elle en regardant ses souliers. Comme d'habitude, il avait inversé les pieds. « Nous allons raté le tramway. »

Elle sourit tout de même et remit ses souliers dans les bons pieds, puis noua avec soin les lacets. « Comment vont tes pieds, mon trésor ? »

« Ça va ! »

Anthony vivait avec ses parents et deux sœurs plus âgées dans un petit appartement situé dans des anciennes casernes de l'armée, dans le quartier défavorisé de Toronto. C'était tout ce qu'ils avaient les moyens de s'offrir. Son père était malade et travaillait rarement, tandis que sa mère gagnait un maigre salaire en tant que « concierge » de l'immeuble où ils habitaient.

Parmi ses fonctions, elle devait laver les toilettes communes ainsi que tous les planchers. C'était une brave femme, à la fois humble et travailleuse. Elle était très protectrice de ses enfants et entièrement dévouée à son mari dont la santé était fragile. Anthony ne l'avait jamais entendu se plaindre et elle avait toujours une caresse ou un sourire en réserve pour les membres de sa famille.

Une grande partie des possessions de la famille d'Anthony provenait du dépotoir de l'armée, situé derrière leur immeuble. L'armée jetait continuellement du matériel de surplus encore utilisable. Les soldats avaient pour ordre de détruire ces biens afin d'éviter que des gens les récupèrent et les réutilisent. Cela n'empêchait pas certains soldats d'être conscients des personnes nécessiteuses ; ils déposaient donc les articles encore utilisables à un endroit particulier, en sachant qu'ils trouveraient place dans des foyers reconnaissants.

L'immeuble où habitait la famille d'Anthony n'avait ni cour extérieure, ni terrain de jeu. Voilà pourquoi Anthony allait parfois jouer dans le dépotoir. Il se faufilait à travers la clôture jusqu'à l'ancien champ de tir situé tout près. Il examinait les trous noirs creusés par les obus au mortier, attrapait des têtards dans ces cratères ou restait simplement étendu sur l'herbe fraîche à fixer les nuages.

La mère d'Anthony l'avait amené chez le médecin à l'âge de trois ans. Celui-ci lui avait dit qu'il avait les pieds déformés et qu'il devait porter des souliers conçus spécialement pour lui. Il avait recommandé qu'Anthony ait ces souliers avant de grandir davantage.

Il avait expliqué que cela faciliterait sa démarche et corrigerait peut-être le problème. Les semaines et les mois avaient passé sans que la famille puisse économiser assez d'argent pour acheter des chaussures orthopédiques. La mère d'Anthony commença alors à s'inquiéter.

Finalement, elle décida que, pour le bien d'Anthony, ils ne pouvaient plus se permettre d'attendre plus longtemps. Un jour que ses deux sœurs étaient à l'école et que son père dormait, Anthony et sa mère allèrent en ville dans une boutique spécialisée en chaussures orthopédiques.

Anthony était excité d'aller au centre-ville en tramway — et quand Anthony était excité, il posait des questions. En fait, Anthony enfilait toujours beaucoup de questions les unes à la suite des autres.

« Est-ce qu'on peut s'asseoir en avant ? Est-ce que je vais pouvoir voir le conducteur ? »

« Oui, chéri, s'il y a un siège de libre. »

Pendant qu'ils se dirigeaient main dans la main jusqu'à l'arrêt du tramway, à cinq rues de là, Anthony bombarda sa mère de questions.

« Est-ce que l'eau chaude peut éteindre un feu ? »

« Pourquoi les abeilles piquent-elles ? »

« De quelle couleur est l'eau la nuit ? »

« Seigneur », dit sa mère en riant. « Est-ce que cela t'arrive d'être à court de questions ? »

Le tramway arriva et Anthony adressa ses questions au conducteur.

« Hé ! monsieur le conducteur. À quelle vitesse le tramway va-t-il avancer ? »

« Pourquoi vous n'avez pas de volant ? »

« Pourquoi faites-vous sonner cette cloche ? »

Le conducteur se tourna et jeta un regard interrogatif à la mère d'Anthony qui ne put s'empêcher de rigoler en haussant les épaules.

Ils arrivèrent vite au centre-ville et marchèrent jusqu'à la boutique. Sa mère avait pris rendez-vous la veille pour faire mesurer les pieds d'Anthony et lui faire fabriquer de nouvelles chaussures.

« C'est quoi ça ? » demanda Anthony à l'orthopédiste. « Est-ce que vous allez mesurer mes pieds ? Est-ce que ça va faire mal ? »

« Allons, Anthony, laisse le gentil monsieur faire son travail. Il va t'aider à redresser tes pieds. »

« Ça, tu peux le parier », dit l'homme en faisant un clin d'œil à Anthony.

Durant la demi-heure suivante, Anthony posa au moins cinquante questions et l'orthopédiste répondit patiemment à chacune. Lorsqu'il eut fini de prendre les mesures, il donna une sucette au gamin et une évaluation du coût des chaussures correctrices d'Anthony : 55 $.

La mère d'Anthony parut d'abord surprise, puis préoccupée. Elle savait qu'elle ne pourrait jamais amasser une telle somme. Elle remercia calmement l'orthopédiste pour son temps et lui dit qu'elle devait réfléchir.

Le cœur brisé, elle quitta la boutique suivie d'Anthony qui avait encore sa sucette à la bouche.

« Viens Tony », dit-elle avec un sourire forcé pour cacher sa déception. « Allons manger un hot-dog. »

« Super ! »

Après avoir partagé un hot-dog et une boisson gazeuse, Anthony et sa mère reprirent le tramway en direction de leur quartier. Main dans la main, sur le trottoir désert, ils refirent le même parcours qu'ils avaient fait un peu plus tôt, le cœur chargé d'espoir.

« Mais qu'est-ce donc ? » demanda la mère d'Anthony en arrivant au perron de leur immeuble.

Près de l'entrée, il y avait une petite boîte enveloppée dans du papier brun retenu par une ficelle. Elle avait presque l'air d'un cadeau, mais sans le papier d'emballage de couleur.

Il n'y avait personne à l'horizon, alors la mère d'Anthony ramassa la boîte et la secoua comme un enfant le ferait avant d'ouvrir son cadeau de Noël. Ils n'entendirent qu'un bruit sourd, impossible à distinguer.

« Je me demande bien ce qu'il y a dedans et à qui elle appartient », ajouta-t-elle, davantage à elle-même qu'à Anthony. « Peut-être devrions-nous l'ouvrir pour vérifier ? »

« Oui ! Ouvre-la ! Ouvre-la ! »

Elle fit glisser la ficelle dans un coin, puis dans l'autre. Le papier s'enleva facilement. Elle ouvrit le couvercle et porta la main à sa bouche.

« Ça alors ! Ça alors, Anthony ! »

Puis, elle pencha la boîte pour qu'il puisse voir.

Elle contenait une paire de chaussures spéciales, fabriquées sur commande, exactement comme celles qu'il avait essayées à la boutique. Et elles étaient exactement de sa pointure.

Comme la mère d'Anthony le lui avait promis, ce fut vraiment une journée mémorable.

— *Anthony Merlocco*

# La mélodie du cœur

Ma tante a déjà eu un canari qui aimait chanter quand elle passait l'aspirateur. Pour une raison inconnue, le son du moteur semblait inspirer l'oiseau qui l'accompagnait alors avec ses trilles et ses roulades harmonieuses.

Le canari démontra à quel point il se vouait à son art un jour où ma tante avait décidé de laver ses rideaux. En la voyant tirer l'aspirateur et brancher le boyau, il exprima à grands cris la joie qu'il éprouvait à faire de la musique avec son accompagnateur préféré. Ma tante démarra l'appareil et le petit oiseau répliqua avec un aria digne des anges.

Ma tante, toute concentrée à sa tâche, ne remarqua pas que son petit compagnon était sorti de sa cage pour aller se poser sur la boîte à rideaux.

En passant la brosse dans les plis du rideau, elle vit une tache jaune s'engouffrer rapidement dans l'aspirateur.

Horrifiée, elle éteignit immédiatement l'appareil, certaine que son pauvre oiseau avait bel et bien rejoint les anges. Puis, elle arrêta son geste et colla son oreille contre l'aspirateur — elle reconnut le chant étouffé de son oiseau qui provenait de l'intérieur.

« Continue de chanter, mon trésor ! » s'écria ma tante. « Maman va te sauver ! »

Elle s'empressa d'ouvrir le sac et le chant mélodieux du canari résonna encore plus fort. Elle plongea alors sa main dans les moutons de poussière pour créer un passage par où l'oiseau pourrait s'échapper.

Il sortit effectivement du sac à la vitesse d'un projectile et atterrit sur la table du salon : toujours en chantant. Ma tante demeura admirative pour ne pas dire respectueuse devant l'oiseau qui poursuivait sa symphonie — et ce même si son pauvre petit corps était entièrement déplumé.

Quand je songe à la persévérance dont avait fait preuve ce petit oiseau en proclamant haut et fort sa joie de vivre, je me demande à quoi ressemblerait le monde si les êtres humains possédaient une telle ferveur. Que se passerait-il si nous refusions, comme l'oiseau de ma tante, de laisser quoi que ce soit nous empêcher de « chanter notre propre mélodie » ?

Chaque fois que je pense à ce joyeux volatile, je suis encouragée moi aussi à chanter de bon cœur ma propre mélodie. Rien ne peut me réduire au silence. Il s'agit là, après tout, d'un cadeau que je me fais et que j'offre au monde entier.

— *Lynn Ruth Miller*

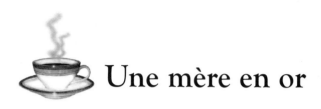 Une mère en or

Chaque automne, c'est le même scénario : les enfants retournent à l'école et, dans le temps de le dire, le comptoir de la cuisine croule comme le Titanic sous le poids de la multitude de notes rapportées chaque jour. C'est du moins ainsi que cela se passe chez moi.

Malgré toutes les stratégies déployées, je suis incapable de me débarrasser de cette pile de feuilles. J'ai eu beau la déplacer ailleurs, la pile se matérialisait toujours de nouveau au même endroit sur le comptoir. J'ai également essayé de jeter les feuilles, de les brûler, de les déchiqueter et de leur trouver un autre usage plus utile (par exemple à l'Action de grâces). Mais dès que la pile sentait sa vie menacée, elle activait son instinct de reproduction et parvenait instantanément à quadrupler sa hauteur.

Je me suis mariée, j'ai eu quatre enfants, j'ai signé une hypothèque et je me suis fait épiler les sourcils à la cire.

Mais rien ne me terrifie autant que de voir, après l'école, les sacs à dos bourrés de mes petits anges passer la porte. Et de voir les poignées de feuilles gonfler la pile. On dirait que plus elle est haute, plus je vois diminuer mon estime de moi.

Je suis incapable — *in*capable — de gérer le déluge de notes que je reçois concernant les fournitures à acheter, les inscriptions chez les scouts, les commandes de livres à payer, les rencontres parents-enseignants, les campagnes de financement, les changements d'horaire des autobus, les demandes de bénévoles, les chandails de l'école à acheter, l'argent à envoyer pour la photo d'école, les inscriptions aux journées où les parents doivent préparer une collation pour chaque élève, les rencontres pour la planification de la fête de Noël et qui sait quoi encore étant donné que personne dans cette maison n'a réussi à mettre la main sur le bout de papier décrivant toutes ces autres choses à accomplir.

Les notes me rappellent aussi que je suis supposée préparer chacun de mes quatre enfants pour leur examen d'orthographe hebdomadaire. Je dois aussi leur faire faire leurs exercices de mathématiques, les aider à étudier en vue de leur prochain examen de science, d'histoire ou de géographie, relire leurs rédactions, réviser leur journal, vérifier et signer leurs devoirs, en plus de stimuler leur apprentissage en organisant à la maison des activités « divertissantes » durant mes « temps libres », de les écouter lire à voix haute à chaque soir — et de ce fait de me diviser en quatre. C'est la seule façon de parvenir à tout faire.

C'est un échec lamentable : je suis incapable de suivre le rythme auquel ces notes et ces avis me parviennent de l'école.

Je me sens comme Lucy et Ethel (dans la très populaire série américaine *I Love Lucy*) qui essayaient de garder le rythme sur la chaîne de montage où défilaient à toute vitesse une quantité de chocolats. Je possède un calendrier sur lequel j'essaie de noter ces choses, mais, lorsque j'ai finalement le temps de passer à travers la pile de feuilles, il m'arrive de constater que je suis en retard de plusieurs années.

En fouillant dans la pile, je tombe sur l'examen d'orthographe de ma fille datant de trois semaines, avec la moitié des mots soulignés comme étant erronés. Sous la pile, une trentaine de centimètres plus bas, je découvre la liste des mots à épeler cette semaine-là, que j'étais supposée réviser avec elle quatre semaines auparavant.

Je me reprends en questionnant mon autre fille au sujet de son dessin.

« Ce n'est pas *mon* devoir », dit-elle d'une voix insultée.

J'insiste : « Mais le nom de ton enseignant est inscrit dessus ! »

« C'était mon professeur de *pré-maternelle* ! » souligne-t-elle, alors qu'elle est maintenant en sixième année.

Ces notes me donnent l'impression d'échouer lamentablement dans mon rôle de mère. Je suis certaine que mes enfants seraient d'accord. Après tout, j'ai déjà envoyé ces enfants à l'école avec des permissions de participer à des excursions qui avaient déjà eu lieu.

Ils en ont sûrement assez d'être les seuls dans leur classe à recevoir des notes à mon intention au sujet d'un document auquel j'ai oublié de répondre ou que je n'ai pas envoyé ou signé. (Ce n'est pourtant pas en me bombardant davantage de notes que je vais m'améliorer !)

J'imagine qu'ils vont vite me renier (« Je n'ai jamais vu cette femme de ma vie ! ») quand je vais encore me présenter, cette année, à la fête de la Saint-Valentin vêtue de mon costume d'Halloween.

Hier, j'étais plongée jusqu'aux coudes dans une pile épaisse, en jurant contre l'invention du papier et de l'encre. Il s'agissait des travaux hebdomadaires de mon fils en troisième année. Quelqu'un avait pris soin de les agrafer afin que je les passe en revue et que je les signe. En fouillant parmi les 1795 documents, je tombai sur un devoir qui attira mon attention.

En haut de la feuille était inscrit « Voici la chose qui, à mes yeux, est aussi précieuse que de l'or : _____ », avec un espace que l'élève devait remplir.

Mon fils avait écrit : « Ma mère est aussi précieuse que de l'or pour moi parce que je l'aime. » Il avait dessiné un cœur dans lequel se trouvaient deux personnages coiffés de la même manière, serrés l'un contre l'autre, le sourire aux lèvres.

Comme je le mentionnais plus tôt, j'adore cette pile de feuilles sur mon comptoir.

— *Denise Wahl*

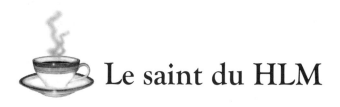 # Le saint du HLM

La première fois que j'ai rencontré Hector Juarez, il m'a dit qu'il était Superman.

Je lui ai répondu que je ne le croyais pas.

J'avais été envoyé sur les lieux pour arrêter la personne qui troublait l'ordre dans la cour du HLM. Cette personne était Hector.

« JE SUIS SUPERMAN ! » avait-il de nouveau crié, en levant ses bras courts et en prenant une pose comme s'il participait à une compétition de culturisme.

D'après mon évaluation, Hector mesurait 1,63 m et pesait à peine 50 kg, mais cela ne m'empêchait pas d'avoir peur. J'avais détecté une odeur d'éther sur ses vêtements, un signe que la personne a consommé de la PCP (phencyclidine), une drogue hallucinogène qui rend particulièrement violent. J'avais déjà vu des hommes intoxiqués à la PCP blesser gravement des policiers deux fois plus gros qu'eux.

« Ce serait bien si tu te tournais face au mur, les mains contre l'immeuble, pour éviter que quiconque se fasse blesser », lui suggérai-je. Je ne le quittais pas des yeux, attentif au moindre signe de violence. En le voyant se pencher, ramasser un bout de tuyau et pousser des grognements, j'ai su que la situation allait se détériorer.

Je dégainai aussitôt mon pistolet et le pointai en direction de la poitrine d'Hector. Il grogna encore plus fort et commença à avancer vers moi.

« Arrêtez ! » cria une femme en accourant vers nous. Le visage en larmes, elle se jeta au cou d'Hector et essaya de l'entraîner avec elle. Stimulé par la drogue, Hector n'eut aucune difficulté à la repousser et à le jeter au sol. Puis, il reporta son attention sur moi. J'armai le chien de mon arme automatique.

Secouée mais toujours déterminée, la femme s'agenouilla entre Hector et moi et se mit à prier.

« Oh ! mon Dieu ! chassez le démon ici présent », supplia-t-elle. « Chassez cette drogue qui a pris possession de mon mari, Hector. Chassez la peur et l'hostilité qui se sont emprises de ce policier. De grâce, Seigneur, faites que tout cela cesse immédiatement. »

Je n'avais jamais rien vu de semblable durant toute ma carrière dans la police et même encore aujourd'hui. Et, de toute évidence, Hector non plus. L'attitude de la femme nous désarma tous les deux, au propre comme au figuré. Hector laissa tomber le tuyau et je rengainai mon pistolet.

Levant les yeux au ciel, sa femme soupira : « Merci. » Puis, elle se releva et prit la main d'Hector, redevenu soudainement docile.

« Dieu vous le rendra d'avoir eu la gentillesse de laisser Hector rentrer avec moi à la maison, monsieur l'agent », dit-elle, en dirigeant son mari vers un couloir éloigné.

Mais que disait-elle là ? Il n'avait nullement été question de le laisser partir, mais je me sentis complètement désarmé et ne pus que sourire à la femme d'Hector au comportement si singulier et leur souhaiter bonne nuit.

L'année suivante, je fus envoyé dans un autre HLM pour aller vérifier la présence d'un individu dont la description correspondait à celle d'un patient psychiatrique en fuite. Deux femmes m'informèrent que l'homme que je recherchais était debout au milieu du terrain de basket-ball et hurlait à pleins poumons. Je me dirigeai donc vers le terrain vide et vis deux choses qui m'inquiétèrent : un homme corpulent se trouvait au milieu du terrain et hurlait quelque chose au sujet des extra-terrestres, tandis que six membres du gang le plus violent en ville attendaient tout près.

J'envoyai un message radio pour décrire ma situation et le répartiteur m'informa que toutes les unités de renfort étaient occupées ailleurs et que je devais me débrouiller jusqu'à ce qu'il y en ait une de disponible. Je me dis que les membres du gang devaient attendre qu'un policier prenne en charge le psychopathe pour passer à l'attaque. Malheureusement, j'avais vu juste.

Sachant que le patient évadé était considéré comme violent, je m'approchai prudemment de lui, en parlant doucement et en évitant les mouvements brusques. Cette stratégie a fonctionné jusqu'à ce que je sois à environ trois mètres de lui. C'est alors qu'il fonça sur moi comme un taureau enragé. Même si j'avais réussi à esquiver le coup en majeure partie, je fus tout de même projeté au sol, par-dessus l'homme qui se débattait sous moi. Pendant que j'essayais de maîtriser ses bras et ses jambes, je n'étais pas vraiment conscient que les membres du gang avaient formé un cercle autour de nous. Une fois le psychopathe plus ou moins maîtrisé, je jetai un coup d'œil aux voyous et compris que j'étais en réel danger. Comme je ne pouvais pas laisser aller le patient encore fort agité, il m'était impossible de protéger mon dos exposé au gang. N'ayant pas d'autre alternative, je tendis la main vers mon pistolet.

Il n'était plus là.

Réalisant qu'il avait dû glisser de mon étui durant ma chute, je jetai un regard nerveux autour de moi et vit qu'il se trouvait dans la main de l'un des membres du gang — et qu'il pointait dans ma direction. Je songeai alors à ma femme et à mes trois enfants, à ce que serait leur vie sans moi et à la sensation que j'éprouverais en recevant une balle de mon propre pistolet. Je levai les yeux sur celui qui tenait mon arme, dans l'attente de voir l'éclair de la balle et de sentir la douleur, mais il fut distrait par quelque chose qui se trouvait à l'autre extrémité du terrain de basket-ball.

Sans cesser de lutter pour maintenir le malade au sol, je tournai la tête pour voir ce qui retenait ainsi leur attention. Hector se dirigeait vers nous accompagné de dix hommes qui devaient être ses meilleurs amis.

Sans un mot, Hector et ses amis pénétrèrent dans le cercle du gang et en formèrent un encore plus petit autour de moi et du psychopathe.

« Mais que fais-tu là ? » demanda Hector, de toute évidence amusé de me voir en aussi mauvaise position.

« J'essaie de ramener cet homme dans ma voiture. »

« Où est ton pistolet ? La dernière fois que nous nous sommes rencontrés, tu portais une arme. »

« Il est tombé quand cet homme m'a foncé dessus », expliquai-je le souffle court. Je fis un signe en direction de celui qui tenait mon arme et soufflai : « C'est lui qui l'a. »

Hector jeta un regard à l'homme puis se retourna vers moi.

« Ils ne t'aiment pas, et moi non plus, mais toi encore moins. Ils veulent te faire beaucoup de mal », dit-il tout bas. « Je ne peux pas me battre contre eux pour aider un policier. Ils n'auraient pas avantage à s'en prendre à mes amis. Tu vois ce que je veux dire ? »

Luttant toujours avec le patient, je regardai Hector en craignant de m'évanouir d'un moment à l'autre.

« Moi et mes amis, nous allons simplement rester ici et observer un policier accomplir son travail. Nous allons te suivre jusqu'à ta voiture. Tu vois ce que je veux dire ? »

Je voyais bien son intention.

J'étais épuisé d'avoir lutté, tout comme le patient. Je réussis finalement à lui passer les menottes, puis je l'aidai à se relever et me dirigeai avec lui vers ma voiture de patrouille.

La scène était surréaliste : un policier seul et un homme hurlant à propos des extra-terrestres, entourés de deux bandes rivales, chacune avec des motivations différentes, qui se déplaçaient tous ensemble sur le terrain de basket-ball.

Fidèle à sa promesse, Hector et ses amis m'encerclèrent pour me protéger jusque dans le stationnement vide. Ils ne brisèrent leur cercle que lorsque nous atteignîmes la voiture. Au moment où je faisais asseoir le patient maîtrisé sur le siège arrière, une main anonyme laissa tomber mon pistolet sur le siège avant.

« Merci », dis-je, la voix chargée d'émotion.

« Je rembourse une vieille dette », répondit Hector en souriant.

Je démarrai et reculai en m'éloignant lentement du cercle protecteur d'Hector. Il est demeuré là un bon moment, appris-je plus tard, à essayer de faire momentanément la paix avec la bande rivale. Il y est parvenu sans user de violence.

Hector est ainsi apparu à deux autres reprises dans ma vie, au moment où j'étais en danger, pour me protéger à sa façon. Encore aujourd'hui, j'ignore comment il savait où j'étais et que j'avais besoin d'aide.

Durant les années où j'ai patrouillé dans le quartier, il m'est arrivé à quelques reprises de croiser Hector.

Je l'ai invité plus d'une fois à venir manger à la maison avec sa femme, mais Hector ne s'est jamais senti suffisamment à l'aise pour accepter mon invitation. J'ai cependant mangé régulièrement chez lui jusqu'à ce que je sois transféré dans un autre district.

Plusieurs années plus tard, avant de partir de l'autre côté de l'océan pour occuper un poste gouvernemental, je suis retourné au HLM pour faire mes adieux à Hector. Après avoir emprunté l'escalier délabré qui menait à son appartement, je trouvai ce dernier vide. Tout ce que le concierge a pu me dire est que Hector et sa famille avaient plié bagages et étaient partis plus tôt dans la semaine, sans laisser d'adresse où faire suivre le courrier.

Je pense souvent à Hector et je me demande où il est aujourd'hui. J'imagine que si jamais je me retrouve encore une fois en danger, sans aucun moyen de m'en sortir, je vais le voir surgir de nulle part pour me délivrer.

« Es-tu mon ange gardien ou quelque chose du genre ? » avais-je un soir demandé à Hector, alors que nous étions assis dans l'escalier de secours, à l'arrière de son appartement.

« Non », avait-il répondu en fixant une étoile au loin dans le firmament. « Je suis Superman. »

— *Jamie Winship*

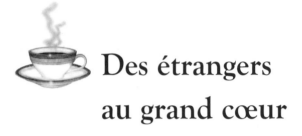

Des étrangers
au grand cœur

Joanne alla répondre à la porte ; elle avait l'air inquiète et tenait encore la lettre dans sa main. Mais son visage s'éclaira dès qu'elle vit le jeune homme souriant à l'allure négligée.

Richard était un célèbre photographe de New York. Ses photos de mode et de célébrités avaient paru sur les couvertures et dans les pages des magazines *Vogue*, *Harpers Bazaar*, *Vanity Fair* et *Town and Country*. Même si les gens riches et célèbres l'accueillaient dans leurs maisons et s'il possédait un studio sur la chic 5ᵉ Avenue, il s'habillait comme un artiste miséreux. En ce jour frigorifiant de décembre, à peine quelques semaines avant Noël, il portait un jean, une chemise en coton sous un tricot irlandais, un coupe-vent, un bonnet de laine et des baskets qui avaient déjà été blanches. Il avait les mains nues.

« Tu n'as pas froid ? » demanda Joanne en l'invitant à l'intérieur.

« Mais non », répondit-il en balayant sa question d'un geste de la main.

Plus tard, alors qu'ils savouraient un chocolat chaud, il lui demanda : « Quelque chose te préoccupe ? Tu n'es pas dans ton assiette aujourd'hui. »

« Je vais bien. Seulement, j'ai reçu cela ce matin et je ne sais pas quoi faire », dit-elle en pointant la lettre sur la table du salon.

Richard prit la lettre et remarqua qu'elle datait de novembre. Voici ce qu'il lut :

Appel urgent !!!

Cinq élèves du secondaire, disciples de Martin Luther King Jr, ont été arrêtés hier à McComb, dans l'État du Mississippi, lors d'une manifestation pacifique contre les lois raciales et la ségrégation dans différents États américains. Même si les accusations ne tiendront pas la route en cour de justice, les autorités locales sont déterminées à garder ces jeunes en prison durant la période des fêtes.

La caution a été fixée à un montant délibérément élevé, en sachant que ces jeunes et leurs familles ont peu de ressources financières. Pour assurer la libération de ces jeunes gens afin qu'ils puissent passer Noël en famille, nous devons amasser la caution de 14 000 $ et la remettre aux autorités sous forme d'argent comptant ou de mandat postal d'ici le 23 décembre.

Le temps presse. Pouvez-vous nous aider ?

Il n'eut pas besoin d'en lire davantage.

« Qui t'a donné ça ? » demanda-t-il.

« Un ami me l'a fait suivre en espérant que je pourrais faire quelque chose », répondit Joanne. « Ce ne sont que des jeunes idéalistes. Et je déteste l'idée qu'ils aillent en prison, surtout à Noël. Mais je viens tout juste de recevoir la lettre et je ne vois pas comment je pourrais amasser une telle somme en si peu de temps. »

Richard réfléchit un moment.

« Puis-je t'emprunter la lettre ? » demanda-t-il. « J'ai beaucoup de clients qui sont très riches et beaucoup d'entre eux ont vraiment le cœur sur la main. »

« Bien sûr, la voici. Mais tu dois poster la caution avant le 17 pour qu'elle parvienne au Mississippi avant le 23. Cela ne te laisse qu'une semaine pour amasser l'argent. Tu n'y arriveras jamais. »

« Peut-être, mais ça vaut le coup d'essayer. »

Les jours suivants, le photographe parcourut la ville entière. Il appela des acteurs et des actrices célèbres, des dames de la haute société, des éditeurs de magazines, des écrivains célèbres, des barons des médias et des chefs d'entreprise. À chacune de ses visites, il sortait la lettre froissée de sa poche et repartait avec un gros chèque.

Le vendredi 17 décembre, en fin d'après-midi, il reçut son dernier don. Il ne lui restait plus qu'à poster le mandat postal ce même jour pour que les jeunes soient libérés pour Noël ! Il appela au bureau de poste le plus près pour savoir à quelle heure fermait le guichet des mandats. Il avait tout juste le temps de s'y rendre.

Il se faufila dans le trafic intense et à travers la foule de New-Yorkais qui se précipitaient dans les magasins pour faire leurs dernières emplettes de Noël.

La neige se mit à tomber et le vent arctique chassa les gaz d'échappement des automobiles, laissant l'air anormalement pur et frais. Même si le froid glacial transperçait son coupe-vent et son chandail, il suait à grosses gouttes à force de courir ainsi dans les rues. Il jeta un coup d'œil à sa montre en grimpant les marches glissantes du bureau de poste : il dépassait à peine 17 h. Il avait réussi !

Heureux d'être au chaud, il secoua la neige de ses baskets détrempées et parcourut des yeux la pièce pour trouver le guichet des mandats postaux. Son cœur se brisa lorsqu'il vit qu'il était fermé, les lumières éteintes. Il chercha quelqu'un à qui demander de l'aide mais le guichet voisin était également fermé et il n'y avait personne au comptoir principal. Il aperçut un jeune homme qui triait le courrier au fond de la pièce, derrière le comptoir, éclairé par une seule ampoule au plafond.

« Pardon ! » dit le photographe. « Où est le gars qui s'occupe des mandats postaux ? »

« Parti à la maison. »

« Mais j'ai appelé plus tôt et il m'a dit qu'il serait ici pendant encore une demi-heure ! »

« Ouais, mais il a commencé à neiger, alors il est parti chez lui. Revenez lundi. »

« Pouvez-vous lui demander de revenir aujourd'hui ? »

« Pas question. Il habite loin, dans le Long Island. »

« Pouvez-vous me préparer un mandat postal ? »

« Non, je ne suis pas autorisé à faire des mandats postaux. Je n'ai même pas la clé pour ouvrir le tiroir. »

Le photographe resta planté là au milieu de la pièce vide, le regard impuissant. Si seulement il était venu une demi-heure plus tôt. Il avait échoué. Et maintenant, ces cinq adolescents du Mississippi passeraient Noël seuls dans une cellule austère au lieu de célébrer en famille comme ils devraient normalement le faire. Découragé, il se dirigea vers la sortie.

« Désolé. Je vous aurais bien aidé si j'avais pu », dit le commis qui s'était approché du comptoir.

Richard se retourna et le regarda attentivement.

« Ça va, m'sieur ? » demanda le commis.

« Oui, je vais bien. Mais avez-vous entendu parler des jeunes de la ville de McComb, dans le Mississippi ? »

Après que le photographe lui eut raconté l'histoire, le commis prit le combiné du téléphone, en lui disant d'attendre une minute, et composa un numéro.

« Allô Marla ! Puis-je parler à Pete ? » demanda-t-il. « Salut Pete ! C'est Joe. Au fait, as-tu entendu parler des jeunes qui se sont faits arrêtés à McComb, dans le Mississippi ? »

Quand Joe raccrocha, il pointa en direction du banc et dit : « Assoyez-vous. Il va revenir. »

L'attente fut longue. Le soir était tombé et la neige tombait à gros flocons lorsque Pete arriva finalement.

Les jeunes activistes de McComb, au Mississippi, furent libérés juste à temps pour assister à la messe de minuit. Ils ignoraient tout de la provenance de l'argent de leur caution.

Ils ignoraient qu'un homme avait su faire appel à un grand nombre de gens et à leur compassion. Ils ont cru que leur libération était due à un miracle. Et ils n'avaient peut-être pas tort.

— *Elaine Slater*

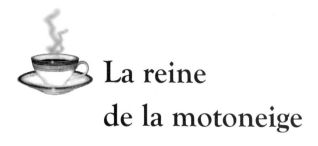

La reine
de la motoneige

Mon mari et moi sommes devenus accros de la motoneige. Bien entendu, nous ne sommes pas vraiment des experts ; nous n'allons jamais hors des sentiers balisés. Mais nous prenons beaucoup de plaisir à pratiquer cette activité ensemble et, aussi étrange que cela puisse paraître, j'ai l'impression d'avoir acquis une certaine sagesse avec cette expérience.

La première fois que nous avons décidé de partir ensemble en motoneige, je célébrais mon trente-cinquième anniversaire. Nous avions planifié une petite escapade en amoureux. Nous savions qu'une journée sans nos quatre enfants à jouer dans la neige avant de passer une nuit romantique seuls tous les deux serait une pause bien méritée. J'étais tellement excitée que j'ai fait les bagages une semaine à l'avance.

Puis, ce fut enfin le jour du départ. Ce matin-là, nous prîmes la route en direction du centre touristique, à une heure et demie de route. La veille, il avait neigé et la nature avait revêtu son beau manteau blanc. Nous n'aurions pas pu avoir de meilleures conditions. Le soleil brillait sur la neige et il n'y avait personne sur les sentiers — pas une âme ou motoneige en vue.

L'idée d'être les seules personnes à des kilomètres à la ronde m'enchantait... jusqu'à ce que nous soyons dans la forêt.

Lorsque nous nous sommes enfoncés dans la nature sauvage, mon excitation s'est transformée en frayeur. J'ignorais de quoi et pourquoi j'avais peur, mais, soudainement, je me suis mise à trembler à chaque virage, à chaque pente et à chaque flanc escarpé de la montagne. Je nous imaginais sans cesse en train de foncer dans un arbre ou de plonger dans un ravin. J'avais les mains moites dans mes gants et mon cœur battait à tout rompre.

Le sentier devint soudainement extrêmement cahoteux, ce qui me rendit encore plus anxieuse. Je criai à mon mari que nous étions vraiment ballottés et secoués comme des sacs. Je m'accrochais à la vie, les mâchoires si serrées que je suis surprise de ne pas m'être cassé une dent. J'avais hâte de finir cette escapade et de retrouver la chaleur et la sécurité de notre gîte.

Mon mari se tournait périodiquement vers moi et me criait : « Tu veux conduire ? »

« Non ! » répondais-je en hurlant pour qu'il m'entende par-dessus le bruit du moteur et en espérant qu'il ne me le demanderait plus.

Nous arrivâmes finalement au bout du premier sentier et nous nous arrêtâmes pour manger. J'avouai à mon mari ma peur irrationnelle et, comme toujours, le fait d'en parler m'a calmée et a aidé à diminuer mon anxiété. Lorsque nous nous sommes remis en route, j'avais un peu moins peur. Mais même si ma frayeur s'était estompée, je n'avais pas retrouvé mon calme et cette petite escapade ne m'amusait pas vraiment.

J'étais trop distraite par la peur qui me rongeait et que je ne pouvais chasser.

J'essayai très fort de me détendre. Je me concentrai sur ma respiration, en inspirant et en inhalant profondément, ainsi que sur la présence réconfortante de mon mari. Je m'attardai aussi sur la nature qui nous entourait : les montagnes et les arbres, le ciel et les nuages, les oiseaux et les petits animaux qui gambadaient et que je n'avais pas remarqués avant. J'ai même aperçu des pistes de lièvre, de renard et de cerf dans la neige fraîche.

Puis, soudainement, j'ai réalisé que nous étions non seulement les seuls motoneigistes sur le sentier, mais aussi les seuls êtres humains à passer à cet endroit depuis que la neige était tombée. Je fus alors touchée au plus profond de mon être par le sentiment de paix et de solitude qui y régnait et par la beauté fulgurante du paysage. Le fait de partager la montagne avec les différentes espèces sauvages était presque une expérience sacrée. Mon esprit s'apaisa, mes muscles se détendirent, ma respiration ralentit et un sourire apparut sur mon visage.

La motoneige prit alors de la vitesse. Mon mari, sentant que ma peur s'évanouissait, avait décidé de mettre les gaz. J'aperçus les traces évidentes d'un ours et éclatai de rire en imaginant son air intrigué en nous voyant filer ainsi à toute allure. Je me suis demandé lequel d'entre nous aurait eu la plus grande frousse.

Tandis que nous traversions la forêt en laissant derrière nous un nuage blanc, la tension que j'éprouvais précédemment fit place à une véritable euphorie. Au bout d'un moment, j'indiquai à mon mari de s'arrêter afin que nous puissions nous détendre un peu.

Nous en profitâmes pour étirer nos jambes et photographier la nature sauvage. Puis, j'eus soudainement envie de réaliser un vieux rêve. Je me dirigeai au bord du sentier, là où la neige était épaisse et fraîche, j'étendis les bras et je me laissai tomber sur le dos dans la neige folle. C'était la première fois de ma vie que je traçais un ange dans la neige avec mes bras et mes jambes. Je regardai fièrement ma création et mon mari admit qu'il n'avait jamais vu un ange aussi parfait. J'ai alors songé qu'il serait peut-être agréable de conduire la motoneige. Mais je ne dis rien à mon mari et grimpai derrière lui, et nous repartîmes sur le sentier.

Pendant que nous roulions sur la dernière section de la piste, ma peur de conduire commença à m'agacer. Quelque chose au fond de moi tenait à maîtriser ce truc qui m'effrayait tant. J'étais fâchée que la peur m'empêche d'accomplir une chose qui m'attirait vraiment. Le jour commençait à tomber et nous n'étions plus qu'à quelques kilomètres du gîte. Je savais que si je ne sautais pas sur l'occasion maintenant, je le regretterais plus tard.

J'indiquai donc à mon mari de s'arrêter encore et lui annonçai que j'étais prête. Je voulais conduire. Le cœur battant, je roulai d'abord lentement, en sentant le vent me fouetter le visage. Je souris et accélérai un peu.

Mes cheveux flottaient derrière mes épaules et je poussai un cri — surtout d'excitation mais aussi de peur. Je me soulevai légèrement pour voir la piste devant moi.

J'ouvris les gaz et poussai un cri triomphant, tandis que mon mari était secoué de tous bords tous côtés. Je l'entendis rire derrière moi et je souris à la pensée de m'être découvert un esprit d'aventure.

C'est sur cette note empreinte d'émotion et d'insouciance que notre journée se termina. J'étais fière d'avoir su dompter ma peur. Je constatai également que cette expérience m'avait appris une ou deux leçons fort précieuses.

Le fait d'avoir accompli une activité que je mourrais d'envie de faire mais qui m'effrayait au plus haut point m'a incité à surmonter d'autres obstacles dans ma vie. En osant agir et en remplaçant les « j'aurais donc dû » par « je suis contente de l'avoir fait », j'ai rehaussé mon estime de soi et mon sentiment de bien-être. Le fait de cesser de me concentrer uniquement sur ma peur m'a permis de voir — *vraiment* voir — toute la beauté qui m'entourait.

Voilà les leçons que j'ai apprises le jour de mon trente-cinquième anniversaire, lors d'une randonnée en motoneige.

— *Susan Farr-Fahncke*

Les cloches
du paradis

Ma mère a eu une belle vie en fin de compte. C'est ce que je me suis dit le jour où nous nous sommes résolus à la placer dans un foyer d'accueil à l'âge de quatre-vingt-trois ans. Elle était devenue sénile et nécessitait des soins médicaux et une aide quotidienne que nous, les membres de la famille, étions incapables de lui fournir. Durant son séjour là-bas, elle est tombée à plusieurs reprises, chaque chute aggravant encore davantage son état physique. Elle fut hospitalisée trois fois pour une pneumonie et nous avons cru chaque fois qu'elle n'allait pas s'en sortir. Chaque fois qu'elle était à l'article de la mort, elle me demandait de demeurer à ses côtés. Elle était terrifiée à l'idée de mourir seule et elle voulait que je sois près d'elle le jour où son heure serait venue.

À quatre-vingt-neuf ans, nous avons déménagé maman dans un établissement de soins prolongés situé à environ cinq minutes de la maison.

Il m'était ainsi plus facile de la visiter régulièrement, même si, à ce moment-là, cela faisait deux ans qu'elle ne me reconnaissait plus. Je lui ai même demandé un jour si elle savait qui j'étais.

« Ton visage m'est familier... Qui es-tu ? » demanda-t-elle.

« Je suis Karen. »

« Oh ! j'ai une fille qui s'appelle Karen. »

« C'est vrai, maman. Je suis ta fille Karen. »

« C'est bien », répondit-elle. « Qui es-tu déjà ? »

Environ neuf mois après le déménagement de maman dans l'établissement de soins prolongés, elle a dû être alitée en permanence. Je crois sincèrement qu'à ce moment-là, tout ce qu'elle désirait, c'était mourir. Elle ne pouvait plus parler et refusait de manger. Le jour où elle a contracté une pneumonie, elle fut immédiatement hospitalisée. Je suis allée la voir tous les jours à l'heure des repas afin d'essayer de lui faire ingurgiter quelque chose. Elle prit d'abord du mieux, puis son état s'aggrava au point qu'elle fut vite retournée à l'établissement de soins prolongés pour y mourir. Les médecins, les infirmières et les préposés nous annoncèrent qu'ils ne pouvaient plus rien faire pour elle, à part lui donner du réconfort durant ses derniers jours. Et c'est ce qu'ils ont fait.

Elle est vite entrée dans le coma. Pendant plus de deux semaines, elle a dû recevoir de l'oxygène pour respirer plus facilement ainsi que des injections régulières de morphine pour soulager la douleur. Elle ne recevait cependant pas de traitement par intraveineuse pour la maintenir en vie. Les infirmières hydrataient sa bouche asséchée avec des éponges imbibées de glycérine. Ma mère, qui avait toujours fait de l'embonpoint avec ses 72 kilos, n'avait plus que la peau et les os.

C'était vraiment difficile de la voir ainsi inerte sur son lit, à la fois si fragile et si maigre. J'étais déchirée par la mort lente et douloureuse de cette femme autrefois si énergique — la grand-mère de mes enfants, la personne qui m'avait élevée et qui m'avait aimée inconditionnellement. Pourquoi ne pouvait-elle pas seulement mourir en paix ? Pourquoi devait-elle s'éterniser ainsi comme cela ? Quand son agonie prendrait-elle fin ? Je cherchais des réponses mais n'en trouvais aucune.

J'étais dévastée. Je passais des heures à ses côtés, à lui caresser le visage et à lui dire combien je l'aimais, sans savoir si elle m'entendait ou sentait les mains de sa fille qu'elle ne reconnaissait plus. C'est à peine si j'ai pu supporter les derniers jours de sa vie. Dès que je rentrais chez moi après une visite à l'hôpital, une infirmière m'appelait pour me dire que l'heure était venue et de revenir le plus tôt possible.

Un vendredi après-midi, alors que je n'étais de retour à la maison que depuis quinze minutes, ils m'ont appelée pour me dire de revenir. La fin était proche. J'ai conduit comme une folle, en voyant à peine devant moi à travers les larmes qui coulaient sur mon visage. Toutes sortes de pensées me traversaient l'esprit : *Est-ce que je vais arriver à temps ? Je dois arriver à temps. Tiens bon, maman. S'il te plaît, tiens bon jusqu'à ce que j'arrive. Je ne t'abandonnerai pas. Je te l'ai promis. Je dois être là pour toi. J'ai besoin d'être à tes côtés.*

À mon arrivée, je fus à la fois soulagée et affligée de voir que maman était encore parmi nous. Une nouvelle infirmière prenait soin d'elle ; elle était très gentille et me dit que ce n'était qu'une question de minutes ou d'heures. Les infirmières avaient fermé les rideaux pour préserver son intimité, étant donné qu'elle partageait la même chambre que trois autres femmes âgées.

La pièce était plongée dans un profond silence, troublé uniquement par le bruit de l'appareil qui aidait ma mère à respirer. J'ai cru devenir folle. Ross, mon mari, mon soutien et mon réconfort, vint me rejoindre immédiatement après le travail. Je veillais sur maman et il veillait sur moi.

Mon frère Jim avait fait ses adieux à maman plus tôt dans la semaine. (Il n'était pas très bon dans ce genre de choses, mais, au fond, qui l'est ?) Mes fils étaient venus la veille embrasser pour la dernière fois leur grand-mère. Ils avaient le cœur brisé. J'allais donc être seule avec maman au moment où elle pousserait son dernier soupir. Je serais près d'elle, mais elle n'en serait même pas consciente. Non seulement elle ne me reconnaissait plus depuis plus de deux ans, elle ne répondait plus à aucun stimulus depuis deux semaines. Dévastée par la perte de ma mère, je fus secouée de sanglots incontrôlables. J'avais besoin que ma mère sache que tout irait bien, qu'elle sache qu'elle n'était pas abandonnée.

Nous sommes donc restés là assis pendant des heures, Ross et moi, à attendre sans parler. Notre silence n'était troublé que par des sanglots occasionnels. Nous étions tous les deux épuisés et n'avions rien avalé depuis le matin. Lorsque Ross me proposa de manger, je lui répondis que j'étais incapable d'avaler quoi que ce soit. À ce moment-là, l'infirmière pénétra dans la chambre munie d'un bassin et d'une serviette. Elle venait faire une injection de morphine à ma mère, pour ensuite la laver et la changer de position dans son lit. Elle nous proposa d'aller prendre de l'air et de manger une bouchée, en nous assurant que nous avions le temps. Nous avons été partis une heure.

Lorsque nous sommes revenus dans la chambre, à 22 h, ils avaient transporté le lit de ma mère dans la salle à manger afin de ne pas troubler le sommeil de ses compagnes de chambre.

Nous avons continué de veiller ma mère en silence. À 2 h du matin, je jetai un regard à mon mari épuisé, encore vêtu de son complet-veston, et lui dis d'aller se reposer à la maison. Il me fit promettre de l'appeler s'il y avait du changement.

Les infirmières se montrèrent pleine d'attention. Elles m'apportèrent un fauteuil inclinable et me donnèrent une couverture chaude. Je m'installai donc confortablement dans le fauteuil pour attendre et observer ma mère. J'ignore à quel moment je me suis endormie, mais je fus réveillée en sursaut par le bruit strident de l'alarme d'incendie. Je jetai d'abord un coup d'œil à l'horloge : il était 4 h 30. *Oh non !* pensai-je. *De grâce, Seigneur, faites qu'elle ne soit pas morte durant mon sommeil !*

Je regardai immédiatement ma mère et demeurai estomaquée. Je croyais rêver. Sans quitter ma mère des yeux, je me levai pour aller près d'elle. Elle avait les yeux ouverts et me suivit du regard tandis que je m'approchais.

« Ah ! maman ! Tu es réveillée ! Je suis ici, maman. Je suis ici avec toi. Je ne te quitterai pas. »

Elle respirait difficilement, en ouvrant et en refermant la bouche comme un poisson hors de l'eau et cela me préoccupa beaucoup. Je me penchai au-dessus d'elle et plongeai mon regard dans le sien qui était maintenant mouillé et bien vivant.

« Maman, je vais chercher l'infirmière. Nous allons nous occuper de toi. Je reviens tout de suite, promis. Tiens bon, je reviens. »

J'allai à la porte dans l'espoir de croiser une infirmière, mais il n'y avait personne à l'horizon. Je ne voulais pas abandonner ma mère ne serait-ce qu'une seule minute, mais je craignais qu'elle souffre. Je parcourus donc le corridor à la recherche de quelqu'un, de n'importe qui. Je tombai finalement sur l'infirmière de ma mère. Elle était en pause et discutait avec une autre infirmière.

« Venez vite, ma mère est réveillée ! »

« Réveillée ? C'est impossible. Elle est dans le coma depuis deux semaines. »

« Eh bien, elle a les yeux grands ouverts et paraît souffrir. Quand lui avez-vous donné de la morphine pour la dernière fois ? »

« Je suis allée la voir il y a environ une heure et elle ne semblait pas en avoir besoin. »

« Je crois qu'elle en a besoin maintenant. »

« Je vais en chercher et je viens. »

En quittant la cafétéria, j'entendis l'infirmière de ma mère dire à l'autre : « Je n'arrive pas à le croire. »

Pour une raison inconnue, je ne me précipitai pas dans la chambre. Je déambulai plutôt normalement dans le corridor. Peut-être étais-je simplement à bout, vidée de mon énergie. Ou peut-être avais-je peur qu'elle soit décédée pendant que je cherchais une infirmière et je savais que je ne pourrais jamais me le pardonner. Cependant, en pénétrant dans la chambre, je vis qu'elle m'avait attendue. Elle me suivit encore du regard quand je m'approchai. C'est à peine si elle respirait.

« Tout va bien, maman. Je suis ici près de toi. Je t'aime. Je vais toujours t'aimer. Nous t'aimons tous énormément. »

Je déposai un baiser sur son front et caressai doucement ses cheveux.

« Ne te préoccupe plus de rien. Je vais bien. Toute la famille se porte bien. Tu peux partir maintenant. »

C'est à ce moment qu'elle rendit son dernier souffle. Je lui fermai les yeux et une seconde plus tard, l'infirmière arriva avec la morphine.

« Elle n'en a plus besoin. Ma mère est morte. »

« Je suis désolée », murmura l'infirmière en me tapotant l'épaule.

Elle prit le pouls de ma mère et écouta son cœur. Mais il n'y avait plus rien à faire et elle le savait. Je l'ai entendu partir. Puis, je me suis étendue sur le lit aux côtés de ma mère et je l'ai serrée dans mes bras jusqu'à l'arrivée de mon mari. Même si j'étais profondément affligée, j'éprouvai un sentiment de paix et je savais que ma mère était enfin en paix, elle aussi. Ross me serrait dans ses bras pendant que je pleurais comme un bébé. Avant de quitter la chambre, je recouvris son doux visage d'une couverture et nous nous dirigeâmes vers le poste des infirmières.

Nous nous arrêtâmes pour signer les formulaires et remercier le personnel qui avait si merveilleusement pris soin de ma mère. Puis, juste au moment de partir, je me suis souvenue de l'alarme d'incendie.

« Est-ce qu'il y a eu un feu ou bien c'était seulement une fausse alarme ? »

« Je suis désolée, mais j'ignore de quoi vous parlez », répondit l'infirmière.

« L'alarme d'incendie », dis-je d'un air entendu.

« Aucune alarme n'a été déclenchée. Sinon, soyez certaine que nous l'aurions entendue. »

« Vous n'avez pas entendu une cloche retentir ? » insistai-je. « C'était si fort que cela m'a réveillée en sursaut. »

« Non. Aucune cloche n'a sonné ce soir », dit l'infirmière. « Quand l'avez-vous entendue ? »

« Juste avant la mort de ma mère — juste avant que j'aille vous chercher et qu'elle se soit réveillée. »

« Peut-être que votre mère essayait de vous réveiller afin que vous soyez près d'elle au moment de rendre son dernier souffle. »

Nous nous regardâmes Ross et moi : c'était l'évidence même. Maman avait voulu passer ses derniers moments avec moi. Elle avait voulu me faire savoir qu'elle était consciente de ma présence. Elle avait voulu me dire que tout allait bien et qu'elle m'aimait. Elle avait voulu me dire au revoir.

Nous ne saurons jamais ce qui s'est passé exactement ce soir-là et pour quelle raison. Tout ce dont je suis certaine, c'est qu'avant de pousser son dernier soupir, ma mère m'a jeté un regard empli d'amour et de reconnaissance. Et cela m'a procuré un sentiment de paix, de gratitude et d'espoir que je porterai en moi le reste de ma vie.

— *Karen Thorstad*

Une veille de Noël
en solitaire

Pour la première fois de ma vie, j'allais passer Noël seule — certainement pas par choix, ni par plaisir.

J'étais au milieu de la vingtaine et, jusque-là, j'avais toujours célébré les fêtes importantes en compagnie de ma famille et de mes amis. J'aimais fêter Noël en grand et, cette année-là, j'avais planifié une petite escapade avec un ami intime. Mais la veille de Noël, mon ami m'avait appelé au milieu de l'après-midi pour m'annoncer une mauvaise nouvelle : un membre de sa famille était gravement malade et il devait prendre immédiatement l'avion pour rentrer à la maison. Comme la plupart des sièges des compagnies aériennes étaient réservés, il avait eu la chance de trouver un vol avec plusieurs escales. Il était désolé de partir ainsi à la course à la dernière minute.

Je lui ai dit que je comprenais. Comment aurais-je pu faire autrement ?

Je lui ai souhaité bon voyage en espérant que son Noël soit égayé par la guérison de cet être cher. Mais je me sentais aussi malheureuse que lui et surtout, très très seule.

Plus j'y pensais, plus mon humeur s'assombrissait. Noël est supposé être une occasion de célébrer avec les gens qu'on aime. Qu'y avait-il à célébrer seule avec moi-même ? Qu'allais-je donc faire ? Avec qui partagerais-je un bol de chocolat chaud et des biscuits la veille de Noël ? Avec qui partagerais-je les cadeaux, le repas et les embrassades ? Noël ne peut être fêté en solitaire, sinon ce n'est tout simplement pas Noël !

Il était trop tard pour appeler d'autres amis pour voir s'ils accepteraient une invitée de plus à leur table. Bien sûr, j'aurais pu demander. Je suis certaine que l'un d'entre eux m'aurait accueillie, mais je ne me sentais pas à l'aise d'appeler ainsi à la dernière minute. Et je ne voulais pas m'imposer ou avoir l'air désespérée. Je ne voulais pas me sentir comme l'étrangère qui suit les coutumes d'une autre famille. Je voulais observer mes propres traditions de Noël avec les gens que je chérissais le plus.

J'étais fille unique et les autres membres de ma petite famille vivaient maintenant à des kilomètres de chez moi. Il était trop tard pour que j'aille les rejoindre ou pour qu'ils fassent eux-mêmes le chemin. J'étais complètement seule.

Il n'y avait donc rien d'autre à faire que de passer à travers ce moment difficile. Pour me remonter le moral, j'allumai les lumières de mon minuscule arbre de Noël, ainsi que celles que j'avais accrochées autour de la fenêtre avant de mon petit appartement.

Après avoir allumé la radio à un poste qui faisait jouer de la musique de Noël, je réchauffai une tasse de cidre et je pris place à la table de la cuisine. Tout en sirotant mon vin chaud épicé, je me remémorai les joyeux Noëls de mon enfance.

Le temps des fêtes commençait par la recherche d'un arbre de Noël absolument parfait. Selon la tradition, cette mission revenait à papa et à moi, tandis que maman restait à la maison pour « s'occuper de diverses choses ». Il m'a fallu des années pour comprendre qu'elle en profitait pour emballer les cadeaux qu'elle m'avait achetés. Cela ne me dérangeait pas du tout de parcourir les bois sous la pluie glacée ou dans la gadoue à la recherche du plus bel arbre. J'étais ravie d'avoir mon père tout à moi. Il me faisait tellement rire avec ses histoires drôles et ses pitreries que j'en oubliais la pluie et le froid. Après un temps considérable à chercher et à rigoler, nous finissions toujours par dénicher l'arbre idéal : grand, parfaitement symétrique et fourni d'aiguilles.

Pendant que nous décorions l'arbre, mes parents et moi, nous aimions échanger sur les souvenirs rattachés aux diverses décorations. Papa, toujours aussi comique, nous faisait rire aux larmes, tandis que maman prenait une pause pour aller chanter des airs de Noël au piano. Nous terminions toujours la soirée en sirotant une tasse de chocolat chaud à la guimauve tout en admirant notre œuvre.

Nous avions aussi une autre tradition père-fille : les emplettes du temps des fêtes. Papa et moi choisissions avec soin une journée pour aller au centre-ville acheter les cadeaux que nous souhaitions offrir à maman. Il fallait faire preuve de vigilance, car même si maman nous donnait toujours des indices de ce qu'elle désirait avoir, mon père était incapable de choisir sans mon aide. Moi, j'avais beaucoup moins de difficulté que lui à choisir le cadeau de ma mère. Pendant plusieurs années, je lui ai acheté une lotion pour les mains d'une marque qui lui plaisait, sans tenir compte du fait qu'elle en avait déjà toute une collection étant donné que je lui offrais toujours le même cadeau à la fête des Mères, à Pâques et à son anniversaire. Le jour où papa m'a convaincue de modifier mon choix, j'ai opté pour son parfum préféré et, suivant mon habitude, je l'ai approvisionnée pour la vie. À la fin de notre tournée dans les magasins, papa m'achetait habituellement un petit jouet ou une gâterie.

Maman et moi avions aussi notre journée de magasinage, mais celle-ci n'était pas aussi spéciale étant donné que j'allais souvent faire la tournée des magasins avec elle. De plus, elle ne m'achetait jamais de crème glacée ou de yo-yo.

Je prenais par contre beaucoup de plaisir à préparer des biscuits de Noël avec maman, car je n'avais normalement pas l'occasion de l'aider dans la cuisine. Nous échangions et rions de bon cœur tout en préparant des desserts savoureux tels que des sablés au beurre, des bûches à la noix de coco et des biscuits aux amandes. La cuisine embaumait de tous ces arômes.

Après avoir mis au four la dernière plaque de biscuits, je m'assoyais au sol, les jambes croisées, avec un grand bol à mélanger sur les cuisses et je léchais les restes de pâte avec mes doigts.

Le jour de Noël, les festivités s'enfilaient les unes à la suite des autres. Cela commençait au lever du jour, par la découverte excitante des cadeaux que le père Noël avait apportés, des papiers d'emballages multicolores, des bas emplis de trésors et des oranges miniatures éparpillées un peu partout — le tout ponctué d'une odeur omniprésente de sapin frais. Après la messe, nous allions chez mes grands-parents, à l'extérieur de la ville, pour manger de la dinde et échanger encore des cadeaux. Durant le trajet du retour, je finissais toujours par m'endormir sur le siège arrière, le ventre plein et le cœur content.

Et pourtant, en cette veille de Noël, alors que j'étais seule dans la cuisine, ces souvenirs heureux de mes Noëls d'antan ne firent qu'ajouter à ma peine. Je déposai ma tête entre mes bras croisés sur la table et je me mis à pleurer.

Au bout d'un moment, une fois mes larmes taries, je levai la tête et regardai par la fenêtre. Je vis que le ciel bleu foncé était parsemé d'étoiles et je souris en en apercevant une qui brillait encore plus que les autres. Mes yeux rougis s'adoucirent à la vue de la neige fraîchement tombée qui recouvrait de son manteau blanc le sol et les branches des arbres. On aurait cru une fine dentelle.

Je remarquai les lumières scintillantes aux fenêtres de mes voisins. Avec le sapin illuminé au milieu de la baie vitrée du salon, leurs maisons avaient l'air de cartes postales — et je réalisai que ma situation n'était pas aussi sombre que je le croyais.

J'avais finalement retrouvé l'esprit de Noël. Je commençais à comprendre que la fête de Noël ne consistait pas uniquement à échanger des cadeaux ou à festoyer avec des gens, mais plutôt à célébrer l'amour. Et j'étais entourée d'amour, même si je n'avais personne avec qui échanger ce soir-là.

Envahie d'une paix profonde et même d'une joie réconfortante, je me blottis sur le canapé en compagnie de mon minuscule arbre de Noël, petit mais aux contours parfaits.

Puis, ma rêverie fut interrompue par la sonnerie du téléphone. Je sursautai car tous ceux que je connaissais devaient être à l'extérieur de la ville en cette veille de Noël. C'était ma mère. Elle me dit joyeusement qu'elle avait éprouvé le besoin de m'appeler même si elle était au courant de mes plans pour la soirée. Tout en bavardant avec elle, je ressentis au fond de mon cœur cette chaleur qui nous unit à nos proches quand nous sommes en contact avec eux.

Au moment même où j'allais me rasseoir sur le canapé, le téléphone retentit de nouveau. Croyant que c'était ma mère qui avait oublié de me dire quelque chose, je fus surprise d'entendre la voix d'un ami. Il m'a expliqué qu'il passait la soirée en famille et qu'il avait soudainement eu envie de m'appeler, même s'il savait que je devais être à l'extérieur ce soir-là. Comme nous ne nous étions pas parlé depuis une semaine, nous avons échangé des nouvelles avant de nous souhaiter mutuellement de passer de belles fêtes.

Au troisième coup de téléphone, j'en suis venue à croire qu'un petit oiseau m'avait aperçue par la fenêtre de la cuisine, au moment où j'étais si désespérée, et avait envoyé un S.O.S. à mes proches. Encore une fois, la personne mentionna qu'elle avait senti le besoin urgent de communiquer avec moi. La quatrième personne à m'appeler avait de fait quitté la table au milieu du repas parce que l'impulsion avait été trop forte, tandis que la cinquième rentrait chez elle en voiture lorsqu'elle avait soudainement éprouvé le besoin de s'arrêter en chemin pour m'appeler à partir d'une cabine téléphonique.

Au moment où je suis finalement allée me coucher, en cette veille de Noël, quatorze personnes — dont certaines que je n'avais pas vues depuis plus d'une année — m'avaient appelée. Toutes ont mentionné avoir ressenti le désir soudain de m'appeler, mais aucune n'avait eu l'impression que j'étais en danger ou désespérée. Elles avaient simplement senti un besoin urgent d'entrer en contact avec moi.

Depuis, il m'est arrivé à plusieurs reprises d'être seule à Noël sans en être le moindrement attristée. Depuis cette veille de Noël mémorable où j'avais été entourée de tant d'amour, je ne me suis plus jamais sentie seule de ma vie.

— *Judi Chapman*

Des pissenlit aux
allures de dandys

J'ai depuis longtemps cessé de considérer les pissenlits comme mes ennemis. Même si les amateurs de
gazon vert immaculé ont tendance à pester contre ces
envahisseurs, ils représentent à mes yeux l'innocence,
la beauté et l'émerveillement. La simple vue (ou même
la simple pensée) des dents-de-lion fait resurgir en moi
des souvenirs émouvants : ceux d'une petite fille dont
la foi, encouragée par une adulte, a su transformer l'invraisemblable en un véritable moment magique.

Ah ! les « dandy lions », comme ma fille les appelait.

« Maman, qu'est-ce qu'un dandy ? » me deman-
dait-elle.

Je lui expliquais consciencieusement que c'était
ainsi qu'on appelait autrefois, en Angleterre, un
homme d'une extrême élégance. C'était le genre
d'homme à porter une bande de tissu autour du cou
appelée ascot, un chapeau en soie haut et cylindrique,

appelé haut-de-forme, et de jolis gants pour protéger ses mains douces et manucurées.

Le dandy recouvrait toujours ses chaussures d'enveloppes de cuir blanches, appelées guêtres, pour éviter de les salir ou de les égratigner. Pour compléter le tout, il accrochait toujours une fleur fraîche à la boutonnière de sa veste.

Les mains cachées derrière le dos pour me faire une surprise, elle s'approchait inévitablement de moi pour m'offrir une poignée de dents-de-lion d'un jaune éclatant.

« Tiens, c'est pour toi, maman », disait-elle. « Un bouquet de fleurs fraîches pour mettre à ta boutonnière. »

Je n'ai jamais eu le courage de lui dire qu'aucun dandy digne de ce nom n'aurait osé porter à sa boutonnière une pareille mauvaise herbe.

Je la serrais plutôt dans mes bras avec ses petites fleurs aux tiges écrasées. Nous avons joué cette petite comédie au moins une fois par été, ma fille et moi, durant son enfance.

Ma fille ne m'a jamais demandé pourquoi le nom de la fleur se terminait par « lion » ou quel était le lien avec « dandy », alors je n'ai jamais senti le besoin de le lui expliquer. Ce n'est qu'en quatrième année qu'elle a compris son erreur de prononciation lorsqu'elle a appris la définition du terme. Mais nous savions toutes les deux que « dandy lion » était la bonne interprétation et que dent-de-lion ne devait être qu'une autre façon plus compliquée d'écrire le mot. Je lui ai cependant dit qu'elle devrait l'épeler de la même façon que son enseignante le lui avait montré lorsqu'elle était à l'école.

Comme tous les enfants, elle avait hâte à la fin de l'été, au moment où les pissenlits se transforment en graines.

Quand elle était très jeune, je lui avait raconté que la boule blanche qui avait remplacé la fleur jaune possédait des pouvoirs magiques et lui procurerait de merveilleuses surprises.

« Tiens le "dandy lion" comme ceci », lui avais-je expliqué, en plaçant la fleur près de mon visage. « Ensuite, fais un vœu, prends une grande respiration et souffle dessus. Lorsque toutes les graines se seront envolées dans les airs, jusqu'au paradis, Dieu exaucera ton vœu. »

Chaque été, je la voyais répéter ce rituel, habituellement avec une certaine maladresse, mais toujours avec le plus grand sérieux. Elle a cependant compris à un très jeune âge que Dieu n'exauçait pas toujours son vœu exactement comme elle l'avait souhaité, mais lui offrait toujours quelque chose d'équivalent. En y repensant, je crois que la foi qui l'habitait durant ce rituel a plus tard favorisé sa foi spirituelle.

L'année de ses sept ans, j'observai ma fille errer dans la cour arrière par une chaude journée du mois d'août. Les dents-de-lion étaient déjà en graines. Elle circulait sur la pointe des pieds pour ne pas troubler les « ailes des anges » comme elle les appelait. Elle examinait le parterre avec soin pour trouver le parfait pissenlit. À quelques reprises, elle tira trop fort sur la fleur et les graines s'envolèrent avant même qu'elle ait eu le temps de faire un vœu.

Je la vis tirer doucement sur une tige ferme rehaussée d'une boule blanche.

Elle se plaça ensuite en position de méditation et ferma les yeux, comme pour se concentrer sur le meilleur vœu possible, tout en tenant bien fort sa fleur. Malheureusement, elle l'approcha trop près de son nez, si bien que, lorsqu'elle ouvrit les yeux pour que son rêve se réalise, son souffle avait déjà envoyé la moitié des ailes des anges dans le ciel. Je vis à son air exaspéré que ce rituel exigeait une dextérité qu'elle ne possédait peut-être pas encore.

J'attendis un moment qu'elle exprime son mécontentement ou qu'elle me demande de l'aide, mais elle avait apparemment décidé de se débrouiller seule. Ce n'était surtout pas un petit pissenlit qui allait l'empêcher de réaliser le souhait idéal ! Je continuai donc de l'observer encore un peu pendant qu'elle s'acharnait à conquérir un à un les pissenlits, mais en vain.

Sachant que la saison des dents-de-lion tirait à sa fin, je me suis résolue à lui demander si elle avait réussi à faire au moins un vœu. Elle secoua la tête.

« Cette année, je fais quelque chose de différent, maman », me dit-elle solennellement.

« Oh ! Et quoi donc ? » lui demandai-je.

Elle m'expliqua qu'à moins d'utiliser une fleur parfaitement ronde, pourvue de toutes ses graines, cela ne fonctionnerait pas.

« Qu'est-ce qui ne fonctionnera pas, chérie ? »

« Cette année, je veux que *tous* mes vœux se réalisent pour *toujours* ! Je sais que cela va se produire si je souffle sur une fleur parfaite ! »

Je l'ai prise dans mes bras. Pendant un bref moment, mes yeux se sont emplis de larmes et mon cœur s'est serré lorsque j'ai pensé : *Oh ! si seulement c'était vrai ; si seulement c'était aussi facile.* Je fus soudainement tirée de ma triste rêverie par sa voix douce.

« Qu'est-ce qu'on va faire, maman ? Comment vais-je faire pour réussir ? »

Nous demeurâmes serrées l'une contre l'autre encore un moment et une idée me vint à l'esprit.

« Peut-être devrions-nous prendre le pissenlit par surprise », lui dis-je. « Il se pourrait fort bien qu'il ne veuille pas que nous le cueillions. »

« Mais si je ne peux pas le cueillir, comment vais-je faire pour que mes vœux s'envolent jusqu'au paradis ? »

« Nous pourrions demeurer immobiles pendant que tu sélectionnes celui qui te semble parfait. Puis, nous n'aurions qu'à ramper au sol jusqu'à ce bon vieux pissenlit. »

« Et qu'est-ce qu'on fait après, maman ? À quoi bon ? Il ne voudra pas que je le cueille. »

« Eh bien, nous ne le cueillerons pas. Nous ferons nos vœux avant de nous approcher. Puis, nous ramperons jusqu'à lui en retenant notre souffle. Une fois en face de lui, tu pourras te pencher au-dessus et souffler de toutes tes forces. Tu le prendras ainsi par surprise ! »

Son visage s'éclaira de joie. En moins d'une minute, elle avait choisi son pissenlit préféré.

Puis, nous avons révisé notre plan d'espionnage pour nous assurer qu'il était à toute épreuve.

Nous commençâmes à ramper lentement, d'abord à quatre pattes, puis sur le ventre, à mesure que nous approchions. À quelques centimètres de notre destination, je me pinçai le nez pour lui signaler que c'était le moment de retenir notre souffle. Ma fille fit de même. Avec amusement et tendresse, je vis son visage rougir et se gonfler comme un ballon rose. En approchant de sa cible, ses joues, qui avaient pris des reflets blanc bleuté, semblaient sur le point d'exploser, mais son regard sérieux et sa progression délibérée en direction de la fleur prouvaient à quel point elle était déterminée à atteindre son but. À environ quinze centimètres de notre destination finale, je lui fis signe de la tête que le moment était venu. En un éclair, elle expira tout l'air que ses joues avaient réussi à contenir.

Ses yeux brillèrent d'allégresse en voyant les ailes des anges s'envoler par dizaines de milliers — non pas seulement celles du pissenlit qu'elle avait choisi mais aussi celles des vingt ou trente dents-de-lion qui l'entouraient.

« Vite, couche-toi sur le dos », lui dis-je.

Étendues au sol, la main dans la main, nous observâmes tous ses vœux s'envoler dans le ciel jusqu'au paradis. Je jetai un coup d'œil à son visage innocent et prononçai tout bas une prière : *Mon Dieu, si vous avez foi en les petites filles, surtout celles qui font des vœux, veuillez accorder vos faveurs à celle qui est étendue ici, parmi ce qu'il reste de pissenlits.*

Nous avions trouvé à temps le pissenlit idéal. Ce soir-là, il a plu à torrents et, le lendemain, il ne restait plus dans la cour que des centaines de tiges dégarnies.

Cette année, j'apprécierais vraiment que les maniaques du gazon parfait affairés à racler, déraciner et empoisonner les dents-de-lion m'en laissent quelques-unes. C'est que, voyez-vous, ma petite fille est maintenant une adulte et les seuls bouquets de pissenlits que je reçois sont ceux que je cueille moi-même chaque été. Je ne pourrais m'en passer une seule année, car chaque fois que je vois les ailes des anges s'envoler, je sais que, quelque part, les vœux d'un enfant de sept ans sont en voie de se réaliser.

— *Laureeann Porter*

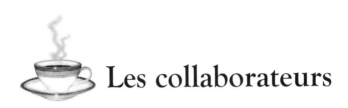# Les collaborateurs

Jamie D'Antoni a rédigé de nombreux articles pour des magazines nationaux, comme *Voice*, et occupe le poste de directrice-rédactrice en chef d'un journal hebdomadaire. Elle a publié trois romans virtuels, *Beyond the Call*, *Molly* et *Deceptions*. Jamie vit présentement dans l'État du Washington, sur la côte du Pacifique, où elle rédige son quatrième roman.

Stephanie Barrow n'a jamais pu choisir entre ses deux passions — l'écriture et la peinture —, alors elle se consacre aux deux. Elle est présentement illustratrice et rédige parfois des articles spéciaux pour le journal *Register-Guard*, à Eugene, dans l'Oregon. Elle habite près de ses enfants et de ses petits-enfants dans un ancien entrepôt qu'elle a transformé en studio d'art.

Teri Bayus vit à Pismo Beach, en Californie. Elle a possédé une agence de relations publiques pendant plus d'une décennie et tient une chronique humoristique et touristique dans le magazine *What's On*. Elle produit également *Silver Treasures*, une émission de télévision dans laquelle des personnes âgées de plus de quatre-vingts ans viennent raconter leur vie exceptionnelle. Elle rédige présentement un scénario sur les « malheurs » de l'adolescence.

Renie Szilak Burghardt est née en Hongrie, puis a immigré aux États-Unis en 1951. Elle vit à la campagne où elle profite de la nature, tout en s'adonnant à la lecture et à des activités familiales. Ses récits ont été publiés dans un grand nombre de magazines et de recueils, dont *Whispers from Heaven* et *Listening to the Animals*.

Toña Morales-Calkins est rédactrice-pigiste et vit au nord de la Californie. Quand elle n'écrit pas, Toña occupe les fonctions de gérante de librairie et d'entraîneure. « Comme un phare dans la nuit » est la première histoire qu'elle publie. Elle s'affaire présentement à rédiger deux romans.

Barbara Campbell est née et a grandi dans le sud des États-Unis. En 1975, elle est déménagée en Australie avec son mari, John, et leurs six enfants. Elle a commencé à raconter des histoires après la naissance de ses petits-enfants. Maintenant, entourée de ses onze petits-enfants et de la plupart des membres de sa famille, qui vivent tous aux environs de Brisbane, elle trouve le temps de coucher ses histoires sur papier.

Judi Chapman est rédactrice-pigiste de textes de fiction et de non-fiction. Ses nouvelles, publiées à l'échelle nationale, célèbrent les joies et les mystères de la vie. Elle est originaire du Canada, de la ville d'Edmonton, en Alberta.

Bobbie Christmas est éditrice et co-auteure de *The Legend of Codfish and Potatoes*. Elle est présidente de la Georgia Writers Association et possède une agence littéraire nommée Zebra Communications.

Susan Kirsh Duncan est l'auteure de *Levittown: The Way We Were*, ainsi que de plusieurs œuvres de non-fiction. Elle vit à New York avec sa famille.

Susan Farr-Fahncke est écrivaine, épouse et mère de quatre enfants et vit dans l'Utah. Ses histoires inspirantes ont déjà paru dans de nombreux livres et magazines. Elle prépare présentement un recueil de ses histoires.

Rusty Fischer est l'auteur de plus d'une centaine d'articles, d'essais, d'histoires et de poèmes qui ont été publiés dans des recueils, des magazines nationaux et des publications numériques. Il est aussi l'auteur de *Creative Writing Made Easy*, une série de livres à succès pour les étudiants et les professeurs d'écriture et de quatre guides *Buzz On*. Rusty a également collaboré à plusieurs portails Internet.

Lynda Kedelko Foley vit à Northridge, en Californie, avec son mari et ses deux fils. Le tremblement de terre qui a dévasté Northridge, en 1994, a motivé Lynda à se mettre sérieusement à l'écriture. Peu de temps après, elle a gagné un stage en écriture de scénarios aux studios Paramount. Ses nouvelles ont été publiées dans des recueils des éditions Pocket Books et Aunt Lute Books.

Jenna Glatzer est rédactricte-pigiste à temps plein, rédactrice en chef de AbsoluteWrite.com et directrice des relations publiques du film *Curse of the Dog Women*. Ses textes ont été publiés dans des centaines de magazines et de sites Internet, y compris Salon.com, *Writer's Digest* et *American Profile*. Elle rédige présentement un livre pour enfants.

Theresa Marie Heim, titulaire d'un diplôme d'études supérieures, vit à Santa Monica, en Californie. Rédactrice-pigiste, elle rédige des articles et des essais dans des publications imprimées et numériques.

Lynn M. Huffstetler est l'auteur à succès d'histoires de chasse, de contes inspirants et nostalgiques ainsi que de récits et romans de science-fiction. Il vit dans les montagnes de l'est du Tennessee.

David Kirkland a autrefois été enseignant, travailleur social, banquier et promoteur immobilier. Il a vécu à Guam, New York, Hawaï et en Caroline du Nord. Il habite présentement au Missouri, où il rédige un roman sur la guerre de Sécession dont l'action se déroule dans l'est du Tennessee.

M. A. Kosak enseigne la création littéraire à des élèves du niveau primaire qui participent à des programmes d'enrichissement parascolaires. Rédactrice-pigiste, elle s'inspire de ses expériences personnelles, notamment de l'adoption, de l'infertilité, de l'éducation et des relations interpersonnelles. Originaire du New Jersey, elle habite à San Diego, en Californie, avec son époux et ses trois fils adoptifs.

Susanmarie Lamagna enseigne dans une maternelle bilingue (anglais-espagnol) dans la région de la baie de San Francisco. Elle a grandi dans une famille à la fois aimante et fort occupée où elle a appris la valeur du partage, autant de ses possessions que d'elle-même. Elle transmet d'ailleurs cette leçon à ses élèves qui, comme elle le dit, lui enseigne beaucoup de choses en retour.

Helene LeBlanc a remporté à deux reprises le prix Jessamyn West décerné à une œuvre de fiction. Elle est également l'auteure de *Summer Boy* et de *From the Grape to the Glass*.

Helene vit dans un vignoble de la Napa Valley, en Californie, où elle rédige présentement un roman biographique sur les événements qui ont marqué la vie de sa famille durant la Grande Crise.

Ella Magee est le pseudonyme d'une écrivaine et enseignante au niveau collégial.

Joy Hewitt Mann a grandi près de la baie Georgienne, là où se déroule son histoire « Un trésor caché ». Elle vit avec son mari, Wayne, et leurs trois enfants dans un ancien moulin en pleine nature. Elle a publié deux recueils de poésie et un recueil de nouvelles, en plus d'avoir collaboré à plus de deux cents magazines à l'échelle internationale.

Dolores Martin, native de l'Illinois, vit avec sa fille dans la ville de Colorado Springs, où elle est rédactrice-pigiste. Elle vient de terminer son premier livre pour enfants, *The Land That Might Have Been*. Elle a trois enfants et deux petits-enfants.

Louise Mathewson possède une maîtrise en sciences pastorales de l'Université Loyola et rédige des textes qui font référence aux moments sacrés de la vie quotidienne. Son époux et elle ont deux enfants adultes et vivent à Longmont, au Colorado.

Anthony Merlocco habite dans une petite communauté rurale à l'est de Toronto. Il partage sa vie avec Yvette, son épouse des trente-cinq dernières années, avec qui il a eu deux enfants, maintenant adultes. Anthony adore écrire, composer de la musique, jouer du piano, pêcher et profiter de la vie champêtre.

Lynn Ruth Miller est écrivaine, journaliste, essayiste et chroniqueuse. Elle a d'ailleurs déjà remporté des prix pour ses œuvres de fiction.

Lynn a aussi œuvré dans les relations publiques et a été directrice de la publicité du San Francisco International Film Festival. Sa chronique « Thoughts While Walking the Dog » apparaît régulièrement dans le *Pacifica Tribune*. Elle enseigne aux adultes à San Mateo County, en Californie.

Ed Nickum est l'auteur de douzaines de nouvelles. Il rédige présentement un roman d'horreur. Il habite à Cincinnati, en Ohio, avec sa femme et ses deux filles.

Mary Marcia Lee Norwood tient à la fois le rôle d'épouse, de mère, de grand-mère et de conteuse professionnelle. Ses articles et ses photographies ont été publiés dans différents journaux et magazines internationaux, dont le magazine *Chosen Child*, *Adoption Today*, le *Red Thread*, le *Kansas City Star*, l'*Examiner* et *Mother & Child Reunion*. Marcia a déjà été enseignante et entraîneure, en plus d'occuper le poste de coordonnatrice régionale du programme éducatif parallèle du National Inventors Hall of Fame.

Laureeann Porter, fondatrice de Hospice, est reconnue internationalement pour son implication dans le secteur des soins palliatifs. Elle adore raconter des contes du passé et a publié de nombreux articles dans des magazines régionaux. Elle a aussi participé à des séances de contes dans des librairies régionales. Originaire de Boston, elle vit maintenant en Floride.

Norman Prady a commencé à écrire à l'âge de neuf ans le jour où son père a rapporté à la maison une vieille machine à écrire Underwood. Il a connu une brillante carrière comme journaliste dans un quotidien et directeur de publicité, en plus de rédiger à la pige de nombreux articles et essais.

Il a récemment terminé un recueil d'essais autobiographiques et de sketches ainsi qu'un abécédaire pour enfants.

Kathryn Thompson Presley, professeur d'anglais à la retraite, a publié un grand nombre de nouvelles, d'essais et de poèmes. Elle adore lire, s'adresser à des groupements féminins et jouer au scrabble avec ses petits-enfants. Elle est mariée depuis presque cinquante ans avec Roy Presley, un directeur d'école à la retraite.

LeAnn Ralph est rédactrice attitrée de deux hebdomadaires. Elle écrit également à la pige des histoires qui relatent son enfance passée sur la ferme laitière que ses grands-parents norvégiens ont acquise à la fin des années 1800. Elle vit dans le Wisconsin, l'État où elle est née et a grandi.

Kimberly Ripley est l'auteure de *Breathe Deeply, This Too Shall Pass*, un recueil d'histoires sur les joies et les misères d'être parents d'adolescents. Elle vit à Portsmouth, au New Hampshire, avec son mari et leurs cinq enfants.

Edie Scher est devenue une grande collectionneuse de contes après avoir été bercée durant toute son enfance par les histoires racontées autour de la table. Elle adorait raconter ces histoires et a vite commencé à les coucher sur papier. Ses essais et ses articles ont été publiés dans plusieurs magazines nationaux et journaux, y compris les publications Rodale et Hearts et le *New York Times*.

Bluma Schwarz est consultante en santé mentale à la semi-retraite. Elle a publié son premier récit autobiographique à l'âge de 69 ans dans *Iowa Woman*. Ses histoires ont aussi paru dans *Potpourri*, *Potomac Review*, *AIM* ainsi que dans d'autres publications.

Elle continue d'écrire et de soigner à temps partiel des malades mentaux, en Floride, où elle réside depuis 1964.

Trond Sjovoll, natif de la Norvège, vit aux États-Unis depuis 1985. Il détient une maîtrise en communication orale de l'Université du Wisconsin. Il a également obtenu en Norvège un diplôme en anglais et en sciences politiques. Trond occupe les fonctions de conseiller en développement personnel et de consultant en leadership. Il vit à Hawaï avec sa femme, Rasha, et leurs filles.

Elaine Slater a commencé sa vaste carrière d'auteure en rédigeant des histoires à énigmes, puis de la poésie, du théâtre, des nouvelles et des guides. Elle a remporté plusieurs prix et figure dans de nombreuses anthologies. Elle vit à Toronto (Ontario), au Canada.

Mary Helen Straker est diplômée de l'Université DePauw et a été rédactrice dans des journaux et des magazines. Elle est l'auteure d'un roman et rédige présentement une biographie. Son époux et elle vivent à Zanesville, en Ohio.

Karen Thorstad est décoratrice d'intérieur et cofondatrice d'une entreprise virtuelle qui recueille et publie des histoires sur la spiritualité, les phénomènes paranormaux et les expériences qui ont transformé des vies. Elle vit en Colombie-Britannique (Canada) avec Ross, son mari et Clyde, leur épagneul springer. Ils ont six enfants et huit petits-enfants.

Diane Meredith Vogel vit dans la région rurale du centre du Michigan, sur la ferme qu'elle exploitait avec son défunt mari. En plus de diriger la ferme, d'élever des chèvres et de faire du bénévolat dans un cercle 4-H, elle dirige une entreprise virtuelle, poursuit une formation collégiale et écrit des histoires. Mère de trois enfants maintenant adultes, Diane s'est récemment remariée.

Denise Wahl est rédactrice-pigiste en plus de tenir une chronique humoristique. Elle vit au Michigan avec son mari et leurs quatre enfants.

Bob Welch est chroniqueur pour le journal *Register-Guard*, à Eugene, en Oregon. Il est l'auteur de cinq livres, dont le médaillé d'or *Father for All Seasons*.

Jamie Winship a été agent de police pendant cinq ans avant d'obtenir une maîtrise en anglais, langue seconde. Il travaille présentement à la Bandung Alliance International School, dans la province de West Java, en Indonésie.

Lou Killian Zywicki est rédactrice-pigiste en plus d'enseigner la rédaction, la littérature et les communications interpersonnelles au Secondary Technical Center, à Duluth, au Minnesota. Elle vit avec son mari Ernie au beau milieu de la nature, au sud de Carlton, au Minnesota. Elle a quatre enfants.

# Au sujet
de Colleen Sell

Colleen Sell croit depuis longtemps que les histoires ont le pouvoir de guérir, de guider, d'extasier et de transcender l'âme humaine. D'ailleurs, raconter des histoires s'avère autant sa passion que sa profession. Durant sa carrière, elle a travaillé comme auteure, éditrice, journaliste, rédactrice en chef d'un magazine, publiciste, romancière, essayiste et scénariste. Elle vit présentement aux États-Unis, sur la côte nord-ouest du Pacifique.

Dans la même collection
aux Éditions AdA

Pour obtenir une copie
de notre catalogue
veuillez nous contacter :

AdA

1385, boul. Lionel-Boulet
Varennes, Québec
J3X 1P7
Fax : 450.929.0220
info@ada-inc.com
www.ada-inc.com